친일과 반일의 문화인류학

유사종교 반일민족주의를 말한다

친일과 반일의 문화인류학
유사종교 반일민족주의를 말한다

2020년 9월 25일 개정증보판 1쇄 펴냄

지은이 / 최길성

펴낸이/ 길도형
편집/ 박지윤
펴낸곳/ 타임라인
출판등록 제406-2016-000076호
주소/ 경기도 고양시 일산서구 덕산로 250
전화/ 031-923-8668 팩스/ 031-923-8669
E-mail/ jhanulso@hanmail.net

ⓒ 최길성, 2020

ISBN 978-89-94627-86-1 03380

이 도서의 국립중앙도서관 출판예정도서목록(CIP)은
서지정보유통지원시스템 홈페이지(http://seoji.nl.go.kr)와
국가자료종합목록 구축시스템(http://kolis-net.nl.go.kr)에서
이용하실 수 있습니다.(CIP제어번호 : CIP2020038542)

친일과 반일의 문화인류학

유사종교 반일민족주의를 말한다

최길성 지음

민속원

머리말

나는 일본과 한국을 번갈아 가면서 대학에서 한국인 학생과 일본인 학생을 가르치면서 살아 온 사람이다. 나는 한국인이든 일본인이든 내가 가르치는 학생들을 동등하게 사랑해 왔다. 어느 편으로든 치우치지 않고, '나는 한국은 물론 일본도 좋아한다'는 그런 글을 쓴 적이 있다. 차라리 어느 편을 들어서 '좋다', 또는 '나쁘다'라고 하면 독자의 눈을 끌었을 것이다. 그런데 독자 가운데에는 '한국인으로서 어찌 일본도 사랑할 수 있는가'라며 역겨움을 느꼈다는 사람도 있었다. 그런 점에서 나의 발언은 독자로부터 외면당하기 쉬웠다. 시대 상황이 많이 바뀌고, 독자들도 꽤 성숙한 것 같다. 이제는 일본에 대해 식민지 잔재라든가 하는 식민지 테두리 속에서 벗어날 때가 되었다. 감히 민감한 문제인 친일과 반일을 정면으로 다루어 보았다.

해방 이후 한국과 일본은 반목과 갈등을 반복하는 속에서도 친선과 우호를 바탕으로 하는 긴밀한 관계의 우방국이 되었다. 양 국민들 간에 친일이니 반일이니 하는 주제는 이미 낡은 것으로 치부될지도 모른다. 그러나 언제나 한일 관계에는 잠재적 위험성이 내포되어 있다. 표면적으로는 좋은 관계일지라도 언제 터질지 모르는 폭탄과 같은 것이다. 그렇다고 하더라도 한일 관계는 갈등과 화해의 회전무대 같은 것이라고 믿는다. 때때로 위험한 상태가 지속된다고 해도 그것은 오래 가지 않고 정상으로 돌아갈 것이다. 일본에 대해 좋은 감정을 가진 사람이 많고, 많은 인간관계가 얽혀 있기 때문이다.

나는 개인적으로도 한일 관계의 악화와 정상화의 반복을 수 차례 경험했다. 내가 일본에 대해서 이 글을 쓰고 있을 때만 해도 한일 관계가 나쁠 때였다. 바로 직전까지만 해도 역사상 가장 우호적인 한일 관계라고 하던 것이 일본 수상의 야스쿠니신사 참배 건으로 인하여 악화되어 있었다. 독도 문제, 신사참배, 자위대 해외 파병, 헌법 개정과 군국화 등 여러 문제들이 출현할 때마다 한국은 과잉 반응을 하게 되며, 국민들이 자극을 받아 식민지 의식으로 돌아간다. 한일 관계는 단숨에 악화되고 만다. 그러한 한일 관계의 악화를 증폭시키는 힘은 국내의 파벌 싸움과 같은 양분된 친일과 반일의 대립 구조라는 것을 발견했다. 그러한 한국 내의 대립 갈등이 일본으로도 송출되기는 하지만, 일본으로부터의 입력은 그리 크지 않다.

이와 같이 이웃 나라끼리 사이가 좋지 않은 예는 세계적으로 흔히 볼 수 없다. 그런 점에서 한일 관계도 그런 패러다임의 한 예일 뿐이라고 생각할 수 있다. 한일 관계의 위험성을 이해하는 것이 코스모폴리타니즘으로 가는 길이라고 믿고 이 책을 낸다.

2004년 1월

저자

2020년 개정증보판에 붙이는 글

여러 곡절과 파행을 겪기는 했지만, 조선통신사는 본질적으로 조선과 일본의 선린우호를 상징하는 인적 물적 교류의 장이었다. 특히 에도 시대, 도쿠가와 가문의 막부 승계 취임 때마다 파견한 축하 사절단은 200여 년에 걸쳐 조선과 일본이 평화롭게 공존했음을 상징한다. 그 이면에는 조선 또는 조선인의 일본에 대한 태도를 엿볼 수 있는 일화가 있다.

1719년, 신유한은 도쿠가와 요시무네의 막부 취임 축하 사절 통신사의 제술관 자격으로 동행한다. 신유한은 사절단을 영접한 아메노모리 호슈와 대작을 하면서 '(임진년 난을 생각하면) 일본인을 잡아서 씹어 먹어도 한이 풀리지 않는다'는 말을 한다. 무당굿에서 최영 장군의 한을 풀기 위해 '성계육'을 먹는 마지막 계면거리(서울·경기 지역에서 행해지는 굿)가 생각나게 하는 장면이다.

이 구절을 생각할 때마다 섬뜩하고 소름 끼친다. 그래도 통신사 사절단으로 간 외교관 신분으로서 외교의 장에서 행한 거리낌 없는 언행의 무례를 떠나서 성리학적 도덕률에 사로잡힌 조선 사대부의 명분론 맹종을 발견하게 된다. 오랑캐 '왜'에 대한 성리학적 '우월 의식'이다. 그 무도한 '왜'가 상국上國 도덕군자의 조선을 짓밟은 것에 대한 원한이고, 갚을 힘과 방법이 없을수록 미움과 저주의 감정만 뿌리 깊어진다. 한恨의 속성이고 본질이다. 한은 한국인의 힘이다. 나는 오래 전에 『한국인의 한』이라는 책을 냈었다.

2017년 이후 2020년을 지나는 지금 한국과 일본 관계는 최악의 상황이다. 나는 한국의 집권 세력과 정부, 그리고 대중들의 말과 행동 속에 드리운 교묘한 겉 표정을 엿본다. 현 정권이 친일과 반일로 한국 사회를 양분하고 있다. 반일감정이 내부의 적을 넘어 노골적으로 일본을 향하고 있다. 무엇보다 감정적인 것은 현 정부가 위안부 합의와 보상을 파기하고, 징용공 배상을 둘러싼 논란으로 국가간 약속과 국제 협정을 준수하지 않는 심각한 적대 상황을 만든 것이다.

한민족에게는 일제 식민지가 견딜 수 없는 최대의 치욕적 역사이다. 더욱이 식민의 경험이 먼 역사로서가 아니라 현실적으로 살아 있는 최근의 역사라는 점에서 더욱 그렇다. 그것이 한일 관계를 어렵게 만들 뿐만 아니라 국내적으로도 온갖 문제를 일으키고 있다. 식민지 문제야말로 한국인의 일본 이해에서 최대의 심리적 장애라고 할 수 있다.

학문적으로도 일본 연구에서 가장 선결해야 할 문제가 아닐까 싶다. 이젠 한국인들도 친일과 반일의 본질을 이해하고 불편부당하게 처리할 필요가 있다. 정신 차려야 한다. 올바른 정신은 곧 바른 삶이다. 늘 부정적인 사람이 있다. 대개는 실패하는 인생으로 귀결된다. 나는 이 책을 통해서 긍정적인 삶에 대한 이야기를 실컷 하고 싶다. 성숙한 나라, 나라 이름 그대로 큰 나라 대한민국을 만나는 마음으로 독자와 만나고 싶다. 내가 '친일파' 소리를 들으면서도 이 책을 쓰는 이유이다. 나는 문화인류학자로서 한국인의 삶을 연구했고, 일본에 대해서 연구했다.

나의 학문적 계보는 일제 경성제국대학 아키바 다카시(秋葉隆) 교수의 연구로부터 시작되어, 서울대학교 임석재 선생, 이두현 선생, 그리고 도쿄대 이즈미 세이치(泉靖一) 선생을 고리로 해서 일본의 문화인류학자 이토 아비토(伊藤亞人) 씨와 연결된다.

해방 후 일본인들은 한국 식민지에 대해 거의 연구하지 않았다. 한국에서는 독립운동사만 치중할 뿐이었다. 나는 대학에서 반일적 불행한 처지에 서서 식민지를 본격적으로 연구하게 되었다. 1980년대 거문도에서 식민지 조사로부터 나의 연구는 시작되었다. 1990년대 조선총독부 간행 자료인 『조선의 풍수』를 번역 출판했다. 그것으로 인해서 식민지 연구의 금기를 깨뜨렸고, 이후 한일 양국에서 식민지 연구가 활발해졌음을 연구사에서 확인할 수 있을 것이다. 나는 식민지 연구를 한국에서 북한, 구만주, 사할린, 대만, 팔라오, 동남아시아, 영국과 아일랜드, 남아프리카공화국으로 확대해서 비교 시각을 가지려 노력했다. 식민지에 대해 현지 조사 및 문헌 조사, 사진 영상, 엑스레이 촬영, 기록, 사료, 민구民具 등 종합적으로 보려고도 했다.

문부과학성(일본학술진흥회)과 도요타재단 등의 지원을 받아 필자가 대표로서 한반도 남부 지방의 전전戰前 일본 마을을 조사 연구했다. 아오키 다모츠(靑木保) 씨와 우에노 히로코(植野廣子) 씨가 대표로 있는 연구 팀에서는 오랫동안 식민지 문제를 연구할 수 있었다. 시미즈(淸水昭俊) 씨와 야마지(山路勝彦) 씨 등과 긴 기간 연구회를 진행해서 영문과 일문으로 각각 보고서도 냈다. 야마지 씨와 다나카(田中雅一) 씨와의 정담에서 식민지 연구사에 대해 자세히 구술 기록을 남겼고, 다나카 씨와 카미즈르(上水流久彦) 씨의 나에 대한 인터뷰는 일본『문화인류학지』에 소개되었다. 그리고 세계적으로 많은 연구회에 참가할 수 있었다. 프랑스 파리에 있는 일본문화센터에서 열린 '일본학연구대회'에서 독일의 클라이너(Josef Kreiner) 교수, 미국의 베프(Harumi Befu) 선생 등과 일본 식민지 잔재에 대한 한국인의 타자 의식을 토론했다.

또 나는 연구소 등에서 연구자들을 초청하거나 방문해서 강의를 듣기도 했다. 이영훈 교수의 강의를 들은 것도 그 가운데 하나이다. 몇 년 전, 이 교수의 이야기를 연구진과 함께 길게 들은 것이다. 한국은 급속한 경제 성장을 통해서 비교적 짧은 기간에 빈곤에서 탈출한 경험을 가진 국가이다. 그는 일본의 식민지 시기와 관련

지어서 한국 경제의 발전 과정을 설명했다. 김낙년 씨도 강연을 통해서 식민지 경제 정책의 긍정적 결과를 말했다. 나는 그들의 말을 들으면서 친일파적인 인상은 전혀 받을 수 없었다. 연구자로서 당연한 결과를 술회했다는 인상을 받았다. 그런데 그들이 친일파로 공격받는다고 듣고 한국의 학풍이 참으로 유감스럽다는 생각을 하게 되었다. 이영훈 교수 등이 저자로 나선 『반일 종족주의』는 일본에서 크게 좋은 평가를 받고 있다.

이번 개정증보판본에서는 최근 연구를 다소 추가했다. 특히 법씨 품종 개량에 관한 것을 넣었다. 대만 식민지에서도 벼 품종 개량이 성공해서 일본쌀(자포니카) 봉래미 재배를 성공시킨 것은 너무나 유명하다. 제국 전체를 포함해서 인도와 만주국 북부에서까지의 벼농사를 넓혀 가는 데 공헌했다. 이런 연구들에 대해 고국으로부터 들려오는 비난의 목소리가 있다.

국수주의자들의 친일파 비난과 공격이 도를 넘고 있다고 전해 온다. 나의 연구에 대한 부정적 반향도 크다고 한다. 한편, 긍정적 반향을 통해서 새로운 사람들을 만나게 된다. 확실히 예전과는 그 무게감이 다르다. 그 반향 중에는 선뜻 출판을 결정해 준 길도형 사장도 있다. 좋은 만남이다. 감사할 따름이다.

2020년 8월 15일

일본에서 저자

목차

초판 머리말
2020년 개정판에 붙이는 글

들어가는말
포스트 콜로니얼post colonial · 16
식민 · 26
식민지 민족 이동 ·35
귀환 이동(return migration) · 37
친일과 반일의 대립 · 39

제1장
항일과 반일

일제 잔재 청산 · 44
전국민을 항일 운동가로 만들기 · 47
항일과 반일 · 48
반일과 혐일嫌日 · 52
식민지 잔재와 민족주의 · 54
독립기념관 · 57
잔학상의 전시 · 61
결코 비판받을 수 없는 한국 · 64

제2장
해방 전의 반일

지식인의 친일화 · 70
한국 지식인의 친일 · 73
가미카제 돌격대의 유서 · 75

제3장
'일본 놈 앞잡이'

일본 마을의 탄생 · 80
어업의 발전 · 86
비상시국 · 88

제4장
전후 처리

일본인의 퇴거 · 100
신사神社의 파괴 · 103
학교 봉안전奉安殿 파괴 · 106
사쿠라(벚꽃)도 싫다 ·109
적산가옥 차지하기 · 110
마을에서의 친일과 반일 · 114
일본인과 친한 사람들 · 117
긍정적 평가 · 119
부정적 이미지 · 122
일본인은 섹스 애니멀 · 125

제5장
대통령 박정희의 친일 정책

생가를 찾아서 ·132
대통령 박정희에 대한 재평가 · 142
일본을 모델로 · 145
새마을운동 · 146

새마을운동의 기원 · 149
'국민교육헌장'과 '가정의례준칙' · 151
볍씨 품종 개량과 보급 사업 ·152
지방개량운동 ·162
농촌진흥운동 · 167
농촌진흥운동의 평가 · 179
새마을운동과 농촌진흥운동 · 180
박정희의 정책 모델은 일본 · 183

제6장
일제 청산의 폭력

언어 폭력 · 188
식민지 건축 · 190
대통령 김영삼의 철거 계획 · 193
풍수로 날조된 반일감정 · 194
단맥斷脈 설화의 허상 · 198
파괴 과정 · 200
풍수적 풍설로서의 여론 · 205
미신 타파 정책 · 207

제7장
기독교의 반일

국가와 기독교 · 212
기독교의 수용 · 213
재일 한국 기독교 · 217
한일 교회의 상호협력 · 220
신흥 종교 · 221

제8장
민족주의와 반일

왜놈 설에서 우리 설로 · 224
북한에서도 음력설로 · 228
해방 전의 민속학을 식민지주의로 비판 · 230
부락제가 일제에 의해 단절되었다는 담론 · 235

제9장
식민지의 비교

싱가포르의 관광버스 · 241
식민지 역사 · 244
시내 정기 관광버스 · 246
식민지 유적지 관광 · 249
래플스(Sir Thomas Stanford Raffles, 1781-1826) · 251
싱가포르 함락 · 253
대만의 식민지 · 257
대만만요슈 · 260
구 만주의 식민지 · 262
연변대학의 박창욱 교수 ·266
일본해日本海의 표기 문제 · 268
사할린의 식민지 · 269
북한의 반일감정 · 271
평양대회 참가기 · 276
국가별 보고 · 281
일본 수상의 신사참배 · 286

맺음말 · 291

참고문헌 · 309

들어가는 말

포스트 콜로니얼

　일본의 한 회사에서 근무하는 한국인 직원이 지각하는 바람에 꾸지람을 듣자 일본인 상사에게 '식민 지배로 한국을 괴롭힌 일본놈'이라고 욕을 했다는 기사를 읽은 적이 있다. 한국인이 과거 식민지의 경험을 가지고 일본인에게 욕설을 퍼붓거나 항의했다는 것은 비단 이 사람에게만 국한된 것이 아니다. 한국인들이 일본인과의 관계에서 흔히 갖는 무의식의 생각이다. 즉, 일본인과의 관계에서 불리할 때마다 식민지 역사를 배수진으로 치는 것이다.

　그런 점에서 우리는 아직까지도 일본 식민지 의식의 틀에서 벗어나지 못하고 있다. 이러한 경향은 정치인들일수록 더 심하다. 경제·문화적으로, 그리고 특히 스포츠 등에서는 절대로 일본에 져서는 안 된다는 마음의 철칙이 있다. 그것은 일본이 우리와 비슷한

인종의 민족으로서 여러 가지로 좋은 경쟁 상대자란 것이고, 또 역사에 대한 반일감정이 남아 있다는 것을 의미한다. 그런 것이 지금도 한국인들에게 긍정적 또는 부정적으로 작용하고 있다.

위의 경우는 아주 작은 예일지 모르지만 많은 한국인의 의식구조를 반영한 것이라고 생각한다. 식민지 역사는 우리의 사회 심리 구조 등에 아직도 남아 있다. 이것은 또한 우리뿐 아니라 식민지를 경험한 많은 나라 사람들에게서 공통적으로 보이는 현상이기도 하다. 이런 현상을 후기 식민지, 즉 포스트 콜로니얼post colonial이라고 한다.

『상상의 공동체』 저자로 유명한 베네딕트 앤더슨Benedict Anderson은 동남아시아의 많은 나라들이 해방된 지 오래되었어도 식민지가 여전히 제도나 사람들의 마음 속에서 지속되며 살아 움직인다고 지적했다. 부정적이든 긍정적이든 독립 국가를 만들어가는 과정에서 식민지 유산이 중요한 요인으로 작용한다는 것이다. 즉, 식민지 역사란 제2차 세계대전의 종전이나 해방의 시점에서 바로 간단히 단절, 정리되는 것이 아니고 식민지에서 해방되었어도 식민지의 틀을 벗어나 완전 독립하기가 어렵다는 것이다.

나는 일제시대에 한국에서 살다가 일본으로 철수한 일본인들의 모임에 여러 번 참석하면서 그들의 의견을 들은 적이 있다. 그들 가운데 어떤 사람은 해방 전에는 '한국인과 사이 좋게 지냈는데 일본이 패전하자 그때까지 좋았던 한국인들이 별안간 무서운 사람으로 변했다'는 것에 놀라움을 금치 못했다고 당시의 감정을 토로했다. 식민지를 의식하지 못한 채 조선 땅에 건너와 일상의 삶을 살던 보통 일본인들의 충격이야말로 말할 수 없이 컸다. 그들은 한국인이나 일본인이나 이렇게 갈라서야 하는 사실을 상상조차 하지 못했던 것이다. 그러한 일반 서민층의 일본인들은 식민지를 거의 의식하지 않고 한국인과 함께 살고, 또 헤어졌던 것이다. 비교적 온화한 관계를 유지하고 살다가 해방이 되자 일본인과 한국인은 서로 적대 관계가 되었다. 종래 일본인 지배자와 한국인 피지배자의 관계였음이 드러난 것이고, 그것이 일본의 패전으로 한국인 승자와 일본인 패자의 관계로 바뀐 것을 의미한다. 기뻐 만세를 부르는 한국인들을 본 일본인들은 지금까지 얼마나 원한 서린 관계였던가를 깨닫고는 엄청난 충격을 받았다고 한다. 또 어떤 일본인들은 한국인에게 배신감을 느끼고 '다시 보자'는 원한 서린 말을 남기고 떠났다. 일본인들이 남긴 '다시 보자'라는 말에 소름이 끼쳤다는 말을 나는 어려서 부모로부터 들었다.

이 책은 친일과 반일이라는 틈바구니에서 체험한 사실들을 기초로 기술되었다. 나는 원래 대학에서 국문학과 민속학을 전공했다. 그래서인지 몰라도 일본에 대해서는 거의 생각해 본 적도 없었고, 친일이나 반일감정을 의식할 틈도 없었다. 그런 내가 일본에 유학가서 문화인류학을 전공한 후에 경남대학교의 일본어교육학과 전임강사로 부임하고, 뒤에 계명대학교 일본학과 조교수, 교수가 된 것은 나의 인생 진로에서 탈선과 같은 것이었다.

왜냐 하면 나의 어머니는 나의 외할아버지가 항일 운동을 한 대장(?)이라고 나에게 귀가 아프도록 들려준 대로 나는 국문학(민속학)을 전공하고, 육군 대위 때 육군사관학교 교관으로서 애국심을 북돋우는 전임강사를 했다. 그런데 유학 후 일본에서 샤머니즘을 연구하면서부터 국학 연구의 길로 들어서려던 계획이 빗나간 것이다. 5년 만에 일본에서 귀국한 나는 헌병이 총을 들고 보초를 서고 있는 것만 보아도 무서울 만큼 군사 독재가 싫었다.

나는 일본에서 한국 샤머니즘 연구로 문학박사 학위를 받은 그 연구를 일시 중지하고, 일본 연구에 열을 올리기 시작했다. 당시 국내에서는 연구자가 적은 일본 연구의 길은 외로운 길이었다. 더욱이 나라가 온통 그런 것은 물론, 가까운 주변 사람도 일본에 대한 감정이 좋지 않았다. 일본학과 교수로서 늘 주변의 반일감정을 의식하지 않을 수 없었다. 강의를 맡으면서 『일본학입문日本學入門』(계명대학교출판부, 1980)이라는 교재를 썼다. 수강한 학생들 가운데는 나를 '친일파 선생'으로 낙인 찍고 노골적으로 항의하는 학생도 있었다. 그리고 나는 학교 안이나 밖에서 언제나 반일감정과 부딪히지 않을 수 없었다.

일본 여성과 결혼하고 일본학을 강의하는 사람으로서 친일이라는 눈초리는 항상 내 곁에서 떠나지 않았다. 아내는 문화가 다른 나라에서 사는 것만으로도 부담이 큰데, 일본인이라는 것 때문에 늘 신경을 써야 했다.

삼일절이나 광복절에는 교회에서 예외 없이 일본 식민지에 대한 설교를 했다. 그 날만은 아내가 극구 교회에 나가려 하지 않았다. 1982년 교과서 파동 때에는 위기감마저 느꼈다. 학생들은 무능 교수, 어용학자 물러나라고 데모를 했다. 다행히 나에게는 무능 교수니 어용학자라는 화살은 날아오지 않았다. 나는 몇 번이나 일본으로 돌아갈 생각을 했다. 그러나 최후의 경우 아내의 고향인 일본 아키타에서 농사를 짓겠다는 각오로 배수진을 치고, 일본 연구에 매진했다.

나는 학문 외적으로 차별당하는 듯한 느낌을 받았는데, 연구 분야에서조차도 마찬가지였다. 교수들 가운데에도 일본 식민지를 들어서 나를 비난하는 사람이 있었다. 안동대학에서 열린 한 연구 대회에서 어떤 국문학자는 일본에서 공부한 사람은 국학을 연구할 자격이 없다고 공언하였다. 그러나 나는 참을 수밖에 없었다. 그럴 때마다 영국, 프랑스, 독일, 네덜란드, 스페인 등도 식민 지배 국가였다는 예를 들어가면서 방어하고는 했다. 그러나 일본 연구자는 중과부적이었다.

이에 나는 독서회를 조직했다. 토요일 하루를 전부 일본 연구에 관한 연구서를 읽는 날로 정했다. 연구자와 대학원생을 중심으로 무조건 읽고 토의했다. 그 모임이 지금 「일본학연보日本學年報」를 내고 있는 '일본문화연구회'이다. 일본에 관한 연구를 하는 목적

외에 반일감정으로 위축된 연구자들을 격려하려는 뜻도 있었다. 연구 외의 불필요한 데에 신경을 쓰지 않도록 서로 돕고 힘을 얻었다. 많은 제자들이 나왔다. 그러나 그들은 나처럼 친일이라는 말을 두려워하며 스스로를 감춘 채 지금에 이른다. 다만, 일본 히로시마 대학에서 가르친 제자들이 식민지 연구를 계승하고 있는 것은 그나마 다행이다. 그런 쓰라린 경험이 없었더라면 이 책을 출간하는 것을 생각조차 못 했을 것이다.

지금 양적으로나 질적으로 일본 연구는 크게 발전했다. 일본에 대한 태도도 많이 달라졌다. 그리고 많은 젊은 일본 연구자들이 있다. 격세지감마저 든다. 그러나 한국에는 아직도 전면적으로 일본을 부정하는 식자층과 언론 그리고 대중 평론이 판을 치고 있다. 물론 그 반대의 입장도 있다. 그러나 그런 글들은 아카데미 연구의 결과라기보다는 문장의 재치와 민심을 부채질하는 글들이다.

친일과 반일은 원칙적으로 국내의 문제이다. 나는 한국인을 이해하기 위해서라도 식민지 역사를 검토하지 않으면 안 되었다. 이 책은 문화인류학적 연구를 토대로 한 것이다. 인류학은 식민지와 관련이 깊었던 학문으로서 '식민지의 시녀'라는 별명이 있을 정도의 학문이다. 또한 식민지에 관한 인류학 연구 축적도 여타 학문 분야 못지않게 상당한 편이다.

나는 영국, 프랑스, 네덜란드 등의 후기 식민지 상황을 파악하기 위하여 동남아시아 여러 나라, 그리고 영국의 식민지였던 아일랜드와 남아프리카공화국 등을 돌아보았다. 동남아시아의 많은 나라들이 서구 식민지를 경험한 것은 다 아는 사실이다. 그들 나라들이 해방된 후 식민지 종주국에 대하여 어떤 감정과 태도를 갖게 되는지를 알아보기 위한 것이었다.

일본에서 살면서 많은 사람들이 나를 두고 악화된 한일간의 관계를 개선하고 좋은 이웃으로 지낼 수 있도록 다리를 놓는 사람이라고 불러 준다. 나도 그런 각오로 시간을 보내고 있는데 그 가교, 즉 다리를 놓거나 건너 다니는 것이 아니라 다리에서 떨어지는 위험한 관계라는 말을 하고는 한다. 여기서 생각나는 옛날이야기 같은 말을 좀 하고 싶다.

어린 시절 장날 장터에는 이따금씩 줄타기꾼들이 올 때가 있다. 구경거리가 별로 없던 시골 장에서 외줄타기를 보는 것이야말로 최고의 볼거리였다. 그런데 6.25 이후 줄타기를 다시 볼 수 있는 일은 없었다. 훨씬 세월이 지나서야 서울에서 복원된 줄타기를 보게 되었다. 감개와 감회가 큰 것은 말할 것도 없었다. 장단에 맞추어 한 손에 부채를 들고 중심을 잡으면서 외줄을 건너는 광대는 참으로 멋지다. 떨어질 뻔하다가 뛰어오르고, 떨어질 듯하다가 바로 잡고, 춤을 추면서 외줄을 탄다.

지금 그 줄타기를 상기하면서 나의 삶을 되돌아본다. 나의 인생이 외줄타기 광대처럼 느껴지기 때문이다. 참으로 여러 번 줄에서 떨어질 뻔했다. 그때마다 광대처럼 부채를 들고 바람을 휘저으며 자세를 바로잡아 왔다. 참으로 '줄타기꾼' 광대처럼 살아온 인생이다. 물론 지금도 나의 외줄타기는 계속되고 있다.

외줄타기에서 중심을 잡는 일은 결코 쉬운 일이 아니다. 바로 중심을 잡을 수 있었던 것은 부채 덕분이었다. 무게 중심을 잡아 편향되지 않아야 함을 알게 된 것은 중학 시절, 객관화의 중요성을 알게 되면서부터인 것 같다. 심지어 어머니와 남의 다툼에서도 어머니 편을 들지 않았던 것을 평생 후회하면서도 나는 지금도 객관성을 신념으로 삼고 있다. 고등학교에서 재판관은 친족 등을 재판하는 담당자가 되지 않는다는 설명을 들으면서 나는 상대가 누구라도 편견 없이 일을 처리할 수 있다고 생각했다. 그런 나의 태도는 때로는 많은 사람들로부터 오해를 받았다. '객관적'이라는 것을 지키는 일은 결코 평탄하지 않다.

떨어질 뻔했던 위험한 일이 많았다. 일본학과에 재직하는 동안 친일파라는 말을 들었던 것이다. 한국이나 일본에 대해서 나는 '팔이 안으로 굽는다'는 속담을 도외시한 것이다. 객관적인 입장을 취하려 한 것이다. 한일 관계에 대해서도 중립적인 태도를 가지고 정치적 문제를 이해하고 다루었던 것이다. 더욱이 일본학과의 교수로서 당연한 것이라고 생각했다. 그런데 일반인들은 물론 학생들도 손자병법孫子兵法을 인용하면서 '적(일본)을 알아야 이긴다'는 말로 일본을 적으로 보는 것이 보통이었다. 반일운동은 점점 격해져 갔다.

반일감정의 발원은 일본 식민지에 있었다. 일본 식민지는 남북한뿐만 아니라 대만, 사할린, 팔라오, 만주 그리고 전쟁과 점령지인 동남아시아 제국諸國 및 태평양의 여러 섬들이었다. 식민지와 점령지로 이분된다. 나는 반일감정을 이해하기 위해서 식민지 시대의 생활 등을 객관적으로 연구할 필요가 있다고 생각했다. 그리고 나는 일본 식민지 연구라는 고달픈 연구의 길을 걷게 되었다. 나는 그저 연구를 계속했다. 이후 일본에서 많은 연구자들이 식민지 연구를 하게 되어 지금은 〈식민지 연구가〉 붐을 이루고 있다. 격세지감이고 감개무량하다. 나를 두고 친일파라고 비난하던 사람들 가운데에서도 식민지를 연구하는 사람이 생겼다.

나는 일본 식민지였던 한국과 북한, 팔라우, 만주, 대만, 사할린, 그리고 점령지였던 동남아시아 여러 나라, 더욱 나아가 영국과 프랑스, 네덜란드 등의 식민지 등으로 넓게 조사를 실시했다. 식민지와 점령지를 혼동하는 듯한 표기가 있으니 한 마디 해 둔다. 예전부터 부르던 일제 식민지 또는 '일제시대'를 일제 '강점기'로 표기하는 것이 보통이다. 아마 식민지보다 '강점强占'이라는 말로 일제의 잔학성을 강조하려는 의도라고 여겨진다. '식민지'라고 하는 말에 대한 알레르기 현상일 것이다.

그런 위험이라고 할까 부담이라고 할까 하는 이야기를 이어 가고 싶다. 나의 연구를 두고 위험스러운 식민지 연구, 즉 식민지와 피식민지 사이의 희생자적 연구라고 비판한 사람이 있다. 연극평론가 이상일 씨가 그다. 그는 나에게 '중립적 객관적 학문적(과학적) 업적으로 정리되어 넘어갔으면 한다'고 전제하고, "학문적 중립성이라는 것이 그렇게 쉽지 않다. '식민지 연구'라는 그의 연구는 자신도 모르는 사이에 '친일적이지 않을 수 없게 되었다'는 의구심을 풀어주기 바란다"고 서평을 썼다.

얼마 전에 나온 나의 책(『帝國日本の植民地を歩く』, 2019. 10)에 대한 이상일 씨의 서평은 일본 아마존에 공개되어 있다. 그는 국수주의적 국학자들, 그 가운데에서도 주로 민속학자들이 나를 친일파라고 비난하는 것을 지적하며 일본에 대한 피지배 민족 조선인(한국인 포함)의 콤플렉스, 식민지학으로 돌파구를 찾은 것 아닌가, 저서에서 풍기는 중립적·객관적 학문 자세 가운데 엿보이는 '희생자=제물'적 제물로 바쳐 마침내 '영웅'으로 재생, 부활하는 식민지 출신 인물 행적에 쏟는 열정(예증; 영국과 아일랜드의 정치적 주종관계와 예이츠 같은 시인 예술가 상), 그리고 무엇보다도 피식민지인이면서 식민 관료로서 어쩔 수 없는 모순된 생애로 인해 처형(아일랜드 독립 방조 대역죄)된 로저 케이스먼트(R. Casement 1864~1916) 같은 인물의 발굴은 바로 최길성 교수 자신에 대한 반사 투입으로 간주할 수 있다.

식민

에도시대의 일본에 통신사로 갔던 신유한과 아메노모리 호슈(雨森芳洲)와의 대화를 보자. 아메노모리가 "왜 조선인은 일본을 야만인 왜라고 하는가" 하고 묻자 신유한은 "임진왜란을 생각하면 일본인을 갈기갈기 찢어서 씹어 먹어도 한이 풀리지 않는다"고 대답했다. 지금의 한일 관계 그대로이다. 최근 한국의 어느 사설 자연 식물원에 위안부에 사죄한다며 엎드린 일본 수상 동상을 설치한 것이 화제가 되고 있다. 한恨이 많이 담긴 이야기는 그냥 버려지고 잊혀지는 것이 아니다. 고향(경기 양주) 무속 굿에는 계면떡(굿이 끝나면 나누어 주는 떡)을 나누어 먹는 장면이 있다. 그 떡을 두고 '성계육'이라고 한다. 이성계에 패한 최영장군의 한을 풀기 위해 성계육을 씹는다는 것이다. 14세기말에 증오를 담아 씹어 먹던 성계육처럼, 16세기 끝 무렵에 있었던 임진왜란을 두 갑자甲子(120년)가 훌쩍 지나 1719년에 만난 일본인에게 일본을 씹어 먹고 싶다는 한! 지금 현실의 한일 관계 또한 그렇다. 이 책을 처음 출판할 때가 해방된 지 60여 년, 그리고 그로부터 15년밖에 더 지나지 않았으니 반일을 내면에 품고 사는 한국인들에게 오죽할까 싶기도 하다. 아이러니하게도 시간이 흐를수록 그런 감정은 정치 상황의 변동에 따라 없던 한까지도 끄집어 내어 더욱 악화되는 것 같다.

식민 또는 식민지를 '절대 악'으로 생각하는 사람이 많지만 아직도 그것을 일상적인 용어로 쓰는 곳도 적지 않다. 한국에는 식민지라는 말을 오해하는 사람이 많다. 식민지라는 말이 싫다며 '일제강제점령기' 또는 줄여서 '일제강점기'라는 새로운 말을 쓰고 있다. 일제가 얼마나 악독한 것인가 하는 느낌을 주는 말로 대체하고자 한 것이리라. 그러나 '점령(occupation)'이라는 말은 대개 전쟁 과정에서 일시적으로 차지한다는 뜻이다. 그러므로 점령이라는 말은 식민지보다 정치적 군사적으로 식민지보다 가벼운 개념이고 잘못된 말이다. 식민지란 국제적 용어를 '강제 점령'으로 바꾸어 부르는 것은, '점령'이 식민지보다 훨씬 경미한 의미임에도 쓰고 우기면 된다는 것 같다. 다분히 의식의 자기만족, 즉 요즘 흔히 쓰는 말로 '정신 승리'밖에 더 되겠는가.

일제 36년이라는 말도 틀렸다. 한국인들이 그렇게 말하니까 일본인들도 그저 그러려니 하고 있을 뿐이지, 실은 35년도 2주 정도 모자란다고 일본 학자들이 뒤에서 비웃고 있는 것을 그들만 모르는 것이다.

식민지라는 말은 최근까지 홍콩에서는 사무실 이름에 잘 사용하고 있다. 식민지를 절대 악이라고 생각하지 않는 피식민지 국가들도 있다. 싱가포르는 영국으로부터 130년간 식민 지배를 받았고, 3년 반 정도 일본의 점령과 식민지를 겪었다. 싱가포르 국민들은 일반적으로 영국 식민지나 일본 침략 역사에 대해서 한국인들이 흔히 일본에 대해 가지는 부정적인 감정이 그리 강하지 않다. 한국인들이 보면 참으로 의아할 정도이다. 그들에게 있어서 식민지란 절대 악이 아니기 때문이다. 그들의 관용적 태도 때문일지, 영국 식민지가 일본 식민지와 질적으로 다르기 때문일지 한 번 검토를 할 필요가 있을 것이다.

식민지(colony)라는 개념은 원래 거주지 및 농지 등을 의미하는 것으로 '새로운 토지에 이민하는 것'을 말한다. 일반적으로 말해서 식민지화의 과정은 무력으로 침략하거나 강제 조인 등으로 영토를 확보하는 데서 시작된다. 고대 로마(성경에는 사도행전 16장 12절)로부터 시작된 말로 알려졌으나, 일반화된 것은 지리상의 발견시대 이후부터이다. 서구 제국들이 아프리카, 아메리카, 동양 등지에 제국주의 확대 전략에 의해 자국민을 이주시키는 것을 의미했다. 식민지의 '식민'이란 말은 종주국의 사람들이 국가 권력의 힘을 등에 업고 해외 식민지로 이주하는 것을 의미한다. 식민지는 즉, 피식민지를 말하고, 식민은 본국에서 이주한 사람들을 가리키는 말인 것이다.

일본의 식민지도 세계적인 식민지의 틀 안에서 볼 수 있다. 소위 서구 선진 제국들의 식민지와 일본의 한국 식민지는 그 구조가 다르지만, 그 시대 상황에서 볼 때 한국의 식민지도 그러한 맥락 안에서 이해할 수 있다. 즉, 지구촌 차원에서 보면 식민지는 한국만이 겪은 것은 아니다. 식민지 역사는 '지구촌 역사(global history)'라고 할 수 있다. 19세기와 20세기에 걸쳐 식민지라는 것은 오히려 세계적인 보편 현상이라고 할 수 있을 정도이다. 20세기 중반에는 전 세계의 84퍼센트가 식민지였다.

한국의 일본 식민지 역사는 한국사인 동시에 세계사의 틀 안에 있다. 동시에 한국의 식민지는 대만, 만주, 사할린 그리고 동남아시아의 여러 나라, 남양의 제도諸島 등 일본의 침략이나 식민지들과 궤를 같이 한다. 물론 단기간 점령되었던 말레이시아, 미얀마, 싱가포르, 인도네시아, 남양군도와도 연동되는 것이다. 동남아 중심의 식민지 역사의 틀을 그대로 한국 식민지 틀에 적용한다는 것이 적당치 않을 수도 있겠지만, 그렇다고 일본 식민지를 한일 관계에만 국한시킬 문제는 아니다.

일반적으로 식민지라면 서구인들이 아프리카나 아시아의 원시민족을 다스리는 것으로 안다. 즉, 다른 피식민지의 민족이나 국가의 사회구조나 문화가 종주국의 것과 다른 것을 의미한다. 식민지는 원칙적으로 종주국 문화의 틀 밖에 존재하는 원시 미개한 민족, 즉 다른 이민족을 정복해서 다스리는 것을 의미한다. 그러므로 서구 제국들이 지리적으로나 문화적으로 거리가 먼 아프리카나 아메리카, 동남아시아의 국가·민족 등을 대상으로 한 것이다.

거기에는 '반드시'라고 해도 좋을 만큼 피식민지가 원시 미개하다는 것이 전제된다. 그것은 자연적인 실상일 수도 있고, 의도적으로 만들어진 것도 있다. 즉, '서구'와 '비서구非西歐'라는 대립적인 의식구조를 가지고 선진한 서구가 후진된 나라들을 식민지 지배할 수 있다는 관념을 만든 것이다. 오랫동안 식민지를 경영했던 서구 제국들은 아프리카나 아시아에 대해서 원시 미개하다는 인상이나 의식구조를 가졌던 것은 사실이다. 지금 식민지 역사가 정당화될 수는 없지만 제국주의가 팽배했던 당시로서는 경제·문화적 격차가 있기 때문에 그런 논리가 통했던 것이다. 한편 유럽은 피식민지를 지배하는 논리로서, 피식민지의 사회 문화들을 원시 미개한 것이라며 의식구조를 날조했던 것이다. 그런 관념이야말로 식민지 경영에 필수적으로 전제된 것이었고, 동시에 제2차 세계대전 이후에도 식민지 의식구조로서도 강하게 자리 잡고 있다. 에드워드 사이드는 서구인들이 동양에 대한 원시 미개한 이미지를 날조하는 '오리엔탈리즘' 화 과정을 신랄하게 지적했다.

한국 식민지는 좀 특이하다. '이웃 나라' 일본에 의해 식민지로 전락, 식민 지배를 당한 것이다. 일본은 가까운 곳에서부터 식민지화해 갔다. 근대화 이전까지만 해도 한국을 자기들보다 선진 문화 국가로 인식했다. 통신사의 왕래 등에서도 역력히 알 수 있듯이 따로 설명할 필요가 없다. 그런데 하다다 다카오(旗田魏)가 일본인의 조선관에 대한 변화를 설명한 바와 같이 일본은 아시아를 침략, 식민지로 삼기 위해 의식의 전환이 필요했다. 일본 자신은 후진 미개한 민족의 일원이 아니고, 아시아와는 다른 선진 제국의 하나라는 것을 강조하는 소위 탈(脫) 아시아 의식을 강조했다. 특히 후쿠자와 유키치(福澤諭吉) 등은 '일본은 선진국으로서 아시아 제국들과는 다르다'는 것을 강력히 주장했다. 그것이 식민지 통치를 정당화하여 왔으며, 패전 후 일본인들의 의식구조에도 강하게 자리 잡고 있다. 이것은 세계와 한국으로서는 충격적인 일이 아닐 수 없다. 종래 중국 중심의 패러다임이 완전히 역전된 것이기 때문이다.

한국인들은 역사적으로 일본이 한국보다 문화·경제적으로 저급하다고 여겨 왔다. 그러나 한국은 힘으로 일본을 당할 수 없었다. 동학난으로 빚어진 내란이 청일전쟁으로 확산되고, 일본의 세력을 끌어들인 결과 한일합병으로 이어져 일본의 식민지가 되었다. 즉, 당시 한국은 일본의 식민지인 동시에 한국인은 일본의 식민지 지배를 받는 피식민지인(the colonized)이었다. 1910년 한일합병 이후 실제로 일본인들은 대거 식민지 한국이나 만주 등지에 나와 살게 되었다.

역사, 문화적으로 좋은 교류를 한 일본이 한국을 침략하여 식민으로 삼았다는 것, 그 반역에 분노를 할 수밖에 없었다. 일본의 지배를 받는다는 것은 이해할 수 없는 상당한 모순과 갈등이 아닐 수 없었다. 최근 일본 텔레비전 카메라 앞에서 거문도의 어떤 젊은 주부는 일본의 침략에 대해 "우리는 언제나 일본보다 우월하고 일본을 가르치던 입장이었다. 그런데 그것이 뒤집혀 일본의 침략을 받다니 말이 안 된다"고 한 것이 인상적이다. 즉, 일본보다 우월하다고 자부해 온 한국이 일본에 식민지화한 것이 치욕의 역사라는 것은 한국인의 일반적인 생각이다.

한국인으로서 일본은 문화적으로 저급한데도 군사적으로는 강국이고 지배 민족이라는 두 가지 태도를 동시에 갖게 하는 이율배반적 감정, 즉 일본인 멸시와 패배감을 동시에 가지는 양가감정兩價感情(ambivalence)이 자리 잡고 있었다. 이러한 감정은 해방 후 반세기가 지나도 여전하다.

일본은 대만, 한국, 구 만주, 사할린 등 가까운 나라들을 식민지로 삼았다. 이와 같이 동일 문화권의 인접 국가를 식민지한 것은 서구 식민지에서도 더러 볼 수 있다. 지리적, 문화적으로 가까운 이웃 민족을 식민하는 경우도 있다. 영국은 인접 국가인 아일랜드를 식민하여 지금까지도 종종 문제가 불거지고 있고, 소련은 폴란드를 비롯한 이웃 약소 민족을 식민지로 삼았었다. 현대 중국이나 러시아 등은 자기 내부의 소수 민족을 식민지로 삼았다. 이와 같이 국내 식민지와 국외 식민지로 분류할 때 대체로 먼 국외 식민지보다 이웃했거나 내부 식민지가 더 어려운 문제를 남기는 게 인류사의 공통된 경험칙이다.

일본의 식민지 정책은 시기와 지역에 따라 달랐다. 서구 제국諸國들이 주로 무력으로 제압하고 사회 문화적 개발을 통해 동화시켰다는 측면에서 일본의 식민지 정책도 크게 다를 것이 없다. 일본 식민지 정책은 유럽의 것을 참고로 했기 때문이다. 예를 들어서 오키나와와 대만에 대한 식민지 정책을 결정하기 위해서 영국인 고문 커크우드Kirkwood를 초청하여 자문을 들었다. 그는 대만 식민지 정책 수립에 관해서 원주민들의 문화 등을 존중하는 쪽으로, 주로 영국식 '간접 통치'를 조언했다. 그러나 그의 자문대로 된 것은 아니다. 일본 정부는 대만이 일본제국이되 내지內地와는 다르다고 하는 애매한 태도로 동화 정책을 채택한 것이다.

프랑스식 '직접 통치'와 비슷한 정책이 적용된 것이다. 결국 일본은 한국 식민지를 본국 체제의 연장선상에서 소위 '내지 연장주의'의 동화同化 정책을 실시할 것으로 결정하였다. 한국과 대만을 식민지로 할 것인가, 일본 영토 안에 넣어서 다룰 것인가 즉, 내지 연장 정책으로 할 것인가를 검토한 적이 있다. 일본 정책이라 하더라도 지역에 따라서 전적으로 동일하지는 않았던 것이다. 예를 들면 만주의 오로촌 족이나 사할린의 소수 민족에 대해서는 이화異化 정책을 적용했다.

초기에는 주로 무단 정책을 실행했으나 점차 국가 신도神道(Shinto)에 의한 신사참배 등을 통해서 종교와 정치를 합친 천황제로 식민지를 다스렸다. 일본은 사회, 문화적으로 가까운 이웃 민족을 다스리는 식민지 정책으로서 동화 정책을 채택했다.

한국을 일본에 융합, 즉 내선일체를 달성하는 것이었다. 이러한 식민지화 과정에서 부닥친 것이 한국 문화의 전통이었다. 그러기 위해서는 한국의 전통 문화나 정체성을 파괴하지 않으면 안 되었다. 그리하여 한국 전통에 대한 이해가 새로운 정책 수립의 전제 조건이 되었다. 그래서 해방 전 일본인들은 한국에 관한 연구를 했다. 법, 경제, 사회, 역사, 인류학 등 다방면에 걸쳐 주로 조선총독부의 촉탁이나 경성제국대학의 교수들에 의해서 식민지를 무대로 한 연구가 주를 이루었다.

일제는 식민지 지배를 위해서 한국의 법, 제도, 관습, 종교, 문화에 대해 조사를 실시했다. 역사학, 사회학, 경제학, 고고학, 인류학, 민속학 등 많은 연구자들과 행정가들이 식민지 한국의 토지나 재산 등에 대한 법률과 풍속, 관습 등을 조사 연구했다. 일반적으로 그런 연구는 식민지라는 목적을 위한 것이라는 점에서 식민지학이라고 불린다. 그러나 뒤에 기술하는 바와 같이 일본의 그런 연구들을 식민지학으로 규정하기란 쉽지 않다.

동경제국대학에는 식민지학이란 강좌가 개설되어 있었다. 그런 연구 결과가 식민지 지배 정책에 어느 정도나 이용되었는가는 아직 잘 알려지지 않고 있다. 앞으로 연구해야 할 과제이다. 서구에서는 식민지 정책에 인류학이 이용되거나 적어도 관계를 가지거나 그것을 배경으로 성장했다. 일본의 인류학도 식민지와 관련을 가졌던 것이 사실이나 인류학적 연구 성과가 식민지 정책에 어느 정도나 응용되었는지는 아직 불분명하다.

식민지는 다른 사회 문화를 대상으로 하는 것이다. 그들 대상 사회의 문화를 연구하여 효과적으로 지배하려 하기 때문에 많은 조사 연구가 수반되는 것이 보통이다. 스페인이나 포르투갈을 제외하고 영국, 프랑스, 네덜란드 등은 피지배국의 사회를 연구하고 그것을 활용하는 정책을 사용했다. 종주국들은 식민지의 사회나 문화를 이해한 뒤 다스리기 위해 법, 관습, 문화 등을 연구하는 것이 일반적이다.

식민지 민족 이동

식민지의 이해에 있어서 식민지라는 부정적인 현상을 말하는 동시에 민족의 이동 접촉의 현상에 주목하지 않으면 안 된다. 한민족이 역사적으로 여러 차례 전란 등을 거쳤으나 다른 민족과 함께 살아 본 경험도 무시할 수 없는 일임에 틀림없다. 한국인들이 일본 사람들과 시공간을 공유하며 살았었다는 사실은 식민지라는 문맥을 넘어서도 고찰되어야 한다.

1876년 강화도조약 이후, 식민지 이전부터 이미 개항된 인천, 부산, 원산 등 개항장을 중심으로 상당히 많은 일본인들이 한국에 이주하여 살고 있었다. 그러나 비교적 소수의 그들은 국가의 지배 관계를 배경으로 한 식민은 아니었다. 19세기 중엽 이후 한국인들이 만주나 연해주 등지로 이주한 것도 국가 권력을 배경으로 한 것이 아닌, 오히려 국가를 떠나간 이주에 불과하기 때문에 식민이라고는 할 수 없다.

한일합병 이후 일본인들은 일본 제국주의의 힘을 등에 업고 한국으로 이주해서 사는 사람, 즉 '식민植民'이 많아졌다. 그야말로 한국은 일본의 식민 땅이었다. 한국인은 역사상 처음으로 타민족과 30여 년에 걸쳐 함께 생활한 것이다. 일본인이 식민지 한국으로 반드시 일방적으로 인구가 이동한 것은 아니다. 오히려 역류 현상도 있었다. 즉, 식민지 본국인의 해외로의 이주 식민과는 반대로 식민지 주민들이 종주국 식민지 본국인 일본으로 이동하는 역류 현상도 있게 마련이었다. 많은 한국인들은 일본이나 사할린 등지로 이주했다.

이런 현상은 서구 식민지에서도 흔히 있었던 일이다. 예를 들면 알제리 인들이 프랑스로, 인도인들이 영국으로 이동하는 것과 같은 현상이다. 해방 당시 일본에 한국인이 230만 명이나 살고 있었다. 한국인은 일본뿐만 아니라 일본 식민지 판도 내의 만주, 사할린 등지로도 많이 이주했다. 한국과 일본을 두고 말한다면 식민지 당시 일본인이 한국에 산 인구보다 한국인이 일본에 산 인구가 훨씬 많았다. 이와 같이 식민지 판도 안에서의 이동은 식민지의 보편적 현상이라고 할 수 있다.

이러한 현상을 놓고 흔히 지금 한국인들은 일본의 강제 연행, 징용이라고 하고 있다. 물론 그 가운데에는 전쟁 말기 강제 노동이나 징용 등으로 간 사람들도 있다. 그러나 대부분의 사람들은 강제 연행이나 징용·징병으로 간 것이 아니다. 많은 사람들은 노동 조건이 보다 나은 일본으로 이주했던 것이다.

귀환 이동(return migration)

제2차 세계대전 종전 이후 세계적으로 특기할 만한 것은 짧은 기간 안에 인구의 대량 이동이 일어났다는 것이다. 크게 두 가지로 볼 수 있는데, 하나는 식민지 지배 국민이 본국으로 이동하는 것이다. 종전 당시 만주에 150여만 명, 한반도에 70여만 명, 대만에 40여만 명 그리고 사할린에 30여만 명과 남양 제도 등에서 수십만 명의 일본인들이 귀국했다. 그들은 패자로서 본국으로 원상복귀한 것이다. 패전에 따른 민족 대이동이었다. 일본인들은 패전 후 대량 귀환 이동으로 극심한 혼란기를 겪은 것이다. 만주나 북한에서는 소련군에 의해 많은 일본 여성들이 성폭행을 당했고, 남성들은 시베리아 유형에 처해졌다. 당시 피해 상황에 대해서는 최근 많은 체험기를 통해서 속속 알려지고 있다.

다른 하나는 식민지 판도 안에서 본국을 떠나 살던 사람들이 귀환한 것이다. 우선 강제로 이동, 이주된 사람들이 우선적으로 귀환되었다. 당시 귀환을 책임진 미국의 GHQ(연합군 사령부)는 일본인들이 비교적 안전하게 귀환하도록 함으로써, 일본인들은 무사히 철수할 수 있었다. 그래서 그들은 패자로서 비참하게 도망친 것만은 아니다. 미군정의 치안 유지에 의한 귀환 조치 덕분이었다. 한국인들은 일본 식민지에 대한 원한을 푸는 복수를 하려고 해도 조선총독부의 무장 해제가 되지 않은 상태에서 그럴 수가 없었다. 그

사이 일본인들은 비교적 시간적 여유를 가지고 안전하게 재산을 처리하고 떠났다. 한국인들은 남산에 세워진 조선신궁조차 파괴할 수 없었다. 조선총독부 관리들은 8월 16일 의식을 행하고, 8월 말일까지 신체를 일본 궁내성으로 반환시켰다.

사할린의 경우는 다르다. 많은 젊은이들이 사할린에 강제 노역을 하기 위해 이송되어 갔다가, 해방 후 일본인들은 일본으로 귀환했는데 한국인들만은 귀환이 되지 않았다. 그리하여 사할린은 우리 민족으로 하여금 슬픈 섬이 된 것이다. 그것에 대해서는 저자의 또 다른 저작인『사할린 : 기민棄民과 유형流刑의 땅』(2003년, 민속원)을 참고하여 주기 바란다.

사할린 조사에서 놀라운 비석 앞에 무릎을 꿇고 묵념을 한 적이 있다. 1945년 8월 20부터 불과 2, 3일 만에 벌어진 사건이다. 사할린에서 일본인과 한국인은 같은 농민들로서 함께 어울리며 농사를 짓고 살았다. 그런데 소련군의 침입이 시작되면서 한국인들이 소련군의 스파이라는 소문이 돌기 시작했고, 같은 농촌 마을의 일본인 청년들이 한국인 20여 명을 잔학하게 참살한 것이다. 나는 이를 알게 되자 마자 일본 정부에 연구비를 신청하고 일본인 연구자들로 팀을 구성하였다. 내가 연구 대표로서 '일본인의 범죄적 행위를 연구하는 프로젝트'로 연구를 하여 일본어로『카라후토 조선인의 비극』(『樺太朝鮮人の悲劇—サハリン朝鮮人の現在』第一書房, 2007)을 출간했다. 즉, 이런 주제의 연구를 국민의 세금인 국가의 연구비로

연구하고 저술할 수 있는 나라가 일본이라는 것을 알아야 한다.

사할린 탄광 등지에 동원된 한국인들은 오랫동안 귀환하지 못했다. 그들의 귀환 운동이 한창일 때 나는 NHK TV에 제청하여 과정을 보고하였다. 그들이 전후 오랫동안 귀국하지 못한 가장 큰 이유는 귀환의 책임을 진 미국과 소련이 귀환시키지 않았기 때문이다. 미국은 한국의 치안 상태 등을 고려했다 하고, 소련은 북한이 한국으로의 귀환을 꺼려 한데다 소련 자신의 노동력 확보 차원에서 보내지 않았다는 것이다. 한편, 일본 정부는 사할린 한인들이 당시 일본 국적이라고는 해도 일본으로 귀환시키는 데 어려움 때문에 무관심했다는 것이다. 전쟁과 식민지의 책임을 적극적으로 져야 할 일본이 책임을 회피한 것이다.

친일과 반일의 대립

해방 직후 일본인이 한국인에게 살상된 건수에 비해 한국인이 한국인을 살상한 건수가 압도적으로 많다. 이는 식민지 시대의 원한이 직접 일본인을 향한 것보다는 일본인 앞잡이에 대한 복수를 위한 테러 등이 많았던 것을 의미한다.

일본인이 한국인에게 살상된 사건이 발생했어도 한국인이 한국인을 살상한 건수에 비하면 아주 적은 수이다. 그것도 민족 감정에

살해	일본인	6
	조선인	21
자살	일본인	25
	조선인	–
상해	일본인	8
	조선인	67
구타/폭행	일본인	21
	조선인	118

모리타 요시오 『종전의 기록(終戰の記錄)』1, 1979 : 14

의한 것이 아니고 개인적 원한에 의한 것이었다. 이는 식민지 시대의 원한이 직접 일본인에 대한 것보다는 한국인 앞잡이에 대해 복수를 위한 테러 등을 의미한다. 이렇게 봤을 때 친일과 반일은 처음부터 일본에 대해서라고 하기보다는 한국인끼리의 갈등이었음을 어렵지 않게 짐작해 볼 수 있다. 친일과 반일의 갈등은 처음부터 한국인끼리라는 것을 상징적으로 암시하는 것이다.

지금도 반일을 외치는 많은 주장들이 실은 거의 다 일본보다는 한국인을 겨냥하고 있다. 물론 일본을 적대시하는 것이 반일이고 일본과 친한 것이 친일임에는 틀림없지만, 친일과 반일의 대상은 어디까지나 한국인이다. 위험한 항일 운동을 하지 않았던 사람들이 그것도 일본을 향하기보다는 같은 한국인을 비난, 공격하는 데 집착하는 이유는 무엇일까. 그것은 아마 자신이 얼마나 애국자였는가를 강조해서 표현하기 위함일 것이다. 그것을 좀 더 고찰해 볼 필요가 있다.

전쟁 책임은 당시 전쟁을 일으키고 수행한 일본인들이 질 것인가. 그 세대가 사라지면 자연 소멸하는 것인가. 책임이 증발되는 것일까. 아니면 그것을 공유하는 모든 일본인, 그리고 그 후손을 의미하는 것일까. 일본의 젊은 세대들은 전쟁 책임을 회피하려고 한다. 즉, 전쟁을 책임져야 할 세대는 이미 사라졌고, 원한과 복수를 대물릴 수 없다는 논리이다.

마찬가지로 전쟁 책임을 물을 수 있는 한국인은 누구일까. 직접 일본으로부터 수모를 당한 사람들인가, 아니면 그것을 계승한 후손들인가. 그런데 한국의 많은 젊은이들이 원한을 대물림하려고 하고 있다. 여기에 역사의 지속과 단절이라는 기본적인 문제가 있다. 일본의 젊은이들이 대물리려 하지 않는 것과는 대조적으로 한국의 젊은이들은 잊으려 하지 않는다. 스스로 반일의 주체가 되고 전사를 자처한다. 그것은 말할 것도 없이 일본인이 가해자이고, 한국인이 피해자인 것을 의미하는 것이다.

해방 후, 식민지 종주국에 대한 태도가 모두 동일한 것은 아니다. 같은 일본의 식민지였던 중국 조선족이나 사할린 한인 그리고 북한을 포함한 우리 민족들의 일본에 대한 감정은 동일하지 않다. 그것은 식민지 자체의 역사를 기본으로 삼으면서도 그것보다는 해방 후 국가나 민족에 대한 저마다의 입장이 다르기 때문이다. 해방 전 일본의 식민지 정책 또는 해방 후 사정에 따라 다양하다. 특히 해방 후에 처한 입장이 다르기 때문이다.

제1장
항일과 반일

일제 잔재 청산

식민지 청산은 그리 쉬운 일이 아니다. 그것은 가까운 산 역사이기 때문이고 한일 관계에서 때때로 증폭되기 때문이다. 그래서 한일 관계는 때때로 위험한 관계에 빠지고는 한다. 일본어 잔재를 청산하는 것에 그치지 않고 철도, 도로, 건축물 등도 물론이고 보고 배운 것을 포함한 교육 제도도 청산하지 않으면 안 되는 자기 모순에 빠지게 된다. 즉 현실, 실존을 부정하게 된다.

새 천 년이 시작되고 몇 년 뒤, 내가 '위험한 한일 관계'라는 책을 내려고 할 때 출판사 사장인 친구 고 정효섭 씨는 나에게 의문을 제기하였다. 한일 관계는 더 이상 나빠질 일이 없으니 '위험한 한일 관계'라는 말은 마땅치 않다는 것이다. 당시 한일 관계는 전후 최고로 좋은 상태에 있었고, 친일이나 반일이란 말은 이미 낡은 것이라는 것이 그의 의견이었다.

나는 한일 관계에는 언제나 잠재적 위험성이 내포되어 있어서 표면적으로는 좋은 관계라도 언제 터질지 모르는 폭탄과 같은 것이고, 또 한일 관계가 좋은 상태로 지속된다고 해도 그것은 오래가지 않고 나빠질 것이라고 반론했다. 결국 그는 나의 의견에 동의해서 출판하게 되었다. 불행하게도 바로 얼마 안 되어 나의 말은 정곡을 찌른 것이 되었다. 가장 좋았던 한일 관계는 이명박 씨의 독도 방문으로 악화되고, 이어서 박근혜 씨가 2016년 도쿄에서 열린 G7 정상회담 당시 아베 수상의 초청을 고사하는 등 관계가 삐걱거렸고, 문재인 정권은 현재 최악의 한일 관계를 주도하고 있다.

나는 한일 관계의 악화와 정상화의 과정을 수차 경험했다. 얼마 전까지 만해도 역사상 가장 우호적인 한일 관계라고 하던 것이 일본 수상의 야스쿠니신사 참배, 한국의 독도 문제 등이 한일 관계를 악화시켰다. 식민지 시대가 지나가도 그런 역사적 감정이 바로 사라지는 것은 아니다. 현실적으로 살아 있는 최근의 역사이다. 그것이 한일 관계를 어렵게 만들 뿐만 아니라 국내적으로도 여러 가지 문제를 일으키고 있다. 식민지 문제야말로 한일 관계에서 최대의 심리적 장애라 할 수 있다.

1945년 일본의 패전으로 한국의 식민지는 정치적으로 종식되었다. 식민지는 끝났어도 현실적으로는 아직도 남아 있다. 일본인들이 퇴거하고, 동포들이 귀국해서 원상으로 복귀했다. 그리고 일본인들이 쓰던 재산의 처리, 즉 적산敵産 매각 등 일제 잔재 처리 등이 행해졌다. 그러나 사실은 적산이 아니다. 한국은 일본을 상대로 전쟁을 한 승전국이 아니기 때문이다. 오히려 일본 쪽에 서서 징용 또는 지원병으로 미국과 싸운 나라이다. 적산(enemy property)이라는 것, 시설 등의 구조, 건물, 법, 제도 등은 일제시대의 것이 모두 승전국인 미국의 것이다. 그 재산을 미군정을 통해 '불하拂下'라는 형식을 통해 손에 넣은 것이다. 귀속 재산이라는 명칭을 붙인 것이다. 결코 적산이 아니다. 일본인들의 재산이 미국으로 그리고 한국인들에게 그냥 주인이 바뀌었을 뿐이다. 일제 잔재라는 많은 것이 이런 것들이다.

사람들은 자신의 몸에 밴 일제 문화를 의식하지 못했다. '화투', '3·3·7박수', '만세삼창', '정종', '민족주의' 등 일일이 열거할 필요가 없을 정도로 한국인은 일본 문화 잔재 속에서 살고 있었다. 그러한 일제의 잔재가 지속되는 것은 너무나 당연한 일이다. 불행한 역사라고 해도 가장 가까운 역사이기 때문이다. 해방 50주년, 60주년 등의 기념 행사로 미래지향적인 전환을 주장하면서도 아직도 식민지 잔재는 존재한다고 한탄하는 사람들이 있다. 친일파를 척결하지 못한 것을 나무라는 사람도 있다. 마치 중국 마오쩌둥 통치 시기의 문화혁명과 같은 것을 원하는 사람들도 있다. 그러나 일제시대라고 하는 역사는 간단히 단절되는 것이 아니었다.

기념 행사를 통해서 해방 전의 상흔을 과장한다. 혹은 어떤 이는 과거를 잊고 긍정적으로 평가하자고 외치면서도 과거를 들추어 원한을 증폭시킨다. 또는 새로운 이벤트 등으로 반일감정을 증폭시킨다. 국내 독재 정권의 인권 침해 등은 이미 망각해 버려도 일본 식민지는 100년 걸려도 잊어버릴 수 없다는 듯하다. 역사의 기억은 망각의 메커니즘에만 맡길 수 없는 것 같다. 반성이라는 말을 빌려서 원한을 정당화하고, 평화라는 말을 빌려서 미움을 재생산하고 있다. 즉, 시간의 흐름이나 단락과는 관계없이 한일간의 불행한 역사는 재생, 부활하고는 한다.

어떤 사람은 일제시대라는 역사를 공백으로 두려고 한다. 그야말로 그 시대를 공허한 역사로 만들려는 시도이다. 그것이 바로 역사의 왜곡이고 날조이다. 아무리 그래도 일제 식민지는 단순한 과거가 아니고, 우리들 현재와 미래에 어떤 형식으로든 작용하게 된다. 그것이 문제인 동시에 걸림돌이기도 하다. 때로는 한일 관계에 대단히 불행하고 큰 문제로 작용하기도 한다. 그렇다고 역사 자체를 바꿀 수는 없다. 역사에 대한 인식을 바꿀 수 있을 뿐이다.

전국민을 항일 운동가로 만들기

일제시대 식민지 지배에 대한 강한 저항감을 가지고 항일 운동을 벌인 민족주의자들이 활약했던 것은 주지하는 바이다. 그러나 모든 국민이 그랬다고는 할 수 없다. 식민지 시대의 한국인들이라해도 일본 식민지를 부정적으로만 의식한, 즉 반일 독립 의식구조를 가진 사람들만 있었던 것은 아니다. 그것을 거의 의식하지 않은 채 살아온 사람들도 적지 않았을 것이다. 즉, 반일을 의식하지 않은 대중이 있었다. 오히려 대부분의 민중들은 무의식 상태이거나 일본 지배에 적응하려고 했을 것이다. 해방 당시 만세를 불렀다고 해서, 그들이 일제 때 애국 운동을 한 것이라고는 볼 수 없다. 그런데 해방 후에 마치 모든 국민이 항일 운동을 했던 것처럼, 반일 애국자처럼 둔갑되는 경우가 많았다. 친일을 욕하는 것만으로 반일 애국을 강조하는 반일 세력이 등장한 것이다. 이러한 현상을 미국인 역사학자 피티는 해방 후에 꾸며 낸 하나의 신화와 같은 것이라고 지적했다.

일본 식민지는 절대 악이라는 공식이 성립했다. 국민 전체가 애국자가 되어 친일파를 처단하고 씨를 말려야 한다는 태도이다. 특히 정부는 국민의 통합을 꾀하여 '국민국가'를 만들겠다는 미명하에 반일감정을 부채질했다. 그 반일감정은 지식인이나 정부 관리 등으로부터 시작된 것이지만, 국민 교육이나 매스컴의 보급에 의해 민중이나 대중에게까지 스며들게 되었다. 이제 해방 후 반세기를 훨씬 넘고 있는 시점에서 우리들의 식민지에 대한 의식은 어떻게 달라졌을까. 아직도 많은 한국인들의 의식구조에서는 식민지가 끝나지 않은 것일까. 한국인의 반일감정은 다른 식민지와는 다르다. 특히 한국의 반일감정은 같은 일본 식민지를 경험한 대만과는 아주 대조적이다.(피티, 1996) 중국의 구 만주, 대만 등지에서도 식민지에 대한 절대 악이란 감정은 존재하지 않는다.

항일과 반일

항일과 반일의 개념은 비슷하다. 대체로 '항일운동', '반일감정'

이라 하는 것으로 보아 전자가 행동을 의미하고, 후자가 사상이나 감정을 의미하는 것 같다. 항일이라는 말은 주로 직접 일본을 상대로 해서 독립운동을 벌인 것을 말한다. 항일 독립운동이 영웅적이었음은 말할 것도 없다. 그 운동가들은 일반 대중이 크게 의식하지 못하고 또 용기가 없을 때 위험을 무릅쓰고 용기를 낸 사람들이다.

지금 반일을 주장하는 사람들은 위험을 전제로 하지 않을 뿐만 아니라 주장하지 않아도 될 때에 주장하고 있음에 정직해야 한다. 단지 애국심을 표현하기 위한 수단으로 그러는 것 아닌가. 다시 말해서 친일과 반일의 반목을 창출하려는 것 같다.

반일이라는 말은 해방 후에 주로 사용된 것으로 일본인들이 한반도에서 철수한 뒤에 주로 사상이나 감정만을 의미하는 것이니 간접적일 수밖에 없다. 그러므로 반일의 대상은 직접적인 일본이 아니다. 한국의 반일감정 대부분은 직접적인 일본이 아니고 한국 내의 친일파를 대상으로 하는, 즉 국내의 파벌 또는 진영 싸움 구조를 그대로 지니고 있다고 할 수 있다.

한국인의 반일감정이 강한 것은 해방 후 정부가 반일감정을 증폭시킨 문화 정책, 반일 교육 등을 실시한 것이 주요 원인이라고 생각한다. 지금 북한의 민족 교육을 비웃지만 사실 박정희 군사정권 시절만 해도 매스컴을 적극 활용해서 여론을 조작하고는 했다. 이렇게 매스컴에 의해 만들어진 민족주의도 이미 해방 전에 일본이 강력하게 실시했던 것이다. 어떤 일본인은 해방 전 일본의 모습을 한국 군사정권 하에서 보았다고 하고, 이미 일본에서 버려진 내셔널리즘이 북한이나 한국에서 재연되고 있다고도 했다. 그것이 반일감정을 재생산했다는 것이다.

한국, 북한, 중국의 조선족, 재일 조선 한국인의 교육을 비교한 『아시아의 교과서에 씌어진 일본의 전쟁: 동아시아 편』에 따르면 중국의 교과서에서는 중일전쟁 당시 침략자 일본(군국주의자)과 현재의 일본인을 구분하고 있어, 일본인에 대한 미움을 억제하고 있다. 즉, 일본 정부와 일본 국민을 구분하고 있다. 그러나 한국에서는 그런 구분이 잘 되어 있지 않다.

일본과 친한 한국인을 친일파로 규정하고, 친일파를 반대하는 사람을 반일파라고 할 수 있다. 즉, '일본에' 친일한 사람을 반대(일본 ← 친일 ← 반일)하는 의식구조인 것이다. 친일이 일본에 대해 일방적으로 향하고 있다면, 반일은 친일을 향하여 비난, 공격하고 있다. 즉, 반일파의 한국인이 친일파의 한국인을 공격하고 비난하는 구조이다. 따라서 한국인끼리의 갈등과 분열을 의미하는 것이며, 일본과 직접적으로 관계되는 국제화나 민족주의는 뒤로 밀려난다. 반일이 적대하는 상대는 친일이다. 물론 일본이나 일본인이 완전히 제외된 것은 아니다. 반일감정이 침전되어 교과서 문제, 신사참배 반대 등으로 분출한다. 그러한 침전도 실은 한국인끼리의 적대 관계에서 축적된 것이다. 거기에는 오직 민족주의만이 우세하고, 어떤 이성도 논리도 통하지 않는다. 따라서 친일을 공격하는 반일의 담론은 비약적이며, 합리성이나 냉정함이 거의 결여되어 있다.

조선시대 당파싸움의 전통 구조를 지적한 황국사관을 비판하는 한국인이 아이러니컬하게도 조선조 시대의 애국과 매국을 빌려 이분하는 이른바 흑백논리의 사회를 반영하고 있다. 주적수가 국내인(친일)인 관계로 막상 일본은 부차적일 수밖에 없다. 그들이 국민의 지지를 받는 것은 '일본은 나쁜 나라'라는 국민적 대전제가 있기 때문이다. 조선총독부 건물을 부순 것도 이러한 맥락에서 이해할 수 있다. 일본 색채가 적은 관청이나 주택은 그 양식이나 위치 등을 문제 삼지 않고 이용하고 있다. 조선총독부 청사를 허무는 것이 일본 문화를 허무는 것도 아니다. 국내에서 '국민 총화' 등을 위한 것뿐이다. 그것을 헌다고 해서 직접 일본에 어떤 영향을 주는 것은 아니다. 전적으로 한국 안의 문제일 뿐이다.

이렇듯이 반일이 곧 애국은 아닌 것이다. 반일이 모두 애국이라면 외교적 차원의 국익을 따지기도 어려울 것이다. 그러므로 단순히 반일을 주장하는 것만으로 애국이 될 수 없다. 오히려 국익이라는 점에서 볼 때 반일론자들이야말로 비애국적이다.

반일감정은 지역, 계층, 세대, 성별 등에 따라 차이가 있다. 그것은 단순한 역사적 산물이 아니라 해방 후 정책과 교육에 원인이 있다고 생각한다. 앞에서도 지적한 대로 반일감정을 고취한 것은 주로 교육에 있다. 후에 검정교과서가 되었지만 한국의 국정교과서

『국사』(1982년)는 한 권을 두 권으로 대폭 개편해서 일본 침략사 중심으로 근현대사를 늘렸다. 고난 속에서도 민족 독립의 의기를 가진 역사를 구체적으로 서술하고 있다. 독립군과 대한민국 임시정부의 광복군이 한 '대일독립선언'(1943), 또 일본의 민족 말살에 저항하는 여러 문예 활동 등에 상당한 페이지를 할애하고 있다.

반일과 혐일嫌日

반일감정의 원천은 무엇인가. 원래 그것은 식민지라고 하는 사실, 사람들의 체험에서 형성된 감정이다. '반일감정'은 일본의 식민지에 대한 원한과 미움으로부터 표출하는 것이고, '민족주의'는 민족을 사랑하는 이른바 애국심에 의한 것이다. 따라서 일본을 미워하는 만큼 한국을 사랑하게 되고, 한국을 사랑하는 만큼 일본을 미워하는 것이다. 즉, 민족주의와 반일감정은 애증愛憎의 표리일체 구조라고 할 수 있다. '미움' 자체는 반윤리적인 심리이지만 나라를 사랑한다고 하는 것으로 정당화된다. 일상적으로 우리는 사람을 증오할 때가 있지만 그것이 모두 정당화되는 것은 아니다. 그러나 국가나 사회적 차원에서는 미움이 정당화되는 경우가 있다. 그래서 폭력이 정당화되고, 경우에 따라서는 전쟁도 일어나는 것이다.

한일 관계도 이러한 민족주의와 반일감정이란 애증의 표리일체 구조로 생각할 수 있다. 개인 차원, 마을 차원, 국가 차원이 모두 같은 것은 아니다. 어떤 사람은 "일본인은 나쁘지 않았지만 '일본'이라고 하는 나라가 나빴다"라고 했다. 이런 얘기는 한국뿐만 아니라 널리 동아시아에서 자주 듣는다. 이 말은 개인의 종합이 곧 국민이 아니라는 것을 의미한다. 일본을 미워하고 반대하는 심리는 도덕적으로 비난받을 수 있으나 그것을 포장하고 있는 사랑, 즉 '애국'이라는 것 때문에 반일감정이 희석되기는커녕 확대 재생산되는 지경이다. 그렇게 생겨나고 재생산된 반일감정은 '시간'과 '체험 세대'를 초월해서 그 존재감이 영속한다. 오히려 시대와 사회적 여건에 의해서 반일감정의 강도는 더 세지고, 그것을 이용하려는 세력은 지속적으로 등장할 수밖에 없게 된다.

반일감정이 변하려면 애국의 본질이 변하지 않으면 안 된다. 즉, 사회 전반이 국가 이익을 우선하거나 국민의식이 코스모폴리타니즘의 시민의식으로 변해야 바뀔 것이다. 해방 후 이 책을 다시 내는 지금 시점인 75년여가 지나면 식민지의 직접 체험자는 소수만 남을 것이며, 기억도 엷어져 갈 것이다. 그러나 오히려 민족주의와 세계화가 교차하면서 반일감정은 증폭하고 있고, 극심한 반일감정의 터부가 엄존하는 한국적 상황에서 일본 정치가의 망언(?)을 필요할 때마다 문제시한다.

식민지 잔재와 민족주의

식민지를 당한 나라는 그렇지 않은 나라에 비해 식민지의 부정적 영향이 있다. 그런 현상에 대해서 리그(Fred. W Riggs, 1917~2008)는 '지배국에 억압당해 온, 피식민지를 경험한 사회는 정치적 또는 행정적으로 경쟁이 심하며, 뇌물이나 족벌주의 따위 현상이 많은데, 그것은 지배국이 자국의 이익을 위해서 경제 개발을 하면서도 정치적으로는 억압해 온 식민지 정책을 이어받았기 때문'이라고 한다. 그런 현상은 동남아시아를 비롯한 많은 피식민지 국가들의 공통점이다. 마치 한국의 실정을 지적하는 말 같기도 하다. 그러나 반드시 부정적인 것만은 아니다. 그런 비극적 체험을 극복하던 힘으로 성공적으로 발전한 나라들도 있다. 기어츠Geertz 는 인도네시아의 탈식민지 과정에서 혼란기 무질서의 단계를 거쳐 안정되어 가는 과정을 분석적으로 설명했다. 구舊 종주국에 대한 반감에서 비롯된 내셔널리즘의 형성, 승리의 단계, 그것이 국가 조직으로 전화轉化 재편되어 가는 과정이라는 것이다.

식민지를 비난하거나 비판하는 사람은 있어도 그것을 직시하는 연구는 많지 않다. 물론 식민지에 관한 연구가 없는 것은 아니다. 대개는 독립운동사나 침략사가 중심이었고, 식민지를 객관적 시야에서 파악하려고 한 연구가 적다는 말이다. 종래 현대사에서는 일본 식민지 자체를 거의 다루지 않고, 주로 반일 독립운동을 중심으로 다루었다.

일제시대가 비록 식민지 시대라고는 해도 한국인들이 크게 영향을 받은 식민지 자체를 직접 다루지 않은 것은 분명 역사의 공백이다. 많은 한국인들이 식민지 시대 일본인의 연구를 무조건 전면적으로 부정한다. 그것은 식민지를 '절대 악'으로 보는 태도에서 기인한 것이라고 할 수 있다. 이는 식민지로부터 해방된 나라들에서 어느 정도는 나타나는 공통적인 현상이고, 한국만의 현상은 물론 아니다. 하지만 실제로 식민지 자료들이 인용되는 빈도가 높고 또 그 저서가 거듭해서 출판되고, 해방 후 많은 연구자들이 많든 적든 이를 참조하고 있는 것이 사실이다.

일제에 의한 식민지 경험은 한민족 역사상 최대의 치욕적 사실임에 틀림없다. 그것도 먼 역사가 아니라 바로 현실적으로 살아 있는 가장 최근의 역사라는 점에서 더욱 연구되어야 할 것이다. 사실 그래서 한일 관계를 어렵게 만들고, 동시에 그 후유증이 있는 것이다. 국가 차원에서 볼 때 일본은 부정적인 이미지가 압도적으로 강하기 때문에 일본의 대중문화를 저속한 외설문화라고 개방을 꺼리던 시기가 있었다. 21세기 들어서면서 그런 의식이 희석되는가 싶다가 최근에 이르러 다시 원점 회귀 현상을 보이고 있다. 젊은이들은 전통문화 복고에 열을 올린다. 박정희 정권의 강압 통치가 절정을 이루던 70년대 중후반부터 주로 대학생들이 전통 음악(농악), 가면극, 굿, 축제 등에 새로운 가치나 의미를 적극 부여했다.

해방 후 한때 행정가들이나 지식인들은 전통문화를 부끄러운 전근대적인 구습 또는 미신이라고 생각한 사람들이었으나, 70년대 이후 대학가를 중심으로 한 젊은 세대들이 새롭게 인식하고 높게 평가하게 되었다. 구세대가 식민지 시절에 대해서 갖는 감정과는 다르게 당시 신세대들은 '신식민지'라든가 '매판 자본'의 침투라고 외래문화를 배격했다. 그에 더해 21세기가 시작되고 20여 년이 흐른 지금, 반일감정을 국가대 국가의 대결구도로 설정하고 극성스럽게 민족 우선의 복고로 회귀하는 한국 사회는 그 자체로 아이러니라 아니 할 수 없다.

지금의 일본인이 전쟁사와 단절이냐 계속이냐 하는 문제가 있다. 일제의 조선 합병부터 시작해서 이후 태평양전쟁까지 지금의 일본인들과는 아무 관계인 없는 것인가? 사죄를 촉구하는 중국이나 한국에 일본은 어떻게 대응해야 할까? 어떤 일본 학생은 일본인으로서의 아이덴티티를 가지고 있으므로 전쟁에 대해서 책임 의식이 있다고 한 반면, 다른 중국인 학생은 전전과 전후는 다른 것이니 책임을 추궁하지 않는다고 말했다. 한국의 젊은 세대도 마찬가지이다. 일본 문화 또는 일본적인 것에 대해 식민지 잔재라든가 하는 식민지 테두리 속에서 벗어날 때가 되었다.

독립기념관

나는 1960년대 말에 3년간 국립민속박물관 상근 문화재 전문위원으로서 종사한 적이 있다. 그리고 일본에서는 일본 국립역사민속박물관 객원교수(4년)를 지냈었다. 임무를 성공적으로 수행했다고는 생각하지 않지만, 경험을 통해서 박물관 운영에 늘 관심을 가지게 된 것만은 사실이다. 특히 박물관 운영에는 깊은 철학이 필요하다는 생각을 하게 되었다.

'국립'과 '민속'의 관계를 생각하지 않을 수 없다. 국가가 민속 자료를 이용해서 무엇을 전시하고자 하는 것일까. 국가가 민속 문화의 주체인 민중 서민에게 관심을 보인다는 것이 우선 하나의 중요한 목적일 것이다. 민속에는 외래 문화에 대항하는 개념이 들어 있다. 서구 선진 문명 국가들이 그들의 식민지 문화를 원시 미개한 문화로서 민속을 전시에 이용하고는 했는데, 식민지를 겪은 민족들이 해방되어 그것을 되받아서 자기 민족의 정체성 전시에 사용하고 있는 것이다. 이 문제에 대해서는 베네딕트 앤더슨이 아이러니컬하게 지적했다.

국립 박물관의 하나인 독립기념관이 있다. 독립이라는 주제를 가진 박물관이다. 박물관은 인간의 문화 유산을 수집, 보관, 전시하는 공적인 기관이다. 식민지에서 해방된 많은 아프리카, 아시아의 나라들이 자국의 민족적 국가적 정체성을 강조하기 위해 식민

독립기념관은 제2차 세계대전 후 식민지에서 해방된 아프리카, 아시아의 나라들이 자국의 민족적 국가적 정체성을 강조하기 위해 독립기념관을 만들었다. 제5공화국 시기인 1987년 8월 15일 개관한 한국의 독립기념관도 마찬가지로, 그 대항적 존재는 일본이다.

지 시대의 박물관을 이어받거나 새로 만드는 현상은 아주 일반적이다.(ed. F. E. S. Kaplan, 1994) 독립기념관이나 전쟁기념관 등의 주제를 가진 박물관도 세계적으로 드물지 않다. 독립기념관도 그런 점에서 세계적인 맥락에서 이해될 수 있다.

일제시대에 세운 기념물, 기념비 등은 모조리 없애는 것과는 대조적으로 독립기념관은 식민지 역사에 대한 일본의 잔학상에 관한 기록이나 물건을 철저하게 수집, 보관하려는 박물관이다. 전국민의 모금으로 독립기념관을 건립했는데 그것은 일본과의 관계보다는 국내 사정에 의해 건립된 것이다. 그리고 1990년대에 들어와서 조선총독부 청사를 철거한 것과는 별개의 것처럼 보이지만 연결해

봐야 한다. 모두 반일감정으로 이루어진 것이기 때문이다. 식민지사에 대해 수집, 보관, 전시한다고 해도 선별적이다. 즉, 침략과 식민지라는 민족 생존권 수탈이라는 측면만이 강조된다. 중국이나 미국 등지에서도 한국전쟁, 베트남전쟁, 항일 운동에 관한 전시를 하고 있다.

한국인에게 독립기념관은 무엇을 의미하는 것일까. 우선 짚어봐야 할 것이 한국의 독립기념관은 1980년대초 반일감정이 고조되기 시작하면서 건립됐다는 점이다. 일본 교과서의 역사 왜곡 사건이 계기가 되어 1982년 8월 28일 독립기념관 건립 발기대회를 열어 온 국민의 이름으로 건립을 결의하고 성금 모금을 시작, 1983년 8월 15일 기공식을 했다. 그리고 국내외에 걸친 광범위한 전시 자료를 수집해서 1987년 8월 15일 민족 정신과 올바른 국가관 정립을 목표로 충청남도 천안시 목천면 남화리 230번지에 건립, 개관하기에 이르렀다.

박물관이나 기념비, 기념물 등은 일정한 목적을 가지고 세워진다. 그 목적 때문에 때로는 역사적 사실을 기념하는 단순한 의미를 넘어서 의도적으로 선정되어 전시되는 경우가 있다. 특히 전쟁이나 식민지 등을 기념하는 기념관 등이 그렇다. 그러므로 전시 자료가 사실일지라도 선정 등에서 사실의 변조 또는 창조된 것이라고 할 수 있다. 그것이 국민 교육의 차원을 넘어서 선전 세뇌의 기능까지 하기 때문에 주의하지 않으면 안 될 것이다.

그러나 목적을 가지고 전시를 한다고 해도 보는 사람의 입장에 따라서 해석이 다를 수 있다. 예를 들어서 북한에서 미제를 원수로서 총칼로 저주하는 장면을 보면서 비웃는 사람이 많은 것과 같다. 전쟁 박물관이나 식민지 박물관 등에서는 그와 비슷한 현상을 볼 수 있다. 독립기념관은 일본 식민지에서 독립운동 한 것을 주목적으로, 특히 일본의 잔학상에 관해서 자료를 수집하고 전시한다. 일본인이 보는 경우와 한국인, 그리고 지식인과 민중의 관람 태도는 제각기 다르다. 어떤 일본인 학자는 이것을 '거대한 세뇌 장치'라고 보았다.

박물관의 전시도 관광의 국제화에 따라 달라져야 할 것이다. 예를 들면 미국에서 인디언 원주민이나 소수 민족에 대한 백인 지배적인 전시가 소수 민족의 인권 향상과 더불어 전시 내용이 달라지지 않으면 안 되었다. 따라서 6.25전쟁 중심으로 만들어진 전쟁기념관도 같은 민족끼리 싸운 것, 북한을 저주하는 것으로만 되어서는 안 될 것이다. 박물관뿐만 아니라 전시물, 예를 들면 땅굴, 전망대, 유적지, 참전 용사 기념비, 성웅 이순신 동상 등을 볼 수 있다. 러시아에는 많은 동상이 세워졌다가 헐리는 역사를 되풀이했다. 중국의 마오쩌둥 동상, 러시아의 스탈린·레닌 동상, 베트남의 참전 용사들의 기념비·전쟁 유적지 기념비 등이 세워졌고 또 헐렸다. 박물관 전시에 앞서 6.25전쟁을 통일 전쟁으로 규정할 것인가, 단순한 침략 전쟁으로 할 것인가를 먼저 정해야 할 것이다.

역사 자체라면 박정희, 전두환 시대의 인권 유린·고문 등을 거쳐 민주 사회로 가는 과정도 전시해야 할 것이다. 다만 국경이라는 것을 벽으로 삼아 잔혹성을 선정한 것은 국가 민족주의를 반영하는 것이다. 코스모폴리타니즘, 세계화, 국제화는 이런 문제를 어떻게 다룰 것인가. 예를 들면 일본인들에게는 도요토미 히데요시나 가토 기요마사가 역사에 기념이 될 인물이기 때문에 전시하지만, 한국인 관광객들에게는 왜적에 불과하다. 즉, 일본의 영웅이 한국 사에서는 침략의 역적으로 위치된다. 이러한 갈등과 모순을 어떻게 극복할 수 있을 것인가.

잔학상의 전시

독립기념관을 찾는 사람들은 누구일까. 국민 대중이라고는 하지만 주로 청소년들이다. 최근에는 일본인들도 찾는다. 그들은 일본 안에서 식민지 역사를 잘 알 수 없으므로 한국이나 중국, 대만 등지의 박물관에서 찾는다. 나는 중국 하얼빈 731부대 생체실험박물관을 관람한 적이 있다. 마침 그날은 8월 15일이라 중국인들이 많이 찾을 것이라고 기대하고 방문했던 것이다. 그런데 의외로 일본인 관광객들이 주를 이뤘다. 중국인 안내자는 일본의 잔학상을 열심히 설명하고, 일본인 관광객들은 비참한 역사를 듣는다. 일본인

난징학살기념관. 중국 당국은 30만 명이 희생됐다고 주장한다.

의 현대사 현장으로서도 기능하고 있다는 생각이 들었다.

문제는 이러한 잔혹한 것이 사실이냐 아니냐 하는 것이고, 사실이라고 해도 그것을 선정한 이유, 그것을 관람한 사람들에게 주려는 의미 등을 고찰하지 않으면 안 될 것이다. 국가 권력으로 잔인한 장면을 전시하는 것은 한 번 생각해 보지 않을 수 없다.

식민지 지배 국가들은 피식민지에 박물관을 설치했다. 지배자로서의 민족을 위해 박물관을 설치했을 뿐만 아니라 제2차 세계대전 후에는 피식민지 국가도 자기 민족을 과시하려는 의도에서 박물관을 설치했다. 대개 이런 박물관은 현실을 은폐하기 위해서 전시를 한다. 그 유형은 두 가지 대표적 형태로 나타나는데 식민지 정부는 피식민지를 실제보다 원시적인 부분을 강조하고, 피식민지 정부는 식민지 지배국을 적대시하는 전시를 한다는 것이다.

현대사 테마를 중시하는 전시에서는 자료가 진품이냐 아니야 하는 문제보다 생활이나 주제를 살리기 위해서 모조품으로 전시하는 경우가 많다. 그래서 진품을 모방한 위조품이 멸시받던 풍조가 사라지고, 그 대신 모조품의 전시가 가치를 가지게 된 것이다. 그것을 통해서 전시 효과가 커지게 되고 때로는 과장되기도 한다.

밀랍 인형으로 만들어 일본의 잔학상을 재연할 때 일본 경찰의 고문은 일본인의 잔혹성을 유물만으로 전시하는 것을 넘어 음성 설명, 밀랍 인형, 영화, 만화 등을 이용해서 전시 효과를 한층 높이고 있다. 많은 것이 그림으로 전시되고 음성으로 설명된다. 북한의 박물관이나 한국의 독립기념관에서도 항일전쟁 등은 거의 그림으로 표현되어 있다. 여기 전시실에서는 시를 낭독하는 경우가 많다. 행사에서도 시

난징학살기념관 앞 조형물.

를 낭독한다. 특히 음성 설명 등은 모두에게 감동을 주기 위해서인지 시를 읽듯이 낭독한다. 한국인들은 북한 방송의 아나운서들이 톤을 높여 낭독하는 것을 비웃으면서도 실제 이런 방송에 대해서는 거부감을 느끼지 않는 것 같다.

'결코 비판 받을 수 없다'는 한국

90년대초에 일본에서 『추한 한국인(醜い韓國人)』(1993)이 출판되어 화제가 됐다. 이미 『추한 중국인』, 『추한 일본인』 등이 출판되었고 그 시리즈 기획물의 후속 편이기 때문에 별로 화제가 되지도 않았다. 그러므로 '추한 한국인'이라는 단어는 일본 서점에서 흔히 볼 수 있는 제목이라 할 수 있다. 그런데 그것이 문제가 된 것이다. 한국의 유명 신문사와 방송사가 이를 크게 다룰 정도로 문제가 컸다. 출판사 측에서는 당연히 이를 선전 광고, 즉 일종의 노이즈 마케팅으로 일본 독자를 자극함으로써 단숨에 수십만 부가 팔리는 코미디 같은 일이 벌어졌다.

이 책이 한국인에게 거부감을 준 것은 두 가지이다. 하나는 일본 식민지를 긍정적으로 설명했다는 것이다. 독립 후 한국에서는 일본인의 가혹한 지배로 한국인을 학대한 이미지만이 고착되어 있지만, 사실 서민들은 횡포한 양반들을 피해 일본을 환영했다고 적은 것이다. 다른 하나는 '본서를 간 행함에 있어서 한국 문제에 해박한 지식을 가진 평론가 카세 히데아키(加瀨英明) 씨에게 일본어 표기 등을 포함해서 교열 감수를 받았다'고 쓴 것이다. 이것을 일본인이 한국인의 이름으로 발표했다는 것으로 보고 비난한 것이다. 즉, '한국인 가운데에서 자기 나라에 대하여 비판할 수 있는 사람은 단 한 사람도 없다'는 논리에서 저자는 한국인이 아니라 '일본놈'이라는 것이다. 결국 저자가 한국인이냐 일본인이냐는 쪽으로 논란이 일면서 책은 상혼을 타고

『추한 한국인』은 『추한 일본인(醜い日本人)』, 『추한 중국인(醜い中國人)』에 이어 나온 책으로서 일본이나 중국 모두에서 관심을 끌지 못하며 판매가 부진했으나, 세 번째로 출간된 『추한 한국인』이 한국인들의 반발에 힘입은 노이즈 마케팅 현상이 벌어져 일본에서 베스트셀러에 오르는 코미디 같은 일이 벌어졌다.

베스트셀러 자리를 계속 차지했다. 내용을 소개하면 다음과 같다.

서문에서 저자는 한일 관계의 어려움은, 일본 식민지 시대의 기억이 엷어지면 엷어질수록 반일감정이 강해지는 것은 역사를 객관적으로 보지 않기 때문이라며, 이 책은 역사를 공정(fairness)하게 보는 데에서 출발한다고 했다. 1장의 목차는,

한일합병 직전의 황폐한 사회

지주계급의 생활과 소작인의 가난

일본인을 싫어한 한국인이 많아진 이유

일본은 난맥의 한국 사회를 고쳤다

라는 것이다. 결론은 일본 식민지보다 조선 왕조의 양반이 더 나빴다는 것이 주제이다.

한국의 민족주의나 일반 상식에서 볼 때 반감이 있는 것은 당연할 것이다. 그런데 내용에 대한 비판보다는 저자가 '일본인이냐 한국인이냐'라는 쪽으로 기울어 저자를 비난했다. 일본 내의 재일 교포들도 '저자가 한국인이 아니다'라는 의견이 압도적이었다. 이유는 한국인이 썼다고는 생각할 수 없을 만큼 한국의 역사, 민속, 언어 등에 관한 잘못이 많기 때문이라는 것이다. 저자 서문에서 '카세 히데키'에게 교열 감수를 받았다는 것이 바로 저자가 카세, 즉 실질적 저자는 카세 씨라는 주장이다.

결국 저자 박씨가 1995년 4월 한국 SBS의 조사보도 프로그램에서 자신이 제공한 원고에 카세 씨가 멋대로 가필, 왜곡해서 출판했다는 증언을 받아냈다. 보도에 의하면 카세 씨가 박씨의 원고를 소재로 삼아 마치 한국인 저자가 일본의 조선 식민지 지배를 정당화하려는 듯 기술했다고 우겨댔다. 즉, 박씨의 의견을 카세 씨가 전혀 다르게 날조했다는 것이다. 나는 여기서 그 가부를 가리려는 것은 아니다. 다만 지적할 수 있는 것은 한국인은 한국을 스스로 비판할 수 없다는 대전제가 있다는 것이다. 특히 식민지 역사에 대해서는 언론의 자유가 없다는 느낌마저 든다. 일개 작가의 평론에 그렇게 발끈해서 크게 문제를 일으킬 정도의 풍토가 고착되어 있는가를 묻지 않을 수 없다.

일제시대라고 해도 한국인 모두가 독립운동을 한 애국지사는 아닐 것이다. 그러한 애국지사는 일제시대보다 해방 후 50년, 70년 시간이 지날수록 새로운 세대들로 양산, 배가되고 있는 것 같다. 여러 식민지 국가에서 그런 것처럼 일본 식민지 시기의 한국인들 중에는 식민지에 적응하면서 긍정적으로 살아온 사람도 많았다. 그리고 그런 사람들이 독립운동을 하면서 싸워 온 사람보다 분명 많았을 것이다. 이 책의 저자도 그런 사람 중 한 사람인 것 같다. 물론 나의 부모도 그랬을 것이다. 한편 그들을 친일파라고 몰아붙일 자격을 가진 사람도 많지 않을 것이다. 해방 후 많은 한국인들은 일제시대 때 반일 애국 운동이라도 한 것으로 둔갑하고, 또 착각하고 있는 것 같다. 지금도 그런 태도가 근본적으로 변하지 않고 있다.

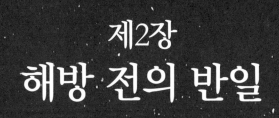

제2장
해방 전의 반일

지식인의 친일화

　'친일'과 '반일'의 '일日'은 분명히 일본日本을 가리킨다. 그 일
본은 어떤 일본일까. '친일'이란 '일본과 친하다'는 것을 의미하
며, '친일파'란 '일본과 친한 한국인'을 의미한다. 일본인은 포
함되지 않는다. 친親이라는 글자는 인간관계의 거리가 가까운 것
을 의미한다. 친한 관계의 친구, 혈연 관계로서 가까운 관계인
친척의 '친'으로서, 영어로는 '좋아하거나 지지한다(favorable or
supporting: pro-Korean, pro-governor)'는 일반적으로 긍정적인 의
미를 가진다. 그런데 친일파라고 하면 '배반'이나 '역적'이라는
아주 부정적인 의미를 가진다. 단순히 글자풀이에 그치는 것이 아
니라 욕설로써, 언어폭력으로 자주 사용되는 말이다. 특히 친일파
를 욕하고 비난하는 것만으로 자신이 애국하는 사람처럼 선전하는
효과를 노리는 사람들이 주로 사용한다. 그래서 친일을 비난 공격
하는 사람들이 존재하게 마련이다.

　친일파란 특히 1931년부터 1945년 해방까지의 기간에 주로 일
본의 정책에 찬동하고 협력한 사람, 즉 내선일체, 내선결혼, 조선
어 폐지 따위 정책을 지지하고, 국민정신총동원조선연맹, 녹기綠
旗연맹 따위 조직이나 단체 안에서 활약한 사람들을 말한다. 이러
한 사람들은 실제로 자의로 했다기보다는 조선총독부 관리나 당시
조선에 살고 있던 일본인들에 의해 탄압과 회유 때문에 강요된 것

이라는 의견이 있으나〈다카사키 무네지(高崎宗司), 1993〉, 그런 강요만으로 친일을 설명할 수는 없을 것이다.

무엇 때문에 매국노라는 치욕의 말을 들으면서도 적극적으로 친일 행위를 했을까. 단지 강압 정책 때문에 일방적으로 그렇게 되었다고는 생각할 수 없다. 1937년 중일전쟁 이후 조선총독부의 통치 이념에 지식인들이 납득하고 동화했기 때문이라고도 할 수 있다. 특히 '대일본제국'의 '대동아공영권'이란 이상에 찬동했기 때문일 것이다. 현재의 용어로 말한다면 '아시아화', '세계화', '국제화' 등에 찬동했기 때문이라고 할 수 있다.

대동아공영권이 무엇이기에 그들이 거기에 동조하고, 대동아전쟁을 성전聖戰으로 외치면서 참전을 선동했을까. 대동아공영권은 만주사변을 일으킨 이시하라 간지(石原莞爾)의 구상으로 알려져 있다. 그는 1928년 관동군 작전참모주임으로서 뤼순Lushun(旅順, 지금의 다롄)에 부임하여, 고급 참모 이타가키 세이시로(板垣征四郎) 대좌와 콤비가 되어 1931년 9월 18일, 관동군을 지휘하여 센양(沈陽) 북부 철도를 스스로 폭파하고, 이것을 중국군의 소행이라며 중국군을 공격했다.〈류타오후사건(柳條湖事件)〉 관동군 병력 1만 명에 대해 중국군은 25만 명으로 맞섬으로서 관동군이 압도적으로 불리한 상황이었다. 일본 정부와 천황은 전쟁을 확대하지 않을 방침이었다. 그러나 조선군의 지원(조선 주둔 제20사단. 약 2만 5000명)을 얻어 이시하라 자신이 비행기를 타고 폭격을 지휘하는 등 전쟁 개시

5개월 만에 관동군은 만주 전역을 점령, 독단적으로 중국군을 진압했다. 그리고 다음해 3월 1일에 '만주국'을 건국했다.

만주사변으로 중국군의 실력이 극단적으로 경시되고, 일본군의 사기가 올라간 것은 말할 것도 없다. 그런데 이것으로 인하여 현지의 군대가 중앙, 즉 정부와 천황의 명령을 따르지 않아도 결과만 좋으면 된다는 전례를 만든 것이다. 군 지휘 계통을 혼란시킨 결과가 된 것이다. 결국 1937년 중일전쟁이 발발했을 때 이시하라 자신이 부하 통솔이 어렵게 되어 전쟁의 수렁으로 빠져들어 가게 되었다. 그는 할 수 없이 지구상에서 마지막 전쟁, 즉 미국과 일본이 결전하는 최종 전쟁이 필요하다고 주장했다. 그 전쟁을 반드시 승리함으로서 천황을 핵심으로 해서 일본은 최종 전쟁인 '대동아전쟁'의 승자가 되고, '동아연맹'의 결성을 주도함으로서 동아東亞의 맹주가 되어야 한다고 주장했다.〈노무라 오쓰지로(野村二期), 1992〉

일본은 명실상부 중국 화남 그리고 싱가포르, 말레이 반도, 인도네시아, 남양군도 등 동남아시아로 대동아공영권이 확대되면서 화폐를 통일하는 폐제통일 정책을 폈다. 일본 통치권이 농촌 깊숙한 곳까지 미치지 못하자 점點과 선線 식으로 통치를 하지 않을 수 없었다. 정치 선전과 협박 등의 강요를 통해서 현지인의 협력을 얻었다.〈고바야시 히데오(小林英夫), 1975〉 일본은 이렇게 강력한 아시아 공영권이라는 이념과 국가적 물리력을 토대로 해서 아시아 전체에 대한 점령, 통치 구상을 착착 실행으로 옮겼다. 거기에 일본은 서구에 대항하는 반反 서구사상을 강조했다. 젊은이들의 애국심이 고조되었다. 일본 군국주의는 극단에 달했다. 일본은 비상 체제로 돌입하면서 보다 강하게 국민을 압박했다. 한국인뿐만 아니라 아시아 지식인들이 아시아의 결속과 반 서구라는 점에 찬동했던 것 같다. 이인직처럼 이른 시기에 친일한 사람도 있지만, 대체로 1937년 중일전쟁 이후에 친일적으로 동화된 사람이 많다.

한국 지식인의 친일

  일본의 대세가 아시아를 지배할 수 있을 것이라는 것과 동시에 서구 제국주의에 대한 반감, 특히 반미라는 아시아주의에 지식인들이 대거 동참하게 된 것이다. 당시 많은 지식인들은 아시아가 단결해야 한다고 생각해서, 아시아를 지키기 위해 성전에 참가해서 미국과 영국에 이겨야 한다고 생각했던 것 같다. 이인직은 한일합병 이전부터 일찌감치 일본, 조선, 만주를 포함한 연방 건설을 주창한 바 1906년 「만세보」에 연재한 『血(혈)의 淚(누)』에 그 메시지가 잘 담겨 있다. 이광수도 대동아공영권의 이상을 지니고, 일본이 영국과 미국을 상대로 한 전쟁에 조선인도 전쟁에 참여해야 한다고 주장했다. 그는 "미국과 영국을 쳐라"라고 외치고, 학병으로 나갈 것을 권유하는 글을 발표하고 연설을 했다. 모윤숙은 "이번에 영국, 미국의 죄상을 듣고 알고 보니까 참으로 황인종으로서는 견디지 못할 괘씸하고 분한 일이 여간 많지 않습니다. 그 사탄의 정체에 같이 춤추는 여자가 한 분 동양에 있습니다"라고 하고, 대동아공영권의 이념을 살려 조선 여인으로 하여금 고루한 민족 관념을 버리고 일본의 서양 정복 전쟁에 협력해야 한다고 주장했다. 주요한은 1938년 수양동우회를 조직하여 국방 헌금을 모금했고 미영 격멸, 미영 타도의 문학과 강연 등에서 대동아 성전의 용사가 될 것을 외쳤다. 최재서는 동양 민족에게는 동양 민족으로서의 사명이 있다고 전제하면서 새롭게 비약하려는 일본 국민의 이상을 담을 것을 주장했다.

김동인은 스스로 성전 종군 작가로서 황군을 위문하고, 김동환은 성전에 나아가서 조국(?)을 위해 죽으라고 참여를 권하는 강연을 했다. 백철은 중일전쟁 이후 총력과 성전 임무를 주장하다가 해방 후에 공식석상에서 사과를 하고 문필 생활을 계속하며 3.1문화상까지 수상했다. 김기진도 중일전쟁 이후 황군 위문 등을 주장했다. 중추원 참의가 된 최린은 충성스러운 황국신민이 될 것을 주장했다. 박희도는 일본 국민으로서 영광과 긍지를 가지자는 글을 발표했다. 감리교 목사 정춘수는 일제의 비호를 받아 감독이 되어 신도神道 의식을 기독교에 수용하도록 했다. 정인과는 조선예수교장로회연맹을 결성하고 내선일체를 외쳤다. 전필순은 황민화 운동을 적극적으로 펼쳤다. 역사학자 최남선이나 작가 이광수 등은 처음

에는 민족주의자였지만, 1940년대에 들어와 대동아전쟁을 '성전'
이라고 찬미하거나 한일합병을 정당화하거나 했다. 이러한 변화를
단순히 외부 강압에 의한 것뿐이라고 만은 할 수 없다. 대동아공영
권 이념에 납득, 찬동했기 때문이라고 할 수 있다. 그러나 이들은
일본의 패전으로 인해서 민족 반역자라는 낙인 속에 고난을 겪어
야 했다.

이상을 요약하면, 일본 민족이야말로 발전한 우수 민족이며, 대
동아 성전의 지도적 민족이므로 조선 민족은 일본 민족에 동화되
어야 한다는 것이다. '조선 민족의 한 사람도 남김없이 참으로 영
광 있는 일본 민족이 되는 것'을 주장한다. 식민지에 찬성하기보다
는 대동아공영권이 가지는 '반서구·아시아 주의'에 매력을 느끼
고, 그 합리성에 매료됐다고 보는 것이 더 설득력이 있다. 그럴 수
밖에 없는 것이 거기에는 지식인이 합리적으로 받아들이기 쉬운
요인이 내포되어 있기 때문이다. 이능화와 최남선 등도 이러한 대
동아 이념에 동의한 것으로 생각한다.

가미카제 돌격대의 유서

일본의 아시아 침략은 그칠 줄 몰랐다. 결국 미국 진주만 폭격으
로 대동아전쟁을 일으켰다. 애국심(?)이 강한 젊은이들이 특공대

로 나가 목숨 바치기를 마다하지 않았다. 여기에 당시 상황을 보기 위해서 제2차 세계대전 종전 직전 가미카제(神風) 돌격대 대원의 최후 유서를 소개한다. 도미자와 유키미쓰(富澤幸光)는 홋카이도 출신 해군 소령으로서 1945년 1월 6일 필리핀에서 24세로 전사했는데, 최후로 출격하는 날에 다음과 같은 유서를 남겼다. 나라와 천황을 위해 죽어서 야스쿠니(靖國)신사(전몰장병의 신위를 합사한 곳. 저자 주)에 영령英靈으로 모셔질 것을 다음과 같이 적고 있다. 결국 일본은 많은 희생을 치르고 패전했다.

아버지 어머니, 무사히 지내실 줄로 압니다. 유키미쓰는 투혼鬪魂이 대단히 왕성합니다. 드디어 건강하게 출격하는 '안녕히'라는 인사를 해야 할 설날입니다. 야스쿠니신사의 설 떡이 크겠지요.

동봉하는 사진은 OO에서 맹훈련 중 F중위가 찍어 준 것입니다. 저의 눈빛을 보십시오. 이 주먹을 보십시오. 이 유키미쓰는 아버지, 어머니, 형님, 아우가 기뻐할 만한 큰 전과를 올릴 것입니다. 짧은 해군 생활이지만 짧은 기간만큼 대성공할 것입니다. 아버지, 어머니는 일본 제일이라고 믿습니다.

설날에는 제 군복 앞에 많은 음식을 차려 주세요. 떡국을 제일 좋아합니다. 스토브에 둘러앉아 저의 출격 이야기를 나눌 시간도 오래지 않을 거예요. 야스쿠니나 선상 갑판 위에서도 의젓하게 있을 것입니다. 어머니, 저의 전사 소식을 접해도 결코 우시면 안 됩니다. 최고의 명예를 가지고 출격하는 것이니까요. 어머니에게 군복 입은 모습을 보여 드리고 싶었어요. 그러나 그럴 여유가 지금 없군요. 야스쿠니에서 기다리겠어요. 꼭 오시겠지요.

오늘 은사님의 술잔을 받고 감격했습니다. 인류의 적 미귀米鬼가 바로 앞에 왔습니다. 제가 출격하지 않으면 아버지, 어머니가 죽습니다. 아니, 일본이 큰일을 당합니다. 저는 누구에게도 지지 않습니다. 저의 빙그레 웃는 모습은 아버지를 닮았습니다. 어머니의 사진을 등에 업고 있습니다. 어머니도 저와 함께 출격하시는 것입니다. 언제까지나 같이 있어 주세요. 힘이 납니다.

형님, 집의 모든 일을 부탁합니다. 아우들과 사이 좋게 지내세요. 저는 학교 시절에 많이 먹었습니다. 먹은 만큼 일합니다. 아버지가 웃으실 것 같아요. '너무 많이 먹지 말고 자중하라'는 듯.

은사님께 안부 전해주세요. 19관貫의 체구가 지금이야말로 필살굉침必殺轟沈의 기회가 왔습니다. 오타루의 숙부님, 숙모님 안녕히 계세요. 하코다테의 숙부, 숙모님 안녕히 계세요. 나카노의 할머니 안녕히 계세요. 동생 가헤(嘉平)야, 천황 폐하를 위해 즐겁게 죽는 것이 사나이의 최고 본분이다. 배움도 당연히 여기에 있는 것이다. 아이의 교육을 부탁한다. 동생 야스노리(保則), 크거든 내 이야기를 형님으로부터 들거라. 그때 기뻐할 것이다. 동생 히사히라(久平)야, 고등공업학교 시험 돌파하여 비행기를 많이 만들거라. 할머니, 건강하게 오래오래 사세요. 누님, 여러 가지로 잘 부탁합니다.

오카모토 시겐(岡本師顯) 앞

(야스쿠니신사, 『유고집』, 1973)

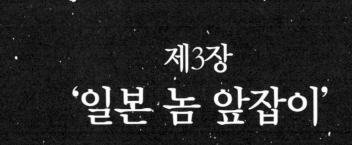

제3장
'일본 놈 앞잡이'

일본 마을의 탄생

　나는 대일 감정을 파악하기 위해 1980년대 중반에 일본 식민지 시대 때 직접 일본인과 접촉한 사람, 즉 식민지를 경험한 사람들인 고령자들을 중심으로 인터뷰 조사와 현지 조사를 했다. 전라남도 거문도와 광역시 승격 이전의 경상북도 대구시를 중심으로 질문지를 작성해서, 2인 1조의 다섯 쌍으로 구성된 총 10명의 조사원들로 하여금 개별 방문을 통해 조사하게 했다. 조사 도중 3회 정도 중간 보고를 들은 다음 추가 조사도 했다.

　조사 대상은 일제 당시 공무원, 고등계 형사, 경찰, 교원, 징용인, 기차 승무원 등 여러 가지 직종의 사람들이었다. 어떤 이는

1980년대 중반 거문도 답사 조사단의 일원으로 참여한 저자. 맨 왼쪽이 저자.

1,000톤이 넘는 큰 배를 1년 8개월간 탔다. 오키나와에서 훈련을 받고 필리핀 마닐라에서 1개월간 재훈련을 받은 다음 사이판, 남양군도, 홍콩 등지에서 무기와 군인들을 실어 나르는 일을 했다. 당시 군인 월급이 10여 원일 때 54원 월급에 보너스도 받았다. 제대한 후 등대 감시 소장으로 일을 했다. 또 어떤 이는 14세에 민방공 경비선을 탔다. 월급은 일본인과 똑같이 25원을 받았다. 진해 경비사령부에서 3년 반 근무하다가 해방을 맞았다.

내가 거문도에 처음 조사를 간 것은 그로부터 20여 년 전이다. 1968년 문화재관리국 후원을 받아 전국 민속종합조사단원으로 거문도에서 조사한 적이 있다. 거문리 선착장에서 보는 마을 전경은 일본 마을에 온 듯한 인상을 받았다. 일제시대의 2층집이 눈에 들어왔다. 보통, 한국의 전통적 촌락에서는 2층집을 볼 수 없기 때문이다. 당시 우리 조사단은 일제시대 유곽이었던 여관에서 묵었다. 그때 나는 그 사실을 깨닫고는 한국의 고유 문화를 보기 위해 벽지 절도인 거문도를 찾았는데, 결국 일제시대의 풍속을 조사하는 것 같은 모순을 느껴서 주최측이 필드를 잘못 선정한 것이 아닌가 하는 의문을 제기한 적이 있다. 그러나 나는 후에 식민지 연구를 하면서 가장 먼저 떠올린 것이 이 거문도였다.

거문도巨文島는 행정 구역상 전라남도 여천군에 속해 있으며 여수에서 남쪽으로 114.7킬로미터 떨어진 전라남도 남단에 동도, 서도, 고도 등 세 개의 주요 섬으로 이루어져 있다. 세 개의 섬 중에

1968년 거문도 조사 당시 묵었던 여관. 일제시대 때 유곽으로 쓰인 2층 건물이다.

서 제일 큰 섬이 서도이다. 그 외에도 백도 등 크고 작은 섬이 많이 있다. 1980년대 중반을 기준으로 여수에서 거문도까지는 1시간 45분 걸리는 쾌속 타코마 3호가 매일 1회 왕복하고, 다른 정기선도 있었다.

근해에는 겨울에도 난류가 흘러 정어리, 고등어, 멸치, 도미 등의 어장이 형성된다. 일본인들은 한일합병 이전부터 겨울철에 도미 등을 잡으러 연승어업(주낙)을 하면서 거문도에 드나들다 결국 이곳에 정착했다. 이전부터 일본인들은 거문도에 어업상의 이유로 일시적으로 거주하고는 했다. 처음부터 무인도나 무인 황무지를 개척한 것이 아니고 동도나 서도에 거주하려다가 섬 주민들의 반대로 어렵게 되자 주민들과의 마찰을 피하기 위해 무인도를 찾았다. 그 섬이 세 개의 섬 중 하나인 고도古島이다.

　고도는 면적이 1.11제곱킬로미터에 지나지 않는 원래 무인도였지만, 천혜의 만을 형성하고 있다. 1904~1905년경 야마구치 현 유다마 항(山口縣 湯玉港)에 거주하던 기무라 추다로(木村忠太郎)는 화재를 입고 새로운 삶의 터를 찾아 이곳 거문도의 고도로 왔다. 그는 고향마을처럼 방파제를 만들고 선착장도 만들어 '기무라의 거문도' 라는 말이 있을 정도였다. 결국 일본인들이 이 섬을 개척해서 일본인 마을, 즉 왜섬(倭島)으로 만든 것이다. 초창기 사진에는 가건물 같은 집들이 보인다. 일본인들은 거의 거문리에 한정해서 살았고, 한때 덕촌에 일본인 가게가 하나 있었다고 하나 결국 거문리로 갔다. 일본인들은 주로 해안을 중심으로 즐비하게 늘어서 살았고, 일본인이라도 나중에 들어온 사람은 뒤편에 살게 되었다. 1906년 6월, 고야마 미쓰마사(小山光正)가 우편 수취소를 설치하면서 들어왔다.

　이 섬에는 일본인들과 한국인들이 함께 살았다.

거문도항 수축 기념비.

일본인들은 단순한 어부나 농부가 아니라 국방상의 중요한 임무도 동시에 띠고 개척민으로 정착한 것이다. 해안 거리 중간에는 한국인 집이 두세 채 있었을 뿐이다. 일본인들이 고도를 개척하고 살면서 이 섬이 거문도의 행정, 어업 중심지가 되었다. 마을이 내려다보이는 언덕 위에 원래 경주 김씨의 묘지였으나 묘지를 이장하고, 거기에 미시마(三島) 신사를 세우고(1942년) 아마테라스 오가미(天照大神: 일본 신화의 창조신)와 곤피라 신(일반적으로 어민들이 주로 모시는 어업신)을 모셨다. 신사의 입구에는 야마구치 현에서 가져온 돌

거문도에 있던 어업의 신 곤피라를 모신 신사로 올라가는 계단.

기둥으로 도리이(鳥居)를 세웠다. 신사는 일본인들의 신앙처였고, 식민지 이데올로기를 선양하는 의례 등이 그곳에서 행해졌다. 정월 원단과 5월 10일 여름 축제, 12월 8일 대동아전쟁 선포일 기념, 8월 15일 '본'(조상 숭배) 그리고 출정식을 거행했다. 주로 일본인들이 참배했으나 나중에는 한국인들도 권유 받거나 강요 받았다.

특히 대동아전쟁 말기에는 전승을 기원하는 신사참배나 출병 행사 등이 행해졌다. 한국인도 참배에 동원되었다. 학생들도 저학년은 2주에 한 번, 고학년은 1주에 한 번 참배하도록 정해졌다.

1932년 말 거문도에는 일본인 호수 110호에 인구 376명, 한국인은 72호에 224명, 합쳐서 182호에 600명이었으나 1942년 통계에 의하면 일본인이 78호에 309명으로 67명이 감소하고, 한국인은 233호에 1,092명으로 868명이 증가했다. 결국 일본인이 개척한 섬에 한국인들이 몰려들었다고 할 수 있다.

육지에서 들어온 한국 사람들은 엿장수를 해도 거문리가 육지보다는 낫다는 생각으로 들어왔다. 이것은 이 섬이 경제·문화적으로 살기 좋은 곳이었다는 것을 의미한다. 그러나 한국인들은 주로 일본인의 고용살이를 했다. 일본인이 들어오고 나서 고도는 거문도의 행정, 상업 중심지가 되었다. 의료시설, 대중탕, 이발소, 쌀가게, 두부 가게, 잡화상, 어구 상점, 여관, 철공소 등이 즐비하게 늘어섰다. 대중목욕탕이 두 곳이나 되었고, 당구장도 설치되었다. 당구대는 프랑스 수입품이었다. 당시 거문리는 주변 섬들의 문화 중심지였다. 다른 섬사람들이 생필품을 사기 위해 거문리에 드나들었다.

거문도에 정착한 일본인들은 대부분 어업이나 그와 관련된 업종에 종사했다. 농업을 했다고 해도 주부가 농사일을 주로 하고, 남편은 어선을 가지고 어업을 했다. 그에 비해 한국인들은 전통적으로 농업을 중요시하여 농업에만 매달렸다. 게다가 어업을 멸시하는 경향이 있어서 어업에는 적극적이지 않았다. 그래서 일본인들이 해안을 차지한 그 뒤편 산비탈에서 농사를 지었다. 어업이라고 하더라도 일본인이 이주하기 전까지는 아주 영세했다. 그러나 일본인들로부터 자극을 받고, 한국인들도 차츰 어업에 눈을 돌리게 되었다. 한국인들도 어업에 대한 편견을 없애고 일본인으로부터 어업 기술을 배워 동력선 등을 소유하거나, 어업조합을 조직해서 어업을 발전시켰다.

어업의 발전

일본인들은 선박을 가지고 어업에 종사하는 한편, 만灣 안에 정박하는 어선들을 상대로 어구 상점을 경영하거나 낚시로 어업을 했고, 술집 등을 경영했다. 어업을 하는 사람은 생각했던 것보다 소수에 불과했고 가정 생필품을 파는 사람이 많았다. 1908년경 사토(佐藤)라는 사람이 처음 발동기선을 들여온 이후 널리 보급되기 시작했다. 발동선이 들어온 이후 멸치도 많이 잡게 되었다. 에사쿠(榮作)가 소유한 고세마루(更生丸)는 속력이 빨랐고, 근해 어업이 금지된 배이지만 근해에서도 어업을 했다.

그 외에도 아사카제마루(朝風丸), 데라카제마루(照風丸), 곤피라

마루(金毘羅丸) 등 좋은 배가 있었다. 하야시가네(林兼), 니시타이요(西太陽) 등 일본 수산 회사의 선박들도 들어와 고등어, 갈치, 삼치 등을 잡았다. 고등어를 잡는 배 주위에는 '일본수산'의 고등어 건조선도 함께 따라다녔다. 고등어 배 선단은 주선 앞에 그물배 2척, 그리고 운반선 5척이 함께 움직였으며, 전체 선원이 60~70여 명이나 됐다. 임금은 기계를 다룰 수 있는 사람이 3원 50전, 일반 선원은 2원 50전 정도였다. 한국인 배에 타면 제때 월급을 받지 못했으나 일본인 배는 반드시 월급 날짜를 지켜 주었기 때문에 일본인 배를 선호했다고 한다. 그래서 거기에 많은 한국인들이 선원으로 일했다. 한국인들은 근해에서 멸치 잡이를 주로 했는데, 멸치는 기름만 뽑고 찌꺼기는 버렸다. 당시 남경동이란 사람은 멸치어장을 잘해서 표창을 받고 부상으로 시계를 받았다. 간노(神野)는 홍합과 진주 등을 채취하여 수출했다.

일본인들은 방파제를 만들고 어망 그물코의 크기를 제한하여 치어 보호 등 어업 정책도 잘했다. 어획물을 수협에 내서 받은 돈을 할당하는데 부지런한 사람에게는 조금 더 주는 등 능력주의로 했다. 일찍부터 경매 방법이 발달했기 때문에 마을에는 생선이 별로 나돌지 않았다. 공동 어업 제도와 공동 판매 보장 등에 힘입어 마을은 갑자기 경제적으로 부유하게 되었다. 생선을 팔고 사는 시장은 거의 번성하지 않았고, 빼돌리는 일 없이 저울질과 풋말 경매를 통해 수협에 넣었다.

1940년대 거문도에는 조선소가 5개소나 있었다. 김씨는 다니구치 조선소에서 일하면서 일본인들에게서 기술을 배웠다. 해방 후 그것을 살려 조선소를 차렸고, 아들이 조선 기술을 이어받아 경영했다. 일본인 어부들은 한국인 어부들과 어업 조합을 조직했다. 조합장의 선거나 어업 자금의 출자 등에서 민족 차별은 거의 없었다. 어업 조합이 주최하는 수영 대회에서도 한국인들이 수상하는 일이 많았다. 상품은 대개 의류였다. 그리고 거문도에서는 8명밖에 없는 '어업허가증'을 한국인이 가지고 있었다. 경찰에 비해 교사의 월급이 약간 적었다고 한다. 연봉을 보면 경찰관이 10년 이상 근무하면 일 년에 200원이 나올 때 교원은 15년 근무해도 일 년에 300원 정도를 받는다. 그런데 월급에서는 일본인이 80원 정도이면 한국인은 50원 정도였다. 수당에서 차이가 있었다.

한국 여인들은 기모노를 입지 않고 몸뻬를 입었다. 게다는 거의 신지 않았지만 '사쿠라지마', '꽃의 도시(花の都)' 등 일본 노래를 많이 불렀다. 지금도 그때 배운 유행가와 군가를 기억하고 있는 사람이 있다.

비상시국

그때 일본은 동양 최대의 강대국이었기 때문에 일본이 패전하리라고는 생각하지 않았다. 이 섬에서는 창씨개명에 반대한 사람이 없었다. 이미 육지에서 끝난 다음에 하는 것이라 별로 저항이 없었다. 대동아전쟁이 심해지면서 비상시국이 되자 배를 징용 당하고, 기름이 부족해지면서 일본 배들이 일본으로 돌아가 버리자 좋은 경기는 사라지고 말았다. 식량은 배급제였다. 가족 수를 기준으로 하여 1홉 5작으로 때로는 콩, 옥수수 등을 배급받았다. 물자가 부족하여 놋그릇을 공출 당하고 곡식이 없어서 칡뿌리, 소나무 속껍질, 톳 등을 먹고 연명했다. 폭격은 없었으나 공습경보는 많았다.

미군 비행기가 히로시마에 온다고 하면 거문도에서는 공습경보를 발령했다. 경보단은 한 조당 4명씩 있었는데, 경보종은 3번씩 3회 쳤다. 1톤짜리 목선에서 물을 뽑아 올려 방화 훈련도 했다. 10월부터 4월 말까지는 야경을 돌면서 화재나 불순분자가 있는지를 살피며 돌았다. 마을마다 부인회가 있었고, 국가 시책으로 부락 단위로 청년회도 있어서 총검술을 훈련하기도 했다.

애국청년단은 한국인으로 구성되어 있었는데 일본인도 약간 있었다. 애국부인회에서는 공습에 대비하는 훈련도 했다. 공습으로 부서진 배가 마을에 들렀을 때 수리를 해서 보낸 적이 있다. 뒷산에 있는 일본 군인들이 마을의 물을 사용하기 위해 공사를 할 때 마을 사람들은 자갈을 날라 주는 등 협력했다.

전시 체제로 소학교가 국민학교로 개명되었다. 학교 안에는 봉안전이라는 위패를 모셔 둔 곳이 있어서 매일 아침 그곳에 참배를 했다. 행사가 있는 날은 온 주민들과 함께 신사에 가서 참배를 했는데, 그 분위기가 매우 엄숙해서 한눈을 팔 수가 없었다. 신사참배를 하기 전에 신사 앞에 있는 손을 씻는 그릇에서 손을 씻었는데, 그 앞에는 자갈이 깔려 있었다.

소집에 응해 징병으로 가는 사람이 있으면 신사참배를 했다. 천황 탄생 기념일에는 떡을 나눠 주기도 했다. 주로 애국부인회에서 신사참배를 주선했다. 어업이 잘 안 될 때는 일본에서 '스모' 꾼을 데리고 와서 신사에 제를 지낸 다음 '스모' 경기를 하기도 했다. 일본인들은 주로 신사에서 씨름, 어린이날(고이노보리), 마을 축제(무라마츠리) 등을 했는데 대부분 부인회가 주관했다.

당시 일본인들은 사망한 사람을 화장하여 일본의 본가 묘지에 납골했고, 한국에는 묘지를 만들지 않았다. 영주하려는 의식이 없었던 것으로 생각된다. 식민지라고는 하지만 개발이라는 측면에서는 아주 좋았고 사회 질서도 그 시대가 훨씬 좋았다고 했다. 일본인들이 거문도에 들어와서 방파제를 건설하고 어업 전진 기지로서 어업 기술을 발전시켰고, 해저 전선까지 만들어 제주도까지 연결시킨 점 등 업적이 크다고 평가했다. 어떤 이는 일본을 왕래하면서 상선과 어선 등의 배를 타다가 대동아전쟁이 나서 귀국했는데, 한국에 나온 것을 후회한다고 했다. 일본에 그대로 살았다면 현재보다 훨씬 풍족한 생활을 했을 것이라고 말했다.

신사에서는 징병의 환송·귀국 환영 행사 등이 열렸다. 일본인들

중에는 멀리 울산, 부산 등지에서도 신사에 참배하러 오는 사람이 있었다. 신사참배를 강요했을 뿐만 아니라 집집마다 신단(가미다나)을 설치하도록 지시했다. 그래서 설치한 집들은 있어도, 거기에 배례하는 사람은 거의 없었다. 배를 탈 때 습관적으로 동쪽을 향해 신사참배 의례를 했다. 내용이 무엇인지도 모르고 그저 고기 많이 잡히고 무사하기를 기원하면서 지금까지 아침마다 하고 있는 사람도 있다.

국민학교 고학년은 매주 한 번씩 신사참배를 했고, 저학년은 격주로 신사참배를 했다. 그러나 강제는 아니었다. 교육칙어를 매우 신성시하여 교사校舍와 별도로 봉안전을 지어 모셨다. 행사가 있을 때마다 교육칙어를 꺼내어 낭독했다. 교육칙어도 외웠다. 학교에서 한국어를 사용하지 못하게 하고 완전히 일본어만 사용하도록 강요했고, 조선어를 사용하는 것을 밀고하도록 해서 벌을 주고는 하자 학생들이 불만을 품고 동맹휴학을 하는 바람에 선생이 전근된 적이 있었다고 한다.

일본인들이 발달된 기술을 가지고 마을에 들어왔기 때문에 마을 사람들은 일본인들을 별로 배척하려 하지 않아서 다른 마을과 달리 이 거문도에서는 일본인과 한국인들의 사이가 좋았다고 할 수 있다. 일본에 처가 있는 일본인 교장이 한국 여인과 내연 관계에 있었다. 본처 사이에는 아이가 없었던 터에 한국인 여인과의 사이에 아이가 생겨 본처가 아이를 보러 한국에 나온 적도 있다. 이노

우에라는 선주는 김치도 직접 담가서 먹고 막걸리도 잘 마실 정도로 한국을 좋아하다가 해방이 되자 일본으로 가기 싫어했다. 그러나 어쩔 수 없이 일본으로 돌아갔다.

한국인들의 민속 행사도 신사에서 시작하거나 민속 제의인 '고두리 영감제'에도 일본인 어부들이 참가하는 등 서로 각자 민족의 풍속을 존중했다. 그러나 패전이 가까워 왔을 때는 행정 요원들이 음력설을 쇠는 것을 금지하여 절구까지 조사한 일이 있고, 마을 부락제인 '헌식獻食' 제사도 한때 중단된 일은 있지만, 일본인 주민들은 자기들의 풍속대로 연중 행사를 지내면서 한국인에게 아무런 강요를 하지 않았다. 한국인들은 양력설을 '일본 설', '왜놈 설'이라고 불렀고, 일본인은 음력설을 쇠는 한국인을 경멸했다.

일본인에게 구타를 당한 적이 있어서 일본인에게 원한을 가지고 있는 사람도 있지만 대개는 좋은 관계였다. 일본인들이 한국인을 차별했다고 하지만, 당시 거주했던 일본인들은 한국인을 차별할 정도의 학력이나 지식이 있는 사람들도 아니었다. 오히려 한국인들이 섬에 거주하는 일본인들을 두고 길가에서 오줌을 누고, 내외도 구분할 줄 모른다며 일본인들을 얕잡아 보거나 그 존재감을 부정했다. 그도 그럴 것이 일본인들은 대부분 어민들로서 학력은 거문도 사람들보다 낮은 편이었다. 거문도 사람 중에는 대학을 나온 사람들도 많았다. 주민들 중에는 일본을 여행하거나 유학한 사람도 있고, 배를 타고 중국이나 홍콩 등지는 물론 동남아시아 등지로 드나들었던 경험을 가진, 시야가 넓은 사람도 적지 않았다. 육지와는 달리 일본인과 친숙하게 지냈다는 것은 특이하다.

거문도에서 일본인과 한국인의 사이가 좋았던 반면, 한국인 사이에는 갈등이 있었다. 특히 거문리 일본인 마을에 살고 있는 한국인에 대해 다른 섬에서는 '일본 놈 앞잡이'라고 비난하고는 했다. 거문리 사람들은 다른 주변 섬들보다 문화적으로 발전했다고 생각하고, 주변 섬사람들은 일본 놈 앞잡이라고 비웃었다. 그리하여 다른 섬사람들과 좋은 관계는 아니었다. 물론 서도리 사람들은 일본인에 대해서도 반감을 가지고 있었다. 그러나 더 미운 존재는 일본인 밑에서 일하는 한국인이었다. 좀처럼 볼일이 없는 한 거문리에 가지 않았다. 한번은 도이라는 일본인이 서도리에 들어와 해초를 채취한 적이 있는데 이것을 본 마을 사람들이 내쫓은 적이 있다. 한국인 마을에 일본인 상점이 하나 있었는데, 일본인 주인과 가족들은 언제나 한국인에게 기를 펴지 못하고 살았다고 한다.

식민지 지배자 자체인 일본인에 대한 증오가 없는 것은 아니지만 그보다 미운 것은 그들의 앞잡이라는 것이다. 이것이 반일감정의 주 대상이 된다. 일제시대 조선인 경찰은 전체 경찰의 4할 정도를 차지하는 수로서 주로 말단에 있으면서 의심의 여지없이 민족반역자 중 가장 악질적인 부류로 인식되었다. 또한 그들은 민중 가까이 존재했고, 흔한 존재였다. 따라서 일제시대 조선인 경찰은 친일 민족 반역자의 대명사로 인식되었다. 해방 후 일제 앞잡이라고 해서 경찰은 보복의 위험에 직면했고, 해방 후 10여 일 동안의 사고 건수 중 경찰에 대한 테러가 50퍼센트를 차지했다.(임대식, 1995)

식민 정부가 직접 모든 것을 다스리기도 어렵고 또 현지인의 협력을 얻지 않고서는 정책을 수행하기 어렵기 때문에 현지인 중 협력자를 구해서 배양한다. 영국은 인도에서 그런 사람을 대량으로 배출해서 간접 통치를 시도했다. 또 그들을 다른 식민지로 보내어 앞잡이로 이용했다. 인도뿐만 아니라 이집트 인으로 하여금 수단을 다스리게 한 것은 너무나 유명하다. 비슷하게도 일본은 만주에서 한국인들을 이용해서 중국인을 다스리려고 했다. 한국인이 일본 식민지의 앞잡이가 되었다는, 즉 2등 국민이 된 것은 식민 지사에서 그냥 넘길 수 없는 문제이다.

백우암(1937년 완도 출신)의 장편소설 『이놈들』(동천사·東泉社, 1984)의 제1편 '태풍'은 이러한 앞잡이에 대한 증오를 잘 표현하고 있다.

거문도 영국군 묘지. 거문도는 1885년 4월부터 1887년 2월까지 3년여 동안 러시아의 남하를 막기 위해 영국군이 점령하면서 조선 내지에 비해 좀 더 일찍 신문명에 눈 뜰 수 있었다.

이 작품은 1885년 영국 해밀턴 함대가 점령했던 시기를 배경으로 삼고 있다. 주인공 박흑돌(흑돔)이 이웃집 처녀 달례(金月禮)를 사랑했으나 그녀는 장복이라는 남자와 결혼했다. 그런데 장복은 일본인의 통역인, 즉 일본인 앞잡이가 되었다. 결국 장복이는 흑돔의 애인을 빼앗은 사람인 동시에 일본인 앞잡이이다. 흑돔의 분노와 원한은 더 배가된다. 그러나 흑돔은 그녀에 대한 사랑을 버리지 않고 밀회를 하면서 그녀의 일본인에 의해 더럽혀진 궁둥이 속을 바닷물에 씻게 한다. 그때 서양의 화륜선이 마을에 닿고, 서양인들과 일본인들이 한통속이 되어 버린다. 주민 가운데에는 먹고 살 수만 있다면 좋다는 사람도 있었다. 작자는 일본인들이 금수와 같은 인간이라고 표현한다.

　　덕촌과 거문리의 갯가와 산기슭에 천막과 가옥들을 지어 놓고, 알몸에 가까운 차림으로 드나들고 나돌아 다니며 자기네 작부들과 혼거 잡주하는 왜구들과는 비교가 되지 않았다. 양이洋夷들은 신선이고 왜구들은 금수라고들 말했다. 왜구들은 미물에 가까운 야만인이라고도 말했다. 그 왜구들의 반나체 바람에 뱃속의 아이를 진 여자들의 수가 수십 명에 이르렀다. 헝겊 쪼가리 같은 거로 국부만 가리고 나돌아 다니는 왜구들과 마주칠 때마다 여자들은 질겁하여 피하느라 넘어지고 뒹굴어 태아를 떨어뜨리거나 크게 다치곤 했다.

　그러한 왜구의 앞잡이 장복이가 '이제부터 어로를 하려면 자신에게 신고하라'는 데에 분노한 흑돔이 장복이와 왜구를 바닷물에 담금질을 해서 혼을 낸다. 주민들도 거기에 가세해서 왜구들의 집을 방화한다. 결국 왜구들은 복수를 하기 위해 달례를 포함해 6명을 살해하고 많은 재산을 약탈해 갔다. 그래서 그는 원한을 가지고 그를 죽도록 혼내고 많은 사람들이 복수의 피해를 입는다.

이웃 섬사람들이 거문리를 '왜놈 마을'이라고 부르고, 거기서 일본 놈들에게 빌붙어 사는 한국인을 경멸하여 '왜놈의 사타구니를 핥는 개새끼들'이라고 표현하고 있다. 그들은 거문리에서 왜놈이 주인이 되자 거기에 기생해서 살기 때문이다. 무지한 섬사람들이 주체성을 잃었다고 강렬하게 경멸하는 표현을 했다. 그들은 이웃 섬의 처녀나 젊은 유부녀마저 더럽힌다고 경멸하는 내용으로 씌어 있다. 일본인이 나쁘지만, 그것보다 더 나쁜 인간은 일본인 아래에서 일하고 있는 한국인 앞잡이라는 것이다.

일본인뿐만 아니라 '양이'(나쁜 서양인)도 나쁘게 표현되어 있다. 그들에게 성폭행 당해 임신한 아이를 지우기 위해 임산부가 간장을 마시고 배를 주물러 중절한다. 섬사람들은 이 소설에 대해 격노해서 항의 서명 운동을 벌여 결국 판매 금지시켰다.

이 소설은 1885년경을 배경으로 한 것이지만 일본인들이 함께 살게 된 것은 훨씬 뒤의 일이다. 서양인에 비해 일본이 더 나쁜 것으로 묘사되지만, 일본인 못지않게 나쁜 것이 육지의 현감이라고 했다. 그리고 조선 왕조의 양반 정치를 다음과 같이 비판했다.

왜구나 뭍의 현감이나 다를 바가 없었다. 그들은 섬사람들에게 있어 똑같은 날강도일 뿐이었다. 어떻게 보면 왜구들이 나았다. 그들은 빼앗아 가는 게 아니라, 곡물이며 해산물을 거두어 가는 대신 물건 값으로 쳐 생필품을 주었다. 위협하여 속이기는 해도 강제로 걸태질은 하지 않았다.

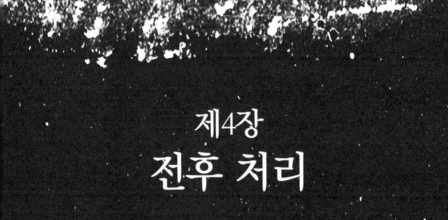

제4장
전후 처리

일본인의 퇴거

일본의 패전 당시 한 어촌의 상황을 보자. 일본의 패전 소식은 바로 한국인들에게 소문으로 전해졌다. 해방 직후 거문도에서는 한국인 주민들이 일본인과 대치했지만, 수비대와 재향군인회 분회가 치안을 유지하고 있어서 일본인 교장 사택이 방화되는 것 외에 다른 건물의 파괴나 폭력 등은 없었다. 일본인들은 무장해제되지 않은 상태에서 한국인들의 해방 축하 행사를 걱정스러운 눈으로 지켜보고 있었다.

거문도에 살던 일본인들은 해방 직후 철수하며 교육칙어를 가져갈 때 장례식처럼 도열해서 엄숙하게 가져갔다. 집이나 부동산은 자신들이 신뢰할 수 있는 사람에게 맡기거나 헐값으로 팔고 일본으로 귀국했다. 하지만 그냥 간 사람도 있다. 한국인들은 일본인들로부터 재산을 거저 받거나 샀다. 지금도 일본인들이 쓰던 물건을 집집마다 몇 점씩 가지고 있다. 어떤 사람은 자기 배로 직접 그들의 이삿짐을 날라 주었다. 불미스러운 일은 전혀 없이 잘 보내 주었다. 한국인들은 일본인들에게 해를 끼치지 않고 눈물을 흘리면서 보내 주었다고 말한다. 필사본 거문도 『연혁지』에는 당시 사정을 다음과 같이 적었다.

1945년 일왕이 대동아전쟁에 무조건 항복함으로써 전쟁은 일본의 참패로 막을 내리게 되었다. 그러나 패잔병 3백 명은 군기를 세우고 우리 면 주민들에게 횡포를 자행하고 삼천리 금수강산을 일조에 내어 놓고 떠난다는 섭섭한 심정 때문인지 면 행정, 경찰 행정 심지어 어업 조합에까지 손을 대고 있었다. 때는 미군정 실시 전이고 특히 우리나라 주권이 확립되지 못한 과도기 때 그들의 행동이었다. 그러나 방방 곡곡이 자유의 물결이고, 태극기가 나부끼니 그들은 할 수 없이 피눈물 젖은 손수건을 흔들며 거문도야 잘 있거라 하고 삼삼오오 떠나게 된 것이다. 그때 그들 호수는 99호, 인구는 372명이었다. 그 후 덕촌리, 장흥, 여수 등 각처에서 이주해 와 거문리를 이룬 것이다.

일본인의 거문도 생활을 기록한 귀중한 문헌이 있다. 『거문도 분회사巨文島分會史』에는 해방 당시를 다음과 같이 기록하고 있다.

8월 15일 13시 등대 통신대 무라가미(村上) 상등병이 종전 대소환 발大詔換發의 보에 접하여 경악하다. 육지와의 통신 두절로 상세한 것을 알 수 없음. 민심이 크게 동요되다.

8월 19일 혼돈스러워 정보 판명하기 어려우나 중대한 것이라는 직감이 있어, 간부회를 긴급 소집하여 일반 서류를 소각하다.

8월 21일 비품 정리하여 수통 주머니 등은 일본인 회원에게 분여하고, 취사기구, 재목 등은 반도 회원에게 분여하다.

8월 23일 구구식 보병 총 및 총검 5정 거문도 수비대에 반납하다. 칙어 칙유는 수비대에 가지고 가서 대장에게 만사 의뢰하다. 총검술 방구防具 삼팔식 모형 총 및 총검 철두鐵兜는 해군 군수부 야소에(野

添) 병조兵曹에게 의뢰하여 처분하다.

8월 25일 간부회의 소집. 분회 기금, 은사금, 일반 회계 잔금 청산하여 일본인 회원에게 회비, 역원비, 입회 연월일, 특별 정근 수당 등을 표준으로 정하여 분여하다. 그 금액 3,589원.

8월 27일 회고하건대 1919년 10월 31일에 거문도 분회가 창설된 이래 25년 10개월 전전 감개무량하다. 몇 번이나 변천의 역사를 빛내어 공적을 남긴 분회기를 받들고 생각나는 것이 많다. '제2의 고향 그리운 거문도를 숙연히 사라진다.' 사요나라. 거문도!!!

1945년 9월 1일 각필 산도山濤 지

주민들은 육지에 비하면 아주 순하게 일본인들을 보내 주었다고 한다. 그것은 일본인도 잘 알고 있다고 한다. 그 후 한국 배가 일본

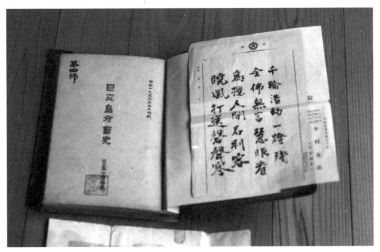

야마쿠치 현 유다마(湯玉)의 나카무라 쇼지(中村彰二) 씨 댁 소장 거문도 분회사 관련 자료.

에 표류했을 때 '거문도 사람'이라고 하자 살려 주었다며, 일본인들이 거문도 사람들에게 좋은 인상을 가지고 있다는 것이다. 50세가 넘어서도 배를 탔다는 한 어부는 배가 고장이 나서 일주일 동안 표류하다가 일본에 닿았다. 일본 순사가 어디서 왔느냐고 하여 거문도에서 왔다고 하니 아주 호의적인 태도로 대하고, 한 달간 보리밥을 주어서 먹다가 돌아왔다는 것이다. 만일 거문도 사람이 아니었더라면 돌아올 수 없었을 것이라고 그는 말한다.

신사의 파괴

해방 후 일제 청산에서 제일 먼저 표적이 된 것이 미시마(三島) 신사이다. 천황을 중심으로 한 국가 신도의 제국주의가 아시아를 침략했기 때문이다. 그러나 어민들 가운데에서는 어업의 안전을 위해 모신 신사를 파괴해야만 하는가라는 의문이 제기되었다. 맞은편 섬사람들은 해방 전부터 이 일본인 마을과는 좋은 관계가 아니었으므로 신사를 파괴할 것을 강력히 주장했다. 이 섬 주민들은 친일적 행동을 했다는 죄의식 때문에 발언권이 약했으므로 맞은편에 있는 섬 주민들의 의견대로 신사는 파괴되었다. 견고한 지붕의 동판 등을 당시 도구로는 제거하는 데 매우 힘들었다고 한다. 헐린 것은 현관의 디딤돌이 되거나, 건축 재료로 이용되었다. 신사 입구에 홍살문처럼 세운 석재 도리이(鳥居)는 잘려져서 선착장에서 선박의 로프를 감는 부두의 말뚝이 되고, 지금도 한 개는 해안가에서 뒹굴고 있다. 석등은 면사무소 정원에 놓여 있다. 신사에 걸려 있었던 북은 아마 골동품으로 판매된 것 같다. 신사로 올라가는 계단과 그 양 옆으로는 석등을 세웠던 대가 남아 있고, 위에는 세 방면으로 난간을 하여 둔 것이 일부 훼손된 채 그대로 남아 있을 뿐이다. 건물의 기초가 남아 있어서 건물의 크기 등을 알 수 있다.

해방 후 신사는 파괴되고 청년들에 의해 그 자리에 유학자 귤은 선생 사당을 지었다가 동도리에서 가져 감으로써 그 자리만 남아 있다. 귤은橘隱, 만해晩海 등 19세기 섬 출신 유학자를 영웅화하고,

거문도 일본 신사 터에 세워진 거문도 출신 유학자 기림비.

신사의 돌기둥이 입항한 배의 밧줄을 거는 말뚝이 되었다.

위패를 모시는 단을 만들었다. 현재 그 부지는 거문도상회 주인 김씨의 소유로 되어 군용 헬기장으로 사용되고 있고, 용도 변경이 어려워 그런대로 옛 일본 신사의 모습을 간직하고 있다. 신사의 벼랑 아래에 세워져 있는 이 비석에는 1936년 10월에 방파제와 축대를 쌓기 시작해서 1938년 11월에 준공했다는 비문이 새겨져 있다. 비문 중에 일본인의 이름이 쪼여져 삭제되어 있다.

1936년 방파제와 축대를 쌓고 완공 기념으로 세운 비에 새겨진 이름들 중 일본인들의 이름이 삭제됐다.

현재 계단, 담, 기둥을 세운 '초석' 등은 남아 있다. 나중에 이 신사 부지가 적산으로서 매각되었는데, 그때 외지에서 온 행정서기가 그것을 샀다. 그러자 섬 사람들이 반발하며 마을의 공원으로 해야 한다고 했다. 결국 일본인으로부터 큰 여관을 받은 김씨가 샀다. 이 부지를 마을 공동으로 사용할 것인가, 개인이 사용할 것인가를 마을에서 검토하고 있던 때에 '거문도간첩사건'이 발생했다. 그 후 간첩 대책 때문에 군 당국에서 군용 헬기 비행장이 필요하다고 하자, 당시 새마을지도자였던 김씨가 예산을 청구해서 200여 개의 돌과 시멘트로 공사를 하고 미군 마크도 새겨서 심사를 받아 합격한 것이다. 결국 군용 기지가 된 것이다. 현재 마을 지도자 윤씨 등은 이곳이 비록 김씨의 소유이지만 군용 땅이기 때문에 개인이 사용할 수 없고, 이곳을 공원으로 만들어 관광지로 하는 편이 낫다는 의견을 내고 있다. 그러기 위해서는 마을이 그 땅을 사서 법인화 하는 것이 순서라고 한다. 소유주 김씨도 마을의 발전을 위한 선의로 판단해서 시가로 판매할 의사가 있다는 것이다.

학교 봉안전奉安殿 파괴

국민학교 안에 일본의 국기와 천황의 어진御眞과 교육칙어 등이 봉안된 봉안전, 학교 건물 앞 토대 위에 기념 식수된 자귀나무, 학교 교정에 서 있던 니노미야 긴지로(二宮金次郎)의 동상, 국기게양대 등이 파괴되었다. 니노미야는 나무를 하고 풀을 베며 지게를 지고 다니면서도 책을 읽었다는 농민 출신의 전

현재 히로시마 현 소학교에 남아있는 니노미야 긴지로 상.

설적인 인물이다. 그는 막부 말기의 가난한 농민으로, 고생하면서 성공한 사람이다. 독학으로 성공한 그는 무사로까지 신분 상승해서 메이지(明治) 시대에는 농지개혁에 진력했다. 그의 열심히 일하고 배우는 모습을 주목한 메이지 정부는 그를 신격화했다. 메이지 시대에 일단 고조되었다가 다이쇼(大正) 시대에는 쇠퇴했다.

니노미야 긴지로 상 대신 초등학교에 세워진 책 읽는 소녀 상.

쇼와(昭和) 시대가 되면서 일본 제국주의 정부는 그의 근면한 자세를 국민에게 침투시켜, 애국심을 고취하기 위해 그의 동상을 전국 학교에 보급해서 세우도록 했다. 특히 1940년대 초에 많이 세

웠다. 일본 제국주의의 상징처럼 식민지에도 세웠다. 해방 후 이 동상은 제거되고 그 자리에 책을 읽는 여아女兒 동상을 세우거나 충무공 동상을 세웠다.

이와 같이 동상 등은 파괴해도 학교는 파괴하지 않았다. 교육은 지속해야 한다는 것 때문이었을까. 거문도국민학교는 1915년경 일본인이 세워 심상소학교로 개교했으며 소수의 한국인 자녀들도 다녔다. 그 학교 졸업생 가운데 일부는 마을의 지도자급 인물이 되었다. 졸업생 장張씨에 의하면 일본인 교원은 3명이었으며 그 중에 부부가 있었고, 학교 생활에서 한국인이라 하여 차별을 받은 적은 없었다고 한다. 해방 후에 이 일본인 학교를 다른 섬의 초등학교 분교로 하려는 움직임이 있었는데 마을 주민들이 반대했다.

거문도 주민의 이야기에 의하면 한때 방파제도 한국의 기술로 설계를 변경해서 다시 만들려고 시도했지만 튼튼하게 만들어져 있는 데 놀라고, 오히려 일본인의 공사에 지금도 감사하고 있다는 것이다. 또 마을 앞 해안길이 좁다고 해서 축대를 바다 쪽으로 넓혀서 매립하려고 했지만, 배들이 정박할 만이 좁아지기 때문에 선주들의 반대로 그 이상은 할 수 없었다고 한다. 결국 일본인들이 만든 것을 모두 바꾸려고 했으나 신사 등 아주 일본적인 색채가 강한 것 외에는 그대로 사용하고 있다.

사쿠라(벚꽃)도 싫다

신사의 계단 근처에 벚나무, 방파제 근처에 잇폰마츠(一本松)라는 소나무가 있었다. 청년들은 그것도 뽑아 버렸다. 국화와 벚나무는 천황과 일본의 상징이었기 때문이다. 일본 군가에 '청춘이 벚꽃처럼 떨어진다'고 하는 충군 애국을 노래한 벚나무라 해서 싫어하고, 또 벚꽃(사쿠라)은 일본의 국화이기 때문에 무궁화로 바꾸어 심어야 한다는 의견도 있었다. 이것은 전국적인 현상으로 한때 한국에서 벚꽃놀이 축제로 전국에서 유명한 진해 군항제의 벚나무를 한국 국화國花인 무궁화로 바꾸어 심자는 이야기도 있었다.

일본의 국화였던 벚꽃을 싫어해서, 극단적으로는 벚나무를 전부 뽑고 무궁화를 심자는 글도 신문에 투서됐다. 또 어떤 사람은 벚나무의 원산지가 제주도이기 때문에 괜찮다고도 했다.

1983년 12월 전두환 정권은 창경원 경내의 일제시대 건물들을 헐고 동물원을 과천으로 옮김으로써 창경원을 조선조의 왕궁인 창경궁으로 복원 완료한다. 물론 궁내의 벚나무들을 다 뽑아 여의도 국회의사당 뒤 가로수로 활용했다. 벚나무가 뽑혀 나간 자리에는 조선 사대부들이 스스로를 상징하는 소나무 등으로 바꾸어 심었다. 밤 벚꽃놀이까지 했던 명소를 없앤 것이다. 구로다 가쓰히로(黑田勝弘, 전 산케이신문 서울지국장)는 창경궁을 방문하는 발길도 적어졌다고 쓸쓸한 분위기를 적고 있다. 그 인파는 창경궁 대신 여의도 국회의사당 뒤 윤중로로 몰려가 해마다 벚꽃이 필 때면 벚꽃놀이가 소란스러운 행락의 일부로 전락한 분위기마저 자아낸다.

'게다'라는 나막신은 일본인을 상징했다. 삼천리 금수강산이 게다 소리로 가득 차 있다고 한탄한 사람이 있었다. 벚꽃이나 기모노도 일본인의 심벌처럼 생각되어 싫어한 만큼 기모노의 아름다움을 느끼지 못했다. 지금도 식민지 시대의 스테레오타입stereotype이 강하게 남아 있다.

적산가옥 차지하기

신사 등은 파괴했지만, 일본인이 살던 가옥에는 앞 다투어 들어가 살았다. 그리고 '적산敵産'으로 매각 받아 자기 것으로 했다. 적산가옥이란 자기 나라나 적국의 점령지 안에 있는 적국의 재산을 의미한다. 우리나라에서는 일본인들이 두고 간 일제 식민지 시대의 건물을 가리킨다. 일단 미군정부가 적산가옥으로 소유했다가 개인이나 단체에게 불하하여 귀속재산으로 처리되었다. 1984년 말을 기해서 1차 정리했고, 1985년까지 20년간 소유한 자에게 소유권을 주었다. 소유가 불분명한 것은 국가 재산이 되었다.

비교적 이용성이 적은 상징적인 건물만을 명목적으로 파괴한다. 조선총독부 청사를 부수기 어려웠던 것은 건물이 크기 때문이 아니라 그것이 활용도가 높기 때문이었다. 한국 정부는 그것을 파괴할지 이용할 것인지 숙고해 오다가 경제적으로 성장했다는 자신감도 있고, 상대적으로 이용성이 적어져 파괴를 생각하게 된 것이라고도 할 수 있다.

일본인들은 앞날이 불투명했지만, 언젠가 자신들이 찾아와 권리를 주장할 수 있을 것이라고 믿었다. 일본인들은 퇴거할 때 가옥 등의 부동산 등을 한국인에게 의탁하거나 팔거나 했다. 주변 섬에서 가구를 사려고 온 사람도 있었다. 해방 후 혼란한 와중에 일본인들의 재산을 소유한 사람들이 많았다. 어떤 사람은 일본인들이 싸게 파는 재산을 사거나 가로채서 재산을 늘렸다. 그런 사람들이 나중에 반일을 외치는 것을 보면 웃음이 저절로 나온다고 한탄하는 사람도 있었다. 일제 청산이라는 것이 이런 식이다.

일본 사람들로부터 물려받은 많은 적산가옥들이 지금까지도 소중하게 사용되고 있다. 일제 때의 이들 개인적 건물은 자연 수명과 함께, 또는 이용 목적상 다소 변경이나 개조 등은 있어도 그대로 사용하고 있다. 대부분 1층을 온돌로 개조하되 공간이나 기본구조는 거의 바꾸지 않고 사용하거나, 2층은 다다미방 그대로 사용한다. 요즘은 완전히 재건축하는 집이 증가했지만 그것은 건물이 낡거나 상점을 만들 목적에 의한 것이지, 가옥 자체에 대해 일본 색채를 싫어해서 고치는 것은 아니다. 여기서 살다가 간 일본인 중에는 나이도 먹고 수입도 적어 생활이 구차하니 보탬이 될까 해서 예전에 맡기고 간 집 등 재산에 대해 다소라도 돈을 주었으면 좋겠다는 내용의 편지를 보낸 사람도 있다.

선착장을 비롯해 마을의 구조는 기본적으로 변하지 않았다. 방파제, 절, 학교, 우체국, 면사무소, 경찰 파출소, 병원은 건물만 신축됐을 뿐이며 우물, 주거 위치, 방향, 기능 등은 일제시대 그대로였다. 중요 기관의 위치도 그대로였다. 일본 문화의 잔재는 많이 남아 있었다. 일본식 이름, 생선회, 주먹밥, 장도 일본 된장을 즐기는 사람도 있었다. 특히 일본 간장을 좋아했다.

거문도에는 유곽遊廓이 8~10채 정도 있었다. 그래서 당시 주변 마을에서는 이 섬을 매춘의 섬, 적선마을이라고 불렀다. 유곽은 일본인들만이 경영하거나 이용한 것은 아니다. 주로 어부들이 출입한 것으로 보아 당시 민족을 가리지 않고 이용했다. 일본인들에 의해 만들어진 유곽을 부수지 않고 잘 사용하고 있다. 현재 여관으로 사용되고 있어서 내가 조사할 때 자주 유숙하고는 했던 곳이다.

해방되면서 거문도는 암흑시대가 되었다. 필자가 1968년에 조사단원으로 참가했을 때 주최측에서 원시적인 섬이라고 선정한 것에서도 그 사정을 잘 알 수 있다. 전기가 끊기고 교통도 일제 때보다 나빠진 데다 의료시설마저 없어져서 섬 주민들의 불만은 이만저만이 아니었다. 해방 전, 일본으로 가는 교통은 여수에서 오후 4시 시모노세키(下關) 행 연락선을 타면 다음날 8시에 도착지에 내렸다. 당시 일본으로 가는 해상교통은 좋았다. 당시 이 섬은 일본으로 열렸을 뿐만 아니라 세계로 열린 섬이었다. 해방 후에는 일본으로 가는 교통은 거의 없어졌다.

두 개의 대중목욕탕도 없어졌다. 일제시대에는 이 섬으로 이웃 주민들이 목욕을 하러 와서 쇼핑도 하고 돌아갔는데 지금은 그것이 없어졌다. 원시 시대로 회귀하고 만 기분이었다. 다행히도 일제시대의 목욕탕을 인수한 사람이 있었다. 외지에서 들어온 임씨는 일제 때의 전통을 살리려고 했으나 결국 경영은 실패했다. 자가 발전에 의존할 수밖에 없었는데 전기료가 육지 전력비의 7배 정도나 높고, 수돗물 값도 비싸서 경영이 어려웠다. 또 좁은 지역 사회인 관계로 면식 있는 사람들을 무료로 이용하게 하다 보니 적자를 면치 못해서 결국 문을 닫았다고 임씨는 당시를 회상한다.

거기에 반란사건, 6.25전쟁 등으로 수난도 겪었다. 마을 사람은 상대적으로 일제시대가 좋았다고 했다. 그로부터 20년 뒤에 내가 방문했을 때도 일제시대를 겪은 노인들은 방파제의 축조, 어업 기술의 발전, 어종의 보호, 어업 조합 등 기초를 마련했다며 일제시대를 매우 긍정적으로 평가했다. 이 섬은 어업이 발전했기 때문에 일제시대 때는 다른 섬과 비교해서 두드러지게 경제·문화적으로도 선진적이며 '개도 돈을 입에 물고 다닌다'고 할 정도로 '돈의 섬'이고, 어업이 왕성했다. 섬이면서도 통신이나 교통 등이 일본에 의해 일찍부터 발전했기 때문이다. 그런데 해방 후 어업도 번성하지 않고 보통의 섬이 되어 버렸다고 한다.

마을에서의 친일과 반일

거문도 사례에서 친일과 반일을 생각해 보자. 우선, 식민지를 경험하지 않은 세대가 일본 식민지에 대해 훨씬 부정적이고 반일감정이 강하다는 것이다. 특히, 초등학교 학생들의 반일감정이 강하다. 식민지를 체험한 사람이 그렇지 않은 사람에 비해서 반일감정이 강하다고 생각하지만 실제로는 그 반대이다. 젊은 학생들이 구세대보다 반일감정이 강하다. 구세대의 반일감정은 '경험에서' 온 것이며, 신세대의 것은 재생산된, 즉 '만들어진' 것이라고 할 수 있다. 질적으로 다르다 해도 좋을 것이다. 식민지 체험이나 경험도 없는 젊은이들의 반일감정이 강한 것은 무엇 때문일까?

1992년 내가 한창 조사 중이던 거문도에 대하여 일본 NHK에서 촬영, 보도한 적이 있다. 나는 당시 그곳에서 살았던 주민들로 하여금 섬을 방문하게 하여 예전에 같이 살던 사람들과 재회 장면, 특히 표정을 영상으로 기록할 것을 요청해서 실시하게 되었다. 이에 일본에서는 방문단이 조직되었다. 그들은 일본 야마구치 현 도요우라(豊浦) 군 유다마에 거주하고 있는 기무라 주타로 씨의 후손을 중심으로 각지에 흩어진 사람들이다.

해방 후 47년 만에 일제시대에 살던 곳을 방문하는 것이다. 자신들이 살고 정들인 곳이기에 그 감회는 각별할 것이다. 나는 그들의 만남의 표정을 놓치지 않고 영상에 담을 것을 청했다. 그러나 당시

이 섬에 같이 살았던 사람이 지금은 그리 많지 않다는 것이 문제였다. 그래서 타지로 이사한 사람들에게도 연락해서 섬에서 일본인 일행과 만나게 하도록 했다.

텔레비전에 방영된 내용을 보면 다음과 같다. 거문도에 거주했던 사람들과 후손 44명으로 구성됐는데, 여수에서 거문도로 가는 뱃길 위에서 감개무량하다면서 거문도를 바라보는 사람도 있었다. 승선한 한국인 할머니들이 일본 노래를 부르면서 일제시대에는 나쁘다는 것을 전혀 의식하지 않았다고 일본어로 말한다. 한 노인은 일본에 대한 원한이 없다고 할 뿐더러 거문도가 일본인에 의해 개발되어 잘 살았다고 한다.

거문도에 도착하니 향토사가 곽영보 씨 등이 마중 나왔다. 서로 이름을 댄 다음 모습을 살피면서 옛날을 회상한다. 삼산면 부면장의 부친이며, 일제시대에 그들과 함께 산 사람 중 한 최고령자는 당시 거문도에 거주했던 일본인들을 반갑게 맞이했을 뿐만 아니라 송별 파티에서 "과거는 과거이며, 이제부터는 사이 좋게 지내자"고 인사말을 했다. 그의 아들인 부면장은 공적인 입장에 있는 사람으로서 일본인들의 방문을 마중하러 나올 수는 없다며 나오지 않았지만, 마지막 송별 파티에서는 "제2의 고향이라고 여기고 찾아온 손님을 박절하게 거절할 수는 없다"고 말했다.

장씨는 이 섬의 초등학교 출신으로, 최근까지 섬에 살다가 현재는 섬을 떠나서 경기도에서 살고 있다. 일본인들의 방문을 맞기 위해 일부러 섬으로 돌아왔다. 이들은 거의 일본인에 대하여 긍정적이었다.

거문도에서 가장 큰 건물인 여관을 나카기치(中吉) 씨로부터 받은 김金씨 부인은 은혜를 잊지 못하고 나카기치의 자손 부부에게 "은혜에 감사한다"는 말을 되풀이했다. 감사를 표하기 위해 아이들의 이름이나 여관 이름도 길吉자를 따서 지었고, 현재 경영하고 있는 다방의 이름도 '길다방'이라고 했다.

호리(堀) 씨가 거문도를 방문하여 예전에 살던 집을 방문하고자 했다. 그런데 청년과 젊은 주부는 일본인 방문객에 대하여 매우 부정적이었다. 그 집에는 당연히 한국인이 살고 있고, 물론 주인도 몇 차례 바뀌었다. 호리 씨가 자신이 살던 집으로 들어가려고 하자 그 집 주부는 몸으로 막고 거절했다. 집안에 들어오지 못하게 하며 일제 식민지를 규탄했다.

초등학교 운동장에서는 일본식에 가까운 승마놀이, 줄다리기 등을 하고 있었다. 어린 학생들은 입을 모아 일본 식민지가 나쁘다고 했다. 학생들은 당시 거문리에 살았던 한국인들이야말로 일본 사람의 하수인 앞잡이였다고 했다.

부산수산대학 박구병 교수도 어린이들의 의견과 비슷하게 부정적이었다. 그는 일본 식민지로 인해서 한국의 수산업은 발전하지 못했다고 전제하고, 어구 등의 영향으로 다소 좋아진 점을 부정하기는 어려우나 그것이 해방 후 한국 수산업 발전으로 연결되지 못한 점을 지적했다. 그의 의견은 거문도에서 실제로 경험한 사람들이 긍정적으로 말하는 것과는 매우 달랐다. 이 방송이 일본에서 방영되고 나서 가장 많이 나온 반응은 어린 학생들의 반일감정에 관한 것이었다. 즉, 반일감정은 시간이 흘러도 사라지지 않을 것이라는 것이고, 한국의 반일 교육에 대한 충격이었다.

방문단장 호리 레이코 씨는 자신들은 한국인을 정치적으로 지배하기 위해 온 것이 아니고, 국가와는 관계없다고 말한다. 또 한국인들은 일본인들과 친하게 지냈는데 그것이 친일이냐고 반문한다. 그들은 결코 친일했다고 생각하지 않는다. 단지 일을 하고 대가를 받았을 뿐이라는 것이다. 왜색을 일소한다는 것을 이해는 하지만, 생활면에서 일제시대를 나쁘게 생각하지 않는다는 것이다. 현재 서로 펜팔을 하거나 방문을 하는 등 인간관계를 가지고 있다. 그것으로 미루어 보아 일본인과의 관계는 대체로 좋았다고 할 수 있다는 것이다.

일본인과 친한 사람들

신씨(1891년 출생)는 한때 친일파라고 지탄을 받은 적이 있다. 일제시대에 경찰 등을 지냈고, 해방 후 환골탈태하여 면장까지 지냈다. 그는 '연혁지'(필사본)에 거문도의 역사를 필사해 남겼다. 현재

이 섬에는 장남이 살고 있다. 그는 이곳에서 심상소학교를 나오고 일본인들과 아주 친하게 지낸 사람이다. 그는 일본인들을 반겼다.

김씨(70세)는 창씨개명인 가네무라(金村)로 통했다. 일본 야마구치(山口)의 도요우라(豊浦)에서 이주해 온 하마오카(浜岡)가 소유한 어선의 선원이었다. 그는 하마오카 씨를 옛 친구로 반갑게 맞았다. 그 배에는 하마오카 씨의 아들(50세)과 손자(20세), 조카(40세) 등 네 사람이 탔다. 처음에는 범선이었으나 나중에 동력선으로 개조했다. 같은 배를 탄 것은 물론이고 이웃 사람으로서 친하게 지냈고, 6개월간 그 배를 타며 주로 도미를 낚았다고 회상한다. 그는 "당시 조선인이 일본인을 속인 적은 있어도 일본인에게 당한 적은 없다, 일본인은 정직하고, 상품에는 정가가 매겨져 있어서 좋았다"고 덧붙인다.

나의 인터뷰 조사를 소개하면 긍정과 부정의 의견이 모두 있으나 압도적으로 긍정적 의견이 많다. 군속으로 징용되었다가 사관후보생을 거쳐서 군인이 되어 인도네시아의 자바Java에서 종전을 맞이하는 바람에 전범자가 되었던 모씨는 일본인은 선한 민족이라고 했다. 일본에서 교원양성소를 졸업하고 초등학교의 교원이 되었던 사람은, 한국의 교육에 비하면 일제시대의 교육이 얼마나 좋았는지를 깨달았다고 했다. H씨는 군수품 제조 공장에서 일했는데 일본인보다 적은 급료를 받았지만 일상적으로는 차별받지 않았다. 일본인은 전쟁에서 이기기 위해 나쁜 짓도 했지만 우수한 민족이라고 했다. 어떤 할머니는 일본에서 돈을 벌기 위해 정신대를 희망했으나 채용되지 않아서 오빠의 초대로 오사카(大阪) 고무 공장에서 일했다고 했다. 곡물 검사소에서 일했다는 노인은, 일본인들은 경제적으로 어려운 때에도 뇌물을 받는 일이 없다고 일본인의 정직성을 칭찬했다. 그들은 현재의 한국 사회와 비교해서 이야기하고 있다.

긍정적 평가

첫째, 정보 제공자들은 1980년대 중반 섬의 상황을 기준으로 일제시대를 보고, 일제시대를 기준으로 현재를 보고 있다. 일제시대 거문도는 어업, 교육, 체신, 교통, 의료, 문화 등에서 현격하게 다른 섬들에 비해 발전한 곳이다. 그런데 해방 후 갑자기 전기, 수도 사정 등이 암흑기를 맞았다. 해방 전 월급 55원이었을 때 쌀 한 가마니가 7원 정도였는데, 해방 후 월급이 1,500환이었으나 막걸리 1되에 800환이었으니 그 차이를 상상하고도 남을 것이다. 이것은 해방 후 상황이 그들에게 부정적으로 비치고 있다는 것을 반증하는 것이다.

여순반란사건, 6.25전쟁 등으로 사회는 불안과 혼란이 이어졌다. 일제시대를 겪은 주민들은 박정희 시대의 독재 통치가 일제를 능가할 정도라고 느꼈을 것이다. 1980년대도 아직 독재 정권은 지속되었고, 섬은 낙도로서 교통이나 전기 사정, 의료 등 심각한 문제를 안고 있었다. 주민들이 일제를 긍정적으로 보는 것은 정권을 평가하는 것과 크게 다를 것이 없다. 지나치게 민족이나 국가를 내세워 그들의 견해를 친일이라고 매도할 수는 없다. 빈부의 격차, 정부 조직의 비민주적인 절차 등 현실 사회에 대하여 민중의 입장에서 정부를 비판한다. 한국 정부 관리의 부정한 모습과 부정한 제도적 관리를 보고 비교해서 비판하는 것이다. 이러한 점에서 위정자들이 겸허하게 그들의 목소리에 귀를 기울일 필요가 있다.

인터뷰에 응한 많은 사람들은 일제시대에 자신이 체험한 것을 기초로 해서 현 사회를 비판한다. 주민들은 일제 이전의 사회와 일제시대 그리고 해방 이후 정부 정책에 대해 그 나름대로 보는 견해를 가지고 한국 정부와 일본을 객관적으로 보려고 한다. 현재와 비교하여 일제시대가 오히려 좋았다고 역설한다. 일반적으로 나쁘다는 것을 전제로 한 일제 식민지에 대해서도 그들은 경제적으로, 법적으로, 사회적으로, 합리적으로 운영되었다고 긍정적으로 평가한다.

둘째, 주민들에게 경험은 비경험에 우선한다는 신념이 있다. 일제를 경험한 사람들은 경험하지 않은 세대의 말을 믿지 않는다. 해방 후 정책적으로 강화된 내셔널리즘에도 불구하고 그들은 경험에 의해 평가할 뿐이다. 일본인은 준법정신이 강하고 문화인답게 남에게 의존하는 일이 없으며, 신용 본위로 장사를 하기 때문에 사람을 한 번 믿으면 끝까지 믿고, 정직하고 부지런하고 뒤끝이 없다고 그들은 말한다. 교육이나 정책으로 만들어진 내셔널리즘이 그들에게는 거의 미치지 않고 있는 것이다.

또 그들은 상당한 국제 감각을 지니고 외부로 개방되어 있다. 그곳은 원래 육지로부터 상당히 떨어진 이도離島, 흔히 유배지라 불리는 곳이라 육지에 대하여 소외감을 강하게 느끼는 반면, 자체의 정체성을 형성하고 있기 때문이라고 할 수 있다. 한편 외부에 의존하지 않고서는 치안이나 식량 등을 해결할 수 없기 때문에 육지에 의존할 수밖에 없어서 이율배반적인 감정을 가진다. 그들의 일본에 대한 감정도 그럴 것이다. 김상순, 박영규 등은 섬 출신으로서 일본 등지에 유학하거나 해외 견문을 쌓은 다음, 섬을 위해 특별히 일본에 저항한 것도 아니다. 다만 면장이나 관리가 되어 적극적으로 섬의 발전에 기여한 사람들이다. 그들을 친일적이라고 하는 사람은 없다.

셋째, 일제 식민지에 의해

일제시대 면장이나 관리가 되어 섬의 발전에 적극 기여한 조선인들의 기림비도 세워졌다. 사진은 김상순 기림비.

섬이 발전했던 것을 부정할 수 없다. 1932년 이래 실시된 '농촌진흥운동' 등으로 인하여 노동시간의 합리화, 지방 행정청 관할 아래 집단적인(청년단, 부인회, 권농공제조합) 강습회 등 계몽 및 실행을 통한 성과가 있었다. 또 생업, 관혼상제, 놀이, 문화시설 등에 변화가 있었던 만큼 이는 결국 일본인과 한국인은 상호 변화하지 않을 수 없었을 것이다. 한국인과 일본인 간의 서로 다른 문화적 정체성이 강하게 노출되는 현상도 볼 수 있다. 일본인들은 신사참배, 씨름대회, 영화관, 목욕탕, 병원, 우편국 등 문화 시설 따위를 통해서 일본적인 현상이 돋보였으나 한국인들은 글은 선생 등 유교문화와 양반문화를 강조하고, 음력설을 지키면서 자립적인 정체성을 형성했던 것이다.

부정적 이미지

일본인과 갈등 관계에 있었던 사람들도 있다. D씨는 징용당해 오키나와(沖繩)에서 강제 노동하다가 종전이 되면서 미군의 포로가 되었다. 노동자들의 식사 등에서 조선인이 차별받았다고 큰 원한을 가지고 있다. F씨는 면사무소 사무원이었지만 일본인을 내쫓는 비밀조직을 만들었다가 발각되어 붙들려 형무소에서 고문을 받았다고 한다. 해방 후 독립 유공자로서 정부에서 보상금을 받고 있다. S씨는 초등학교 교원이었지만, 일본인 상사 앞에서 한국어 가사로 된 노래를 불러서 지독하게 질타당했던 적이 있다. 그때 한국이 독립 국가가 아닌 것을 슬프게 느꼈다. 초등학교 교원의 월급은 일본인과 차이가 있었다고 한다.

I씨는 운송 회사에서 일본인과 함께 일을 할 때 일본인들은 조선인을 차별했다고 한다. T씨는 일본 유학 중에 독립운동가로 오해받아 1945년 1월 20일 경찰에 연행되어서 해방 다음날까지 형무소에 있었다. U씨는 치시마(千島)에 징용되어 나쁜 일본인 현장 감독 밑에서 고생을 했는데, 해방과 더불어 조선인 노동자들이 현장 감독을 집단구타로 죽였다고 한다. V씨는 채용 시험을 치르고 비행장 공사의 책임자가 되었다. 징용·징병, 학교 교원, 면사무소 사무원, 현장 감독 등에서 쓰라린 과거를 이야기하고 있다. 특히 탄광이나 공장 등에서 강제 노역 중 참지 못하고 탈출한 사람도 많다. '조선인', '반도인'이라 불리면서 차별을 받은 사람도 많았다. 일본인의 부정적인 면으로 되풀이되는 것은 강제 징용, 강제 노동, 감시·연행·체포·고문, 전쟁 피해(포로), 노동 상황의 차별(급료의 차이, 식사), 신사 참배 등의 강제, 한국어 노래 금지, 현장 감독 등이다.

일본인들은 가능한 한 정치적인 차원에서 지배·피지배 관계를 의식하지 않고 한국인을 차별하지 않으며 사이 좋게 지내려고 노력했다고 증언하지만, 식민지 시대인 만큼 일본인 상점이나 집에 한국인이 피고용인으로 있었을 경우 자연히 주종관계가 성립되었던 것이다. 특히 어업에서는 한국인과 일본인이 협력했다는 긍정적인 평가가 많지만, 송씨(57세)는 그렇지 않다. 일본이 한국을 개발시켰다고는 하지만 방파제 때문에 어획량이 줄고, 어선이 충돌하는 사건이 많았다고 한다. 군수 공장의 사원 모집에 응모해서 갔는데 공장이 아닌 탄광이라는 사실을 알고 단식투쟁을 했다는 사람도 있다. 그래서 기한을 단축하긴 했지만, 월급은 저축이라는 명목으로 6개월 후 나왔다.

모某씨가 일본인 고리대금업자 오노(大野) 씨로부터 돈을 빌리고는 갚지 않자, 일본 군인에게 칼로 찔린 사건이 있었다. 이에 대해 한국인 청년들이 복수하자며 기회를 노렸다. 긴장 관계에 있을 때 복수를 하려 했으나 주민들이 말리는 바람에 무마됐다고 한다. 이러한 이야기들이 전설처럼 전해지고 있다.

1935년에는 조선인이 일본인 등 3명을 살해한 이발소 사건이 있었다고 한다. 그러나 이러한 큰 사건이라면 일본인들이 알고 있을 터인데 확인해 본 결과 대부분 금시초문이라는 반응이었다. 출처도 사실 관계 확인도 할 수 없는 영웅담들이 이런 식으로 만들어지고 떠돌았던 것만은 사실이다.

한 사람이 배를 몰고 와 거문리에 잠시 정박 중 이발소에 들어가 순번을 기다리고 있었다. 그런데 이발사가 뒤늦게 들어온 일본인부터 머리를 깎아 주려고 했다. 이때 먼저 와서 기다리고 있던 한국인이 순번을 무시하고 일본인을 우선하는 데에 불쾌해 하며 이발사에게 항의를 했다. 그 말을 들은 일본인 손님이 '조선인 주제에…'라는 모욕적인 말을 했다. 이에 한국인이 격분해서 '나는 오늘, 3명의 조선인과 일본인을 죽이겠다'라고 큰소리 치고는 우선 자신을 모욕한 일본인부터 나이프로 찔러 죽인 다음, 현장에 있던 일본인 또 한 사람과 한국인 이발사를 잇달아 살해했다. 경찰이 가해자를 연행하려고 했을 때 범인은 '내 발로 간다'고 하면서 배에 오르자 마자 나이프로 자살해 버렸다고 한다. 경찰은 살인자의 사체 처리를 한국인들에게 맡겼고, 시신은 화장되어 고향인 전남 강진면 대구로 보내졌다고 한다. 그때 한국인들이 위령하기 위해 모은 돈이 1말이나 되었다고 한다.

위에 인용한 이야기는 어디까지가 사실인지는 확인하기 어렵지만, 일부 한국인들은 일본인에 대해 엄연한 반감을 가지고 있었음을 알 수 있는 대목이다. 즉, 일본인에게 멸시받았다고 여기는 한국인의 저항감이 이런 식으로 표출된 것이다.

일본인은 섹스 애니멀

일본인들은 같은 성씨끼리도 결혼하는 등, 유교적 관습에 따른 남녀간 내외하는 풍속이 없기 때문에 한국인으로서 보면 일본인은 친족끼리 결혼을 하는 것같이 생각할 것이다. 그것을 성적 문란이라고 보는 것은 잘못이다. 한국인들은 일본을 성적으로 문란하다고 보는 경향이 있다. 거기에는 편견이 들어 있기는 하지만 일본 문화의 성性적 특징을 어느 정도 담고 있다고 해도 좋을 것이다. 일본에서는 사촌 간의 결혼도 있다. 그러한 것을 오해해서 근친상간의 사회로 보거나 부모 자식 간에도 근친상간 하는 것으로 오해하는 사람도 있다. 한국인이 보는 것처럼 성적으로 무질서한 것은 아니다.

한국인들은 일본 문화를 성적으로 문란한 문화로 보는 일본인 관觀을 형성해 왔다. 한국인들은 7,80년대에는 '기생파티', '기생관광' 등에 대해 신경을 곤두세우고, 90년대 이후로는 줄곧 종군위안부나 정신대 문제를 들먹이며 일본인의 성 관습에 대해 부정적인 시각을 심화해 왔다. 물론 이것은 문화적 차이에서 비롯한 것이라기보다는 식민지 시대 일본인들은 피식민지 나라에마다 보급했던 공창 제도에 근본적 문제점이 있다고 해야 한다. 당시 신문들은 '해외추업부海外醜業婦'를 문제로 삼고 있을 정도이다.

한일 간의 성에 관한 관념이나 표현 양상은 상당히 다르다. 일본인들은 비교적 노출을 많이 한다. 노출 자체를 성적 영역에 넣는 것은 문화 차이라고 할 수 있다. 나체 민족을 성적 영역으로 보는 오해처럼 일본인의 노출을 성적 영역으로 보는 것은 한국의 성적 영역과 일본의 것이 다르다는 것을 의미한다. 지금은 한국 텔레비전 화면의 노출 정도를 보면 일본에 비해 낮은 수준이 아님을 알 수 있다.

일본인의 노출은 근래에 생긴 것이라기보다는 전통적이다. 한국에는 일본인이 잘 벗는다는 −남자는 훈도시 하나만을 차고, 여자는 속옷이 없이 남녀가 어울려 생활을 한다거나 혼욕混浴을 한다는 것− 즉, 나체에 대한 것을 강조하는 말이 많다. 사실 공중목욕탕 제도를 발명한 것도 일본인이라는 점에서 일본인들은 원래 나체에 대해서 한국인처럼 그렇게 신경을 쓰지는 않는다. 한국인들이 일본 문화를 '저급 왜색 문화'라고 할 때는 적어도 이러한 노출을 전제로 한 의미가 짙다고 할 수 있다.

성에 대한 표현으로 일본에는 춘화가 많다. 일본 유키요에(浮世繪) 연구자 후쿠다 가즈히코(福田和彦)는 최근 펴낸 『유키요에 명품선(浮世繪名品撰)』(1992)의 저자 후기에서 '민족적 문화유산'이라고 극찬한다. 한국에도 춘화가 없는 것은 아니지만, 표현이 간접적이거나 작품 수적으로도 일본에 비교가 되지 않을 만큼 적다. 일본 춘화의 기법은 놀라울 정도이다. 춘화뿐만 아니라 많은 성 도구가 전통적으로 발달했다. 춘화에서 비디오, 영화 등으로 발전했다. 80년대부터 일본 문화가 직간접적으로 들어오면서 국내에서 일본 텔레비전 시청 문제가 거론되었을 때에도 가장 문제가 된 것은 일본의 성적 문제였다.

일제시대 거문도에서는 성 산업이 성행했다. 일본의 유곽 문화가 들어온 것이다. 거문도와 같은 어촌에서는 다만 일본의 그런 산업이 들어오기 이전에도, 그 배경에는 서해 어촌에서 파시波市가설 때에 매음 등이 번성했던 전통이 가미되었다. 이런 현상은 거문도에만 국한된 것이 아니다. 일본은 식민지가 있는 곳마다 '해외추업부'를 두고 상업을 했던 공통된 현상으로 해석될 수 있다. 특히 중앙 행정부에서 먼 거리에 있고, 그것도 일본이 아닌 해외라는점에서 성 산업이 번창했을 것이라고 생각한다.

거문도에서 일본인들은 요식업과 매춘업을 번성시켰다. 주민들은 매춘업의 부정적인 이미지와는 달리 섬에 경제적 활기가 있었

전라북도 위도의 파시波市를 조사 연구하기 위해 현지인과 위도를 둘러보았다. 맨 앞이 저자.

음을 강조한다. 마치 전통적인 파시를 연상하듯 별로 부정적 이미지를 갖고 있지 않다. 아마 서해 도서의 많은 섬에서 파시가 서면 매음도 이루어졌기 때문에 일본인들의 성 산업에 대해서 별로 거부감을 갖지 않았던 것 같다. 또 유교적 성 모럴의 중심부에서 거리가 있는 섬이라는 것 때문에 잘 수용했던 것이라고 할 수 있다.

　일본인들은 그러한 곳에 식민지와 함께 공창公娼 제도를 보급시켰다. 그래서 전통과 어울려 일본인들의 공창 제도 유곽이 번성하게 된 것이라 생각한다. 이것이 일본인의 유곽 및 식민지라 여겨지며 일본의 이미지를 나쁘게 함으로서 주변 섬 주민들로부터 경멸을 받는 요인이 되었다. 특히 서도리나 동도리의 지식인들이 이러한 일본인들을 경멸했다고 한다. 그들은 비록 경제적으로는 거문리에 뒤떨어지더라도 자신들이 지식과 모럴 면에서 뒤질 것이 없다는 자신감을 가진 것도 당연한 것이라 할 수 있다.

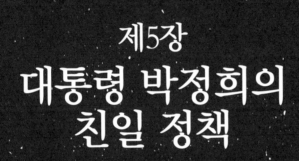

제5장
대통령 박정희의
친일 정책

생가를 찾아서

나는 이 글을 쓰기 위해서 먼저 경상북도 구미의 박정희 생가에
들렀다. 2013년 여름 더위가 한창인 7월 8일 김해공항에 내려서
택시로 부산역까지 간 다음 KTX에 올랐다. 마중 나올 사람에게
전화를 걸려 해도 한국에서의 스마트폰 사용법을 모르고 당황하자
옆자리에 앉은 허준식이라는 중학 2학년생이 여러 가지로 사용법
을 일러주었다. 학생은 내가 한자는 물론 영어도 읽을 수 있게 알
려주는 등 스마트폰 사용에 필요한 요소들까지 자유자재로 설치해
주었다. 짧은 시간이었다.

나는 동대구에서 내려 새마을호로 바꾸어 탔다. 새마을을 조사
하려 가는 사람에게 걸맞게 새마을호를 타게 된 것이다. 새마을호
가 처음 새로이 등장했던 당시에는 인기가 있었으나 이제는 지나
간 시설에 불과하다. 그러나 아직도 그런 시절의 옛 모습을 남기고
있다. 눌러야 하는 반자동식 버튼은 지금이야 구식이지만, 새마을
호가 처음 등장했을 때에는 최신식으로 큰 이목을 끌었을 것임에
틀림없다. 새마을운동이 그런 것을 상징하는 것처럼 새마을호는
달렸다. 기계의 발전으로 새로운 버전이 연속적으로 등장하고 있
다. 새 것이 나오면 기존의 것은 구식이 되고, 시간의 흐름 속에 신
구는 그렇게 자연스럽게 자리를 바꾸게 마련이다. 당시는 새마을
운동이 새로운 운동이었으나 지금은 새마을호처럼 역사의 한 장면

으로 물러서 있는 것이다.

아마 대부분의 사람들처럼 나도 다양한 버전을 가지고 있을 것이다. 내가 살아온 버전도 많이 바뀌었다. 바지저고리에서 군복, 양복 등으로 바뀌었고 나의 생각이나 인생관도 변화 발전하였다. 문학소년 시절, 민속학의 초년병, 일본 유학에서의 근대화주의자, 일본 연구자, 국제적 조사 연구의 문화인류학자로서의 시대 등 과거를 버리고 미래를 향해 걸어온 것이다. 그런 나의 인생을 멋지게 수식해서 설명할 수도 있고, 고생담으로 처량하게 구술할 수도 있다. 많은 사람과 만나고, 많은 사람과 멀어지고, 심지어는 상처를 주고받은 사람과 또 많은 은혜와 신세를 진 사람들, 사랑과 은혜로 이어진 삶을 돌아보기도 한다. 이런저런 생각을 하는 동안 새마을호는 멈췄다.

구미역에서 이송희 사장의 마중을 받고 금오산 밑 금오호텔에 투숙하였다. 이 사장은 구미에서 태어나 계명대학교 일본학과에 들어와 나와 사제 관계를 맺었다. 졸업하고 이곳에서 언론과 정치 분야에서 활약해 오고 있다. 지금은 주로 「인터넷 구미신문」에 집중하고 있다고 한다. 4성 호텔인데도 한여름 더위에 창문을 열지 않고 냉방을 하지 않은 채 선풍기를 돌리고 있었다. 묻지 않았는데도 이 사장은 원자력발전소의 고장으로 전국적으로 전기 사정이 좋지 않아 절전이 행해지고 있다고 설명했다. 무슨 궁색한 변명처럼 들렸다. 나는 에어컨디셔너보다는 1000미터 채 못 되는 금오산 정기를 받아 내려오는 선선한 바람을 즐기었다. 저녁에는 전혀 에어컨을 이용할 필요가 없었다.

바람은 단순한 산바람이 아니었다. 나는 풍수사나 지관처럼 금오산을 올려 치어다 보았다. 산의 정기를 몰고오는 바람을 몸에 느끼고 있었다. 나는 혹시 다른 전통 신앙은 믿지 않아도 풍수 신앙을 믿는 것이 아닐까 스스로를 돌아본다. 나의 부모 산소를 이장시키고 개발하려는 사람들에게 내가 맞서서 지키는 것도 그렇다. 박 대통령이 금오산 풍수風水의 정기를 받고 태어났을 것이라는 확신이 들었다. 이번 박정희 생가 방문은 금오산 정기를 쐬는 좋은 조사 여행이었다.

박정희 대통령 생가 동상 앞에 선 저자.

이튿날인 7월 9일 화요일 아침, 경상북도慶尙北道 구미시龜尾市에 있는 박정희 대통령의 생가生家를 서둘러 찾았다. 나는 생가에 다다르는 동안 내내 생가에 이르는 길을 살폈다. '박정희로'와 '새마을로' 등을 지나면서 '박정희생가'로 들어섰다. 일제 시기의 일본식 도로 명칭을 을지로나 충무로 등 영웅의 이름을 따서 지명으로 하는 곳은 드물지 않지만, '박정희로'를 지나면서 과연 정치적 의도를 넘어선 작명인가 하는 의문이 들기도 했다. 그러나 그런 지명은 박정희가 생존 시 금의환향을 염두에 두지 않았을 거라는 점에서 협소한 인상마저 불러일으킨다. 그는 구미를 발전시켰으나 결코 좁은 의미의 금의환향을 지향하지는 않았을 것이다. 특정 지역에 편중됐다는 비난, 그리고 지역 차별이라는 비난을 받은 것은 사실이다.

싱가포르에는 많은 거리 이름에 '래플즈'라는 식민지 지배자의 이름이 붙어 있다. 거리 이름의 많은 곳에서 래플즈를 발견할 수 있다. 식민지를 상징하는 세계적으로 유명한 래플즈호텔을 헐려고 한 적이 있다. 그러나 역사를 그대로 두고 보는 쪽으로 기울어 보존되고, 지금도 사용하고 있다. 지금 호텔 예약이 어려울 정도로 언제나 만원으로 성업 중이다. 이러한 영웅들의 이름을 지명으로 하는 예는 많이 볼 수 있다. '김일성광장'은 그 대표적이라 할 수 있다.

독재자들은 생전에 자기 이름을 역사적으로 고정시키려 하는 것은 어느 나라에서나 볼 수 있는 현상이다. 그러나 식민지 유산을 지명에 남기는 나라는 그리 많지 않다. 국명이나 지명도 정권에 따라 바뀌는 경우도 흔하다. 김일성광장, 김일성대학 등은 얼마나 갈지는 역사가 말할 것이다. 어리석은 사람은 곧 무너질 동상이나 탑을 세운다. 동네 뒷산 암자에 세워진 미륵불보다도 못한 동상을 세우고 부수는 역사를 나는 나의 일생에서 자주 보고 있다.

　내가 지금 살고 있는 곳은 이토 히로부미(伊藤博文)를 비롯 일본에서 총리대신을 8명이나 낸 현이다. 이토 총리의 동상도 없다. 물론 그가 묵었던 흔적은 여기저기 남아 있다. 히카리 시(光市)에는 그의 기념관이 있고 동상도 있다. 그러나 관광객을 위한 기념품 용도로 보일 뿐이다. 동상보다는 사진과 그의 글들이 기억되고 있다. 초대 총리대신이며 안중근에게 암살된 이토 히로부미가 태어난 연고지인 시모노세키에 들렀을 때 많은 상인과 기업가들이 앞다투어 만나고자 했다. 그러나 그는 "나는 시모노세키의 총리가 아니라 일본국의 총리"라고 선언하고 사사로운 모든 만남을 고사, 거절했다는 일화를 남겼다. 그래서인지 총리를 많이 냈으면서도 크게 입은 혜택이 없다는 것이 주민들의 불만이면서 또한 자랑이기도 하다. 유명 작가 후루가와 씨는 그 점을 높이 평가한다. 나 또한 공감한다.

　'박정희로', '새마을로' 등을 지나서 박정희 생가에 도착했다. 금오산 기슭에 초가집이 시야에 들어왔다. 풍수지리적으로 영웅이 나는 '명당'이라고 일컬어지는 곳이다. 생가는 듣던 대로 금오산 밑의 작은 초가집이었다. 예전이면 시골도 아주 촌스러운 시골이었음을 어렵지 않게 짐작할 수 있다. 예수가 마구에서 태어났다는 것을 서민적이라고 특별히 강조할 필요도 없는 것이 당시 한국 농촌의 실정이었다. 무엇보다 풍수적으로 인물이 나올 수 있다는 말이 맞는 것 같은 느낌이 들었다. 무슨 풍수사나 지관이라도 된 것처럼 그런 속설을 점검이라도 하듯 산세를 살펴보았다. 풍수風水란 말 그대로 자연 환경을 의미한다.

나는 풍수에 대해 적잖은 지식을 지니고 있다. 1990년 나는 무라야마 지준의 『조선의 풍수』를 번역 출간했다. 그때 나에게 산소 자리를 보아 달라는 주문이 쇄도하는 바람에 적잖이 당황했던 일을 상기한다. 나는 풍수 신앙을 믿는 것이 아니라 단지 그것을 믿는 사람들을 연구할 뿐이라고 거절했었다. 그런 지식만으로 보아도 박정희 생가는 풍수적으로 나쁘지 않다고 생각했다. 풍수적으로 설명하는 것이 중요한 것이 아니라 풍수는 영웅의 출현을 예언하는 것이 주된 취지이다. 그런 시골에서 큰 인물이 날 것이라고 예언하는 것이 중요하다. 마을 사람들이 놀랄 만하다.

많은 사람들은 위인이나 영웅을 만들기 위해서 시험 지옥을 겪고 있다. 일반적으로 위대한 인물이 날 만한 곳이 아니라고 생각될 것이다. 문벌과 배경을 가지고 태어나서 치맛바람의 과외 수업 시험 지옥을 거쳐서 출세하는 것이 정도처럼 여겨지는 사람들에게 이런 빈한한 마을에서 영웅이 태어났다는 것은 그야말로 '개천에서 용 난다'는 속담처럼 풍수 아니고는 설명하기 어렵다. 그런 마을에서, 그런 집에서 태어나서 아무리 성실성을 신조로 해서 산다고 해도 영웅이 되기는 불가능하다고 생각할 것이다.

박정희는 그런 시대에 태어난 것은 엄연하지만, 또한 좋은 운을 타고 났다고 설명할 수밖에 없다. 그가 아무리 자조 자력 협력 근면 등을 신조로 삼고 살았다고 해도 그것만으로 위대한 사람이 되는 것은 아니었다. 운이라고 하지 않을 수 없는 변수가 작용한 것이다. 그것이 운이고 풍수라고 할 수 있다. 경쟁 사회에서 경쟁 선을 뚫고 큰 출세는 할 수 있어도 영웅은 나오기 어렵다. 지금 많은 사람들이 경쟁 사회에서 머리를 잘 써서 성공하려는 사람들이 많다. 그런 점에서 보면 박정희는 영웅이다. 즉, 그는 풍수적 인물이라고 할 수 있는 것이다. 북한의 김일성과 마오쩌둥을 비교해서 보면 비슷하다. 마오쩌둥의 人傑地靈(인걸지령), 즉 풍수가 인물을 낸다는 풍수적인 설명이 가해지고 있다. 김정일은 백두산에서 태어났다고 풍수로 설명을 가한다.

젊은 세대들은 박정희를 독재자 이외의 영웅적 특성을 인정하지 못하는 것 같다. 2013년 일본의 한 재일동포 독설가가 한 '박정희는 태어나서는 안 될 사람'이라는 '귀태鬼胎' 발언을 당시 야당인 민주당 국회의원이 인용해서 소란을 피운 적이 있다. 인권 의식이 전혀 없는 사람의 말이었다. 나는 마오쩌둥, 김일성, 박정희 세 사람의 독재자를 떠올린다. 수 년 전에 평양에서 본 김일성 생가가 떠오른다. 초라한 초가집을 원형대로 보존한다고 하면서 꾸밀 대로 꾸민 모습이 부조화의 조화였다. 가는 곳마다 참배를 강요하듯 하는 동상이 서 있다. 북한은 김일성 생가인 만경대를 성역화 했다. 아마 독재 체제가 무너지면 곧바로 거추장스러운 것으로 철거

될 것이다. 중국에서는 아직도 마오쩌둥의 동상이 여러 곳에 서 있다. 마오와 김은 독재자이면서 인생행로를 무사히 마친 사람들이다. 즉, 독재자로서 비극적 말로를 겪지 않고 죽은 것이다.

내륙 지방의 산간 분지인 농촌인데도 가는 길에서 보이는 횡단막橫斷幕 등에는 '첨단기술의 도시'라는 간판이 있어서 농촌 풍경과는 어울리지 않나 하는 생각도 들었다. IT나 디지털이 주 산업인 인구 40만의 도시로서 공단의 구성원과 가족들이 지역 인구를 유지하며 경제를 활성화하고 있다는 것이다. 즉, 구미시는 박정희에게 은혜를 크게 입고 있다는 것을 의미한다. 박 대통령이 자신의 태어난 고향에 수출 공단을 유치 건설해 놓음으로써 농업 외에 공업 도시로도 유명하게 된 것이다. 얼마 전에 여기서 박정희 대통령을 주제로 한 심포지엄이 열렸다고 하는 것으로 보아도 구미는 박정희의 은덕을 의식하고 있다는 것을 알 수 있다.

박정희는 이런 산골 가난한 집에서 태어나 사범학교 졸업과 함께 문경공립보통학교의 '교사'가 된다. 그러나 어릴 때부터 군인을 동경해 온 박정희는 교사 생활을 접고 1942년 전격적으로 만주 신경군관학교에 입교해서 수석으로 졸업한 뒤에 육군사관학교에 입학, 1944년 만주군 소위로 임관하고 1년여 뒤에 만주군 장교로서 해방을 맞는다. 그러나 박정희는 해방된 조국에 돌아와 해방정국에서 생사를 넘나드는 고초를 겪는다. 셋째 형인 박상희의 영향을 크게 받은 박정희는 공산주의자로서 여순반란사건에 개입한

반란 혐의로 체포되어 사형 선고를 받고 복역 중 사면된다. 이후, 6.25전쟁에 현역 정보장교로 활약하고 1961년 준장 진급한 지 8년여 만에 소장으로 진급한다. 박정희 소장은 1961년 혼란스러운 정국을 타개하겠다는 명분을 내세워 군사 쿠데타를 감행해서 성공한다. 그리고 1963년 10월 15일 실시된 제5대 대통령 선거에서 압도적인 지지율로 대통령에 당선된다. 이러한 박정희의 인생 경로를 약도로 그려 보면서 과연 풍수적 인물이라는 생각이 들었다.

생가는 농촌 출신자의 출세 회로를 알아보기 쉽게 전시하고 있다. 시험 지옥에서 명문 대학에 들어가 고관으로 나가는 현재의 출세 회로와는 다른 풍수설이 오히려 잘 어울린다.

한여름의 더위에도 9시부터의 개관 시간에 두 대의 관광버스와 20대쯤 승용차가 주차하고 있다. 그런데 전세 버스나 주차는 많아도 관내에 관람자는 적다. 무슨 일인가, 영문을 알 수 없다. 정기 휴일도 아닌데 보릿고개 체험 레스토랑이나 기념품점도 문을 닫고 있다. 휴가 여행 때문이라고 한다. 좀 더 자세한 자료와 정보를 구해도 '모른다'는 말뿐이다. 더욱 자료를 원했지만 자료 판매점은 내부 정리를 위해서 휴무 중에 있다. 박정희의 영상 자료나 책은 전혀 없다. 기념관이 성의가 없는 경우는 대개 공무원이 사무를 보는 경우이다. 유족 등이 안내 사무를 하는 곳에서는 친절하고 성의 있는 안내를 하는 것이 상례이다.

나는 성실한 관광객이 된 것처럼 열심히 둘러보았다. 전자 방명

록에 주소 등을 쓰고, 대통령 부부 사진 옆에 서서 기념 사진을 찍었다. 그리고 직경 15미터, 높이 10미터의 원형의 하이퍼 돔 안에서 12분간의 영상 스크린에 의자도 없는 카펫에 주저앉은 채 360도에 넓게 퍼지는 영상을 보았다. 그런 영상으로서는 그의 업적을 알기는 어려워도 규모에 압도되어, 다만 위대한 인물이라고 하는 인상을 강하게 받을 뿐이었다.

박정희는 암살이란 비극적 죽음을 맞닥뜨린 사람이다. 그런데 많은 영상 등에는 쿠데타, 장기 정권과 인권 탄압, 암살 등과 관련한 내용은 일체 전시되어 있지 않다. 그의 일생에서의 어두운 부분은 드러내지 않는다. 무엇 때문일까. 짧은 시간 때문에 생략된 것일까. 아니면 그의 어두운 부분을 드러내 보이기 싫은 것인가. 그저 일생의 일부만이 강조되고 있을 뿐이다. 여기는 종합적인 자료관이 아니다. 그렇다고 생가라는 이름에 걸맞게 탄생을 특별히 강조하고 있지도 않다. 일방적인 영웅 만들기 기념관인 것이다.

비극성은 사람을 비참하게도 만들지만, 그 속에 내포된 극적인 효과를 통해서 비교적 오랜 세월 대중의 기억을 지배한다. 생애의 완결이라고 할 수 있는 죽음의 비극적 형식을 통해서 박정희 영웅 서사 또한 완성되는 것이다. 비극적 원한은 큰 힘을 가진다. 부인 육영수 여사를 잃고, 그 딸이 대통령이 되었다. 그러면 소박한 생가는 무엇을 의미할까. 소박한 농촌에서 태어나서 위대한 일을 한 영웅을 빛내기 위한 것인가. 생가를 대궐 같은 양반가로 만들지 않은 것만도 다행이다. 외형은 김일성 생가와 비슷하다. 다만, 김일성 생가에는 김일성의 영웅화를 위한 탄생에서 사후까지 전체적으로 리얼하게 전시된 느낌을 강하게 받게 된다.

나는 박정희에 대한 존경을 가지고 모여드는 사람들의 태도를 보기 위해서 박정희 생가에 온 것이다. 박정희는 군인으로서 군사 쿠데타를 통해 정치가가 된 사람이지만 한국 경제를 발전시킨, 한강의 기적을 일군 영웅으로 칭송된다. 그에 대한 지금의 평가는 대체로 긍정적이라고 보인다. 『성공한 대통령 실패한 대통령』의 저자 김충남은 "박정희 대통령은 한국의 대표적 지도자일 뿐만 아니라 5000년 민족사에 우뚝 선 지도자의 한 사람으로 오래오래 기억될 것이다"라고 평가하면서 새마을운동을 추진하여 큰 성과를 거둔 점을 높이 사고 있다.

대통령 박정희에 대한 재평가

해방 후 일제 잔재를 일소한다고 하는 정책에도 불구하고 정치, 경제, 사회, 문화의 모든 면에서 그것은 뿌리 깊게 존재했다. 행정 조직, 교육 제도, 대중 매체의 형태, 징병 제도와 군대 조직, 경찰 조직, 기업 구조 등 모든 제도와 조직이 일본식 테두리에서 만들어졌기 때문에 그 대부분이 수정되지 않고 오늘까지 온존하고 있는 것이 사실이다. 그 대표적인 것이 정부의 법률 규제는 물론이고 정책에서도 그렇다.

나는 박정희 대통령에 대해서 매우 부정적이었다. 나뿐만 아니라 4.19 세대들의 일반적인 경향이라 할 수 있다. 이승만 정권을 타도한 한국의 민주화를 역전시켜 독재화하고, 인권 탄압 등 문제가 많은 데에 대해 여간 불만이 컸던 것이 아니었다. 그런데 박정희 사후 8,90년대를 거치는 동안 새마을운동이 다양 다각적인 조명과 긍정적인 평가를 받으며 대통령 박정희에 대한 인기도 함께 상승하는 분위기이다. 어떻든 새마을운동이 긍정적인 평가를 받고 있는 것은 틀림없어 보인다. 그것은 단순히 일반 대중의 견해로만 그치는 것이 아니라 학술적인 평가를 통해서도 부각된다. 예를 들면 터너Turner 등은 여덟 개의 마을을 대상으로 두 시점(1979년과 1984년)에서 새마을운동을 조사 연구하고, 새마을운동 덕분에 한국 경제가 발전했다고 평가한다. 연구자들은 또 일제시대 농촌진흥운동의 지도자 교육 등 조직 구성이 새마을운동과 닮아 있다는 점을 짚어 냈다. 나는 모순과 갈등을 느끼지 않을 수 없었고, 그래서 새마을운동에 관심을 가지게 되었다.

그렇다면 새마을운동의 아이디어는 어디서 온 것일까. 우연한 것이라거나 독창적이라고도 하며, 혹은 북한의 천리마운동에 대응하기 위한 것이라든가 또는 일제의 농촌진흥운동을 상기시키는 등 여러 가지로 해석되고 있다. 그러나 박 대통령이 실제로 어떠한 계기로 새마을운동을 시작했는지는 아직 불분명하다. 나는 그가 일제시대 농촌진흥운동으로부터 새마을운동의 아이디어를 얻었을지도 모른다고 추측했다. 여기서 해방 후 한국 근대화 정책 가운데 가장 대표적인, 박정희 대통령 주도의 새마을운동이 실은 일제시대에 행해겼던 농촌진흥운동에서 비롯된 것이 아닐까 하는 의문을 가지게 된 것이다.

새마을운동을 일제시대의 농촌진흥운동과 관련 지어 생각하게 된 것은 그의 생장과 교육, 그리고 일제시대의 군 경력 등이 일본 식민지의 영향을 짙게 받은 사람이라는 데에서 비롯된다. 일반적으로 잘 알려진 바와 같이 박정희 대통령은 일제시대 대구사범학교를 졸업하고 문경소학교에서 교편을 잡은 적이 있다. 나는 그의 새마을운동 정책이 일제시대 농촌진흥운동과 유사하다는 생각을 늘 가지고 있었기 때문에, 그가 교사로 근무했던 학교와 농촌진흥

박정희의 문경소학교 시절 제자들이 총독부에 의해 실시된 농촌진흥운동에 대해 증언했다.

운동이 관계가 있을 것이라고 직감했다.

일본을 모델로

그런데 정말 직접 새마을운동과 관련 짓게 된 것은 조선총독부에서 발행한 『농산어촌에서의 중견인물양성 시설의 개요』(1936)라는 책자에서 문경소학교라는 명칭을 발견하고서이다. 이 책자는 농촌진흥운동에서의 농촌 지도자 양성을 위한 지침서이다. 여기서 나는 그가 농촌진흥운동을 체험했을 가능성이 보였기 때문에 이 책자를 자세히 검토하게 되었다.

우선 교사와 군인이라는 두 가지 면은 그의 인생관과 혁명 사상 등에 영향을 끼쳤을 것이다. 특히 내가 주목하게 된 것은 교사라는 경력이다. 새마을운동을 식민지 시대의 농촌진흥운동과 결부시키려고 하는 것은 박정희가 농촌진흥운동의 지도를 했던 사실을 알고 난 후이다.

박정희(1917. 11. 14~1979. 10. 26)는 한일합병 후 7년여가 지나 경상북도 선산군 구미에서 태어났다. 농촌진흥운동이 시작된 1932년에 구미보통학교를 졸업하고 대구사범학교를 1937년에 졸업했다. 그리고 곧바로 문경공립보통학교(1935년 4월 1일 설립) 교사로서 1937년부터 3년간 근무했다. 1940년 만주군관학교 2기 간부 후보생으로 입교한 뒤 1942년 졸업 때는 만주국 황제에게서 금시계를 수상했고, 더욱이 1944년에는 도쿄 자마(座間)의 육군사관학교 제 57기생 졸업식 때 육군대신 상賞을 수상했다. 육군 소위에 임관되어 마쓰야마(松山) 제14연대에 배속되어서, 나중에 만주국군 보병 제8여단 소대장으로 근무했다.

박정희는 1961년 5월 16일 쿠데타로 권력을 손에 넣으며 빠른 시기에 민정에 이양하겠다고 공약했지만 그것을 지키지 않고, 집권의 안정성을 도모하려는 의도에서 '조국 근대화'라는 슬로건 아래 경제 개발에 진력했다. 경제의 고도 성장은 그의 장기 집권을 위한 명분이며 실체였다. 인권 등 많은 문제를 안고 있으면서도 박정희 대통령은 고도 성장을 완수할 수 있었다. 제1차 경제개발계획(1962~1966)과 제2차 경제개발계획(1967~1971) 등에서 경제 성장에 자신감이 생긴 박정희는 자연히 공업화에 치우쳐 농업의 근대화가 진행되지 않고 불균형 상태가 되자 그것을 돌파하기 위해서는 농민의 자각이 필요하다고 생각하고, 제3차 경제개발계획으로 새마을운동을 일으켰다.

새마을운동

새마을운동은 박정희 대통령이 주도한 조직적인 농촌 개발 운동으로서 경제적 수입 증대의 목표도 있었지만, 그 핵심은 정신 혁명이었다. 새마을운동을 박 대통령의 대표적인 경제 정책으로 말하고 있지만, 국내적으로는 경제의 고도 성장 과정에서 비롯한 성장의 불균형, 대외적으로는 북한의 천리마운동에 대응하는 등 국민총화의 배경으로부터 생긴 정신 혁명이었던 것이다. 부작용도 적지 않았지만 한국 농촌의 잠재적 에너지를 현재화 시키는 계기가되었고, 실제로도 놀라운 성과를 거둔 것으로 평가된다.

   나는 그가 농촌 지도를 주도한 것이 그 후 새마을운동을 주도하게 된 것이 아닌가 하는 생각이 들었다. 1996년 3월 20일부터 28일 사이에 현지 조사를 벌였다. 경상북도 문경군 갈평리에서 3명의 노인으로부터 증언을 들었다. 박정희는 문경공립보통학교 교사였지만, 그로부터 10킬로미터 정도 떨어진 산골짜기에 있는 문경보통학교 부설 신북간이학교에서도 가르친 적이 있다고 한다. 김성환 씨(82), 이교필 씨(75), 이태락 씨(74세·간이학교 3기생)가 당시이 간이학교에 한 사람밖에 없는 강광을姜光乙 교사가 40일간 출장 갔을 때, 박정희가 와서 대강代講을 했으므로 직접 박정희 선생님에게서 배웠다는 것이다. 간이학교와 부설 갱생원도 강 선생이 겸임하고 있었던 것이니 당연히 박 선생이 그 대강 기간 동안 갱생원에서 가르쳤다. 당시 갱생원 노래도 있었다고 한다.

     하나의 씨앗에서 눈이 나오고

많이 열매 맺는 신비로운 농업
하늘과 땅이 조화해서
......

라는 가사였다고 한다. 이들의 증언에 의하면 박정희는 문경보통학교 교원으로서 신북간이학교 부설 갱생원에서 농촌진흥운동에 대해 가르쳤다는 것이다. 당시 지정 학교 교원이 농촌진흥운동을 지도했다는 것은 그 시기 총독부 고관이었던 야히로(八尋)의 증언과 일치한다. 1920년대 후반부터 총독부는 청년의 사상 선도, 농촌 개량을 목표로 해서 졸업생을 농촌의 중견 인물로 지도해서, 그들이 독자적으로 부락의 영농 개선에 착수하게 했다. 종래 면이나 농회의 산업기술원 등 농업 지도 전문가를 중심으로 영농 지도를 했지만, 농촌진흥운동의 시작과 함께 보통학교가 교육뿐만 아니라 영농 지도도 겸했다. 조선총독부는 농촌진흥운동을 시작하면서 부락 중견 인물의 역할에 주목하고, 중견 인물을 운동의 담당자로 양성하는 것이 운동 방침의 일환이었다. 따라서 학교가 중견 인물의 양성 기관 역할을 맡게 된 것이다. 이상의 상황으로 보아 박정희가 '문경갱생농원'과 '신북갱생농원'에서 농촌진흥운동과 관련되어 청년들을 지도했다는 말은 사실과 부합된다.

새마을운동의 기원

박정희는 혁명 직후 '재건국민운동'부터 1960년대 후반 제2차 경제개발계획, 생활합리화운동의 연장선상에서 근면, 자조, 협동 정신에 의한 농촌 개발 운동을 언급한 적이 있다. 또한 그는 어록이나 휘호에 '자립갱생', '농촌진흥', '유신' 등의 말을 자주 썼다. 일반적으로 '갱생'이라는 말은 잘 사용되지 않는, 주로 환자나 범죄자 등의 소생이나 사회 복귀를 의미하는 말인데, 그는 그 말을 자주 쓴 것이다.

박정희는 1962년 제1차 경제개발계획을 발표했고, 1965년 1월 6일 농업협동조합 중앙회의에서 '자립갱생'을 강조했으며, 1968년 12월 5일에 '국민교육헌장'을 선포했다. 1970년 4월 22일 전국 지방장관 회의에서 '농어촌을 진작시키라'고 지시하여 내무부 중심으로 새마을운동이 시작되었다고 한다. 1970년 11월, 제2차 농어촌소득증대 경진 대회에서 비닐하우스에서 야채 재배에 성공했다는 성공 사례를 들은 박 대통령은 칭찬 격려하고, 그 해 11월부터 1971년 6월까지 농한기를 이용해서 전국 33,267곳의 마을에 시멘트 335포대씩을 무상으로 지급해 마을 개발위원회를 중심으로 마을의 환경 개선을 추진하도록 했다. 이것으로 부락민의 자조력을 테스트한 것이다.

그러자 절반 정도의 마을에서는 주민들이 자발적으로 자금을 모아 보탬으로써 마을 환경 개선 사업이 큰 성과를 올렸다. 이에 박 대통령은 자신감을 얻어 새마을운동을 전개하게 되었다. 기초마을, 자조마을, 자립마을로 구분한 뒤 자립마을을 중심으로 원조해서 마을 간의 경쟁을 유도했다. 한편 소득 증대를 위한 농로 개량, 하천 정리, 저수지 만들기, 협동 우물, 초가지붕 개량, 품종 개량, 다리 건설과 전기 가설, 영농 개선, 새마을부녀회를 중심으로 절미 운동(보리밥이 영양이 있고, 쌀밥만 먹으면 병이 난다고 하는 선전), 기술 수득, 마을금고, 판매 사업, 환경 개선, 협동 사업 등을 추진했다.

그리고 정신을 계발시키기 위해서 허례허식을 배격해 합리적인 생활 태도를 갖게 한다. 박정희의 사상적 근대화 정책은 농촌의 근대화로 농민의 전근대적 의식 구조인 관존민비 사상, 직업 귀천, 당쟁의 유산, 사대주의, 유교적 형식주의, 남존여비, 의타주의, 가족주의, 파벌 성향 등의 근대화이며 민족이나 국가를 위해 봉사하는 인간으로 개조하는 것을 강조한다. '미신 없는 우리 마을'이라는 표어도 있었다. 그의 개혁 사상은 일본이 모델이었던 것 같다. 박 대통령의 근대화 정책에 대해서 빈부의 격차, 물질만능주의, 전통 문화의 파괴 등 비판이 일자 정부는 정신 혁명의 기치를 내걸고 새마을운동을 실시했다. 운동 초기에는 미신 타파를 주장했으나 전통 문화의 가치를 재평가하게 되고, 전통 문화에 대한 긍정적인 태도를 취했다. 그리하여 민족적 정체성을 추구하는 정책을 실시했다. 종래에 미신이라 여겼던 무속마저 문화재로 승격하는 일이 생겼다. 문화예술진흥법 제정, 민족문화센터 설립, 지방문화사업조성 제정, 학술원·예술원 운영 강화, 국립박물관 중건, 국립극장 신축, 세종문화회관 건축, 국회의사당 신축, 국립도서관 확충, 마을문고 사업 지원, 정신문화연구원 설립, 문예진흥원 설치, 국제문화 교류를 위한 관계 법률 제정, 문화재 발굴·보수·복원·정화·보존 관리 등에 국력을 쏟은 것이다.

'국민교육헌장'과 '가정의례준칙'

박정희의 근대화와 민족주의 모델은 사실상 패전 전의 일본이 그 모델이었다. 그가 '국민교육헌장'과 '가정의례준칙', '국기 경례' 등을 선포한 것이 그 대표적이다. 1968년에 신생활 운동의 일환으로서 가정의례에 관한 규칙을 제출했지만 반발이 있어서 철회하고, 1969년 '가정의례준칙에 관한 법률'이 마련되어 1973년 3월, 국회도 열리지 않은 '비상사태'에서 국무회의의 의결로 '가정의례에 관한 법률 및 시행령', '가정의례준칙'이 성립된 것이다.

'국민교육헌장'은 1968년 12월 5일에 선포되었다. 처음 안을 작성한 위원은 박종홍, 이인기, 유형진이다. 이렇게 선포된 '국민교육헌장'은 국가 또는 정부 및 각급 학교의 공식적인 행사 등에서 낭독하게 되었다. '국기법'에 따라 매일 국기 계양식과 하기식을 거행했다. 그리고 극장에서 영화를 상영하기 전에 애국가와 함께 경례를 하게 되었다. 박 대통령은 스스로 '새마을노래'를 작사·작곡도 했다. 그는 사범학교 때부터 나팔을 불었고, 초등학교 교사 시절에도 나팔을 연주하고 악단도 조직했다. 그가 새마을노래를 작곡한 것은 틀림없는 사실이라고 한다.(경상북도 문경군 갈평리 권사 문 씨, 68세, 남)

1972년 1월부터 새마을 지도자 연수가 시작되었다. 김준 원장(1971~1984년)이 직접 강의를 하거나 생활도 함께 했다. 군 단위로 한 사람씩 전국에서 140명의 연수생이 참가하게 되었다. 1973년 6월 수원에 '새마을지도자연수원'을 설립했다. 강의, 성공 사례 발표(남성 60건, 여성 20건), 분임 토의(1972~1973년 주제는 주민의 참여 문제 125, 소득 원인의 개발 79, 지도자에 관한 물건 76, 사업의 선정 70, 기금 조성 70, 노동력 동원 27, 공무원 34) 중심이었다. 1974년부터 중앙 공무원 국장급도 함께 연수를 받았고, 1975년부터는 대학 교수도 받게 되었다. 기타 사회 지도자, 기업인 등도 받았다. 이것이 다시 공장 새마을운동, 도시 새마을운동 등으로 전개된 것이다.

볍씨 품종 개량과 보급 사업

조선총독부가 식민지 한국의 근대화에 초점을 맞춘 수많은 정책

사업들 중 두드러진 것으로 품종 개량을 들 수 있다. 식민지 정책 중에서도 대단히 중요한 부분임에도 일제에 의한 식민지 한국에서의 품종 개량 사업은 대한민국 건국 후 역대 정부 모두에서 의도적이고 악의적으로 외면되거나 부정되어 온 게 엄연한 사실이다. 특히 품종 개량을 통한 식량 증산과 식민지 민중의 식생활 개선은 식민지는 '절대 악'이라는 전제하에서는 검토 자체가 불가한 일일 수밖에 없다. 그 나름 평가를 한다고 해도 특정 세력에 의해 일제의 품종 개량 사업이 수탈을 위한 정책일 뿐이라고 폄하해서 설명하는 것이 고작이다. 이는 곧 일제시대와 관련해서는 그만큼 왜곡과 날조로 점철된 편견이 많다는 것의 반증이다. 조선총독도 식민지 개발을 통해서 성과를 거두어 정치적 사회적 평가를 받고 싶은 것은 인지상정이다. 아무리 식민지 정부라고 해도 식민을 탄압과 무력만으로 치안을 유지할 수는 없다. 그 나름대로 국민을 위한 정책을 시행했음에는 틀림없다. 다만 후에 모든 것을 식민지 한국을 일제의 병참 기지로 삼고자 한 것이라든가, 수탈을 위한 또 다른 방편에 불과할 뿐이라고 폄하해도 그 지도자들 또한 그들 나름대로 부단한 노력을 해야 했던 것이다.

여기에 긍정적인 식민지 정책이라고 여겨지는 정책 하나를 소개한다. 비록 식민지 통치를 위한 조선총독부 정책이지만, '지방개량운동'의 하나로 시도된 '벼종자개량사업'이 그것이다. 메이지 유신을 전후로 육종학을 발전시켜 온 일본은 근대 과학의 힘으로 벼의 종자를 한국 기후에 맞게 개종했다. 이러한 품종 개량의 성과는 벼농사 북방한계선을 크게 끌어올려 짧고 선선한 여름에, 길고 혹독한 추위가 이어지는 중국 동북지방의 북쪽 흑룡강성(헤이룽장성) 일대에서도 벼농사를 지을 수 있게 했다. 열대부터 온대 지역에서만 생장 가능한 벼가 북위 50도에 이르는 아한대 지역에서까지 생육이 가능해진 것이다.

조선총독부 기관지 『조선』에 기고된 사키사카 키사부로(向坂幾三郞)의 「조선에 있어서 우량 벼종자의 보급의 성적」을 여기에 번역 소개한다. 그는 일본 '도쿠시마 농사시험장'의 소장을 지낸 다음 1907년 '조선총독부 농사시험장'에서 근무하였다.

수원에서 정성 들여 가꾼 벼 품종이 지금에 이르러 조선 농민들에 의해서 널리 재배되고 있는 것을 보았다. 훌륭하게 잘 자라고 있는 것을 보니 감개무량하다. 벼의 품종은 '조신력', '곡량도', '일출', '다마금', '석백', '금의'까지 여섯 종이다. 1918년 조선의 벼 품종별 재배 상황을 보면 조신력早神力은 25만 3천 정보, 곡량도穀良都가 20만 1천 정보, 일출日出이 3만 5천 정보, 다마금多摩錦이 11만 1천 정보, 석백이 1만 6천 정보, 금이 2만 6천 정보로 합계 64만 2천 정보에 달한다.

그 후 다마금이 평판을 얻으면서 재배 면적이 증가해 지금은 조선의 논 면적 총 150만 정보의 반에 해당하는 거의 75만 정보에 다마금 단일 품종이 재배되고 있다. 그것을 1단보段步당 벼 1석이 증산(평균

3할 정도 단별당 벼 1석의 증산)된다고 볼 때, 벼 1석의 시가를 15원으로 하면 1억 1,250만 원의 이익이 수원에서 개량해서 보급한 우량벼 품종인 다마금 재배에 의한 것이다. 이러한 성과에 힘입어 조선 농가에서는 해마다 다마금 품종 재배 확대에 열을 올리고 있는 것이다. 이처럼 품질만이 좋아진 것이 아니고 쌀값이나 볏짚의 값도 재래의 것에 비해 오른 것을 생각하면 훨씬 수익성이 있다고 할 수 있다.

내가 우량종이라고 장려한 6종의 품종 가운데 조신력과 다마금은 나가사키 현, 곡량도는 후쿠오카 현, 석백은 도쿠시마 현에서 시험 결과 우량으로 인정된 것이고 또 일출과 금의 2종은 조선에서 인정된 품종이다. 즉 조신력, 곡량도, 다마금, 석백 4종은 내지에서 점차 그 특성이 평가되어 가고 있는 것으로 장려할 만하다. 예를 들면 조신력은 물 관리가 좋은 땅이 아니면 안 되고 도열병에도 약하지만, 다마금은 한발에 강하며 땅을 가리지 않는다거나, 곡량도는 수해에 강하며 좀 비옥한 곳이 좋다는 식으로 장단점이 조선에 이미 알려져 지역별 품종 선정에도 활용되고 있다. 이로써 이들 품종이 어떤 식으로 보급되었는가를 알 수 있다.

1. 조신력

처음 조선에서 품종이 개량된 것이 조신력이다. 1906년 벼 육종시험장에서 시험 재배를 하기 전부터 이미 조선 농민들 사이에 재배되고 있었다. 1906년 9월 10일 수원에 부임한 나는 신력, 오에, 신슈, 미야코 네 품종으로 조선 토지에 맞는 종자를 개량하라는 지시를 받았다. 그 중에서 신력이라는 품종은 내가 나가사키 현에서 장려한 조신력과 비슷하다고 생각했는데, 그 품종은 전라북도 백구정의 요시타 농장에서 나왔다는 것을 알았다. 농장주 요시타 에지로 씨가 일본에 있을 때 '나가사키 농사시험장'에서 일했었다는 말을 듣고 '신력'이 '조신력'과 같은 종자라는 것을 알게 됐다. 나는 용기백배했다.

1907년 조신력을 처음 수원 종묘시험장 소작인들에게 재배를 권하자 대부분 거절했다. 수량이 적고 잎이 말라 죽을 것이라는 등의 반응이었으나 일부 소작인들이 재배해 본 결과 기대 이상의 성과가 나왔다. 그러자 이듬해에는 부근의 평촌, 구운동, 화산리, 공양동, 답동 등 5개 마을 5두락斗落(마지기)의 농지에 조신력 종자를 배부해서 재배하게 했다. 그러자 경작인들 가운데 어떤 사람들은 재배를 꺼리고 파종조차 하지 않은 채 소모해 버리고 말았다. 하는 수 없이 물 관리도 좋지 않고 가뭄에는 거의 수확을 기대할 수 없어 보이는 농지 1마지기를 골라 두세 배미에서 직접 재배했다. 내가 생각해도 그런 논에서 좋은 소출을 기대한다는 것이 무리로 보였다. 그런데 거친 논에서 재배한 조신력의 소출량이 기대 이상이었다. 이렇게 되자 인근 부락 농민들이 앞 다투어 종자 배부를 요청하는 상황이 벌어졌다. 나는 조신력 품종 볍씨를 배부하면서 가급적 물 관리가 수월하고 비옥한 논에 재배할 것을 요구하는 한편, 예년에 비해 소출이 떨어지면 소작료를 감면해 주겠다고 약속했다. 그러자 많은 소작인들이 재배를 자원하며 몰려들었다. 이렇게 해서 수원 종묘시험장이 운영하는 소작 답 전부를 조신력으로 뒤덮은 것 같은 상황이 벌어졌고, 가을이 되자 조신력이 가져다 준 풍작에 소작농들은 매우 흡족해 했다.

1910년에는 비도 잘 오고 일조량도 적당한 가운데 멸구가 발생했으나 조신력은 별 피해를 입지 않았다. 재래종 벼인 다다조가 멸구와 도열병 등의 병충해를 크게 입었음에도 바로 옆 논배미들에 심어진 조신력은 별로 피해를 입지 않고 순조로운 작황을 보여 재배 농가를 흡족하게 한 것이다. 농민들 사이에는 품종명대로 신력神力 있는 벼라는 소문이 빠르게 퍼져 나갔다. 일찍 모를 내어 물 관리만 잘하면 신력을 발휘한다는 조신력早神力이란 품종명 그대로 선전되었다.

조신력을 장려함에 있어서 물 관리가 수월한 좋은 논에 일찍 심어야 한다고 했지만, 조신력은 멸구 등의 병충해 피해도 적고 재래종보다 한해旱害도 덜 입었다. 그래서인지 따로 홍보를 하고 지도를 하지 않아도 조신력에 대한 평판은 매우 만족할 만했다. 당시 조신력에 대한 조선 농부들의 품평은 다음과 같다.

①병충해에 강하다.
②수량이 많으면서도 순백도가 높다.
③밥을 하면 양이 많이 부풀어 오른다.
④밥에 힘이 있어서 든든하다.
⑤볏짚이 좋아서 이엉을 엮어 지붕을 이으면 1년, 짚신을 삼아 신어도 3일은 더 간다.

조신력 재배 면적이 1907년에는 종묘시험장의 직영답과 소작답을 아울러 겨우 7정보 정도였으나 10여 년이 지난 1918년에는 25반反

(たん. 농지 면적을 나타내는 일본의 단위. 1반은 991.74제곱미터) 정보로까지 확대됐다. 종묘시험장이 있는 수원에서부터 퍼져 나가기 시작한 조신력 품종에 대한 관심은 점차 확대되어 강경을 중심으로 한 금강 일대 농가들에서도 인정하게 되었다. 그런 만큼 조신력을 찾는 농가들이 급속하게 늘어나 1908년 20석, 1909년 40석, 1910년에는 44석에 이르는 볍씨를 공급해야 했다. 당시 강경뿐 아니라 충청남도 금강 일대 평야 지대에서는 조신력을 '벼의 왕'이라고 부를 정도로 인기가 좋았다.

2. 곡량도

1907년 가을, 대구 출장 중 부근의 논을 돌아보다가 대부분 벼 베기를 마쳤음에도 아직 벼베기를 하지 않은 논을 보게 됐다. 이미 벼를 베어 볏가리를 쌓고 있는 농민에게 아직 베지 않은 논의 벼 품종을 묻자 일본인이 재배하는 것이라서 자신은 알지 못한다고 했다. 나는 그 벼가 곡량도가 아닐까 하는 생각으로 재배자를 찾아갔다. 역시 짐작대로 곡량도였다. 이삭을 흔들어 보니 잘 익은 낟알들이 보기에 아주 좋았다. 나는 수원으로 돌아오자마자 야마구치 현 농사시험장에 요청해서 종자를 받아 수원과 대구의 몇몇 농가에 나누어 주고 시험 재배토록 했다. 그 결과 대구에서 재배된 것이 수원 것보다 품질도 좋고, 재래종에 비해 같은 면적당 수확량도 훨씬 많다는 것을 확인할 수 있었다. 나는 당시 '권업모범장출장소勸業模範場出張所' 기사 헤라이(戶來秀太郎) 씨와 협의해서 상대적으로 겨울이 짧은 남부지방에 장려하기로 결정했다.

곡량도는 원래 야마구치 현이 원산지로서 요시키(吉敷) 군 오사바(小鯖) 촌의 이토 씨가 품종 개량을 통해 재배에 성공한 뒤로 쌀의 질이 좋다고 해서 곡량도穀良都란 품종명을 붙인 것이라고 한다. 나 또한 한국으로 건너오기 전 후쿠오카 현에서 일할 때 장려한 바 있는 품종이라 그 특성을 잘 알고 있었다.

그 뒤로 대구 지방에서는 광명금光明錦이란 품종을 재배해서 좋은 성과를 거두었고, 곡량도를 능가할 때도 있다는 말을 듣고 광명금 장려를 고려하던 중 다른 의견이 나왔다. 그래서 직접 대구로 가서 조사해 본 결과 짐작한 대로 곡량도를 개량한 형제 종임을 확인할 수 있었다. 그 결과를 바탕으로 두 품종을 다 장려했으나 결국 얼마 지나지 않아 곡량도만을 장려하는 방향으로 결론을 냈다. 곡량도는 낙동강 유역을 따라 경상남북도에 걸쳐 널리 퍼졌고, 1915년 경성에서 열린 시정 5년 기념 공진회에는 경상북도에서 곡량도를 출품하여 우수상을 받았다. 금년 10월 2일 대구에서 달성군 해안면까지 십여 리 길을 걸으면서 길 양쪽으로 펼쳐진 논은 물론 멀리 내려다보이는 곡량도가 누렇게 익어 가는 들녘이 대단히 아름답다. 원산지인 야마구치에서보다 훨씬 잘 자란 대구 들판의 곡량도를 보는 것만으로도 뿌듯하고 기분 좋다.

1909년부터 곡량도 볍씨를 보급한 뒤로 대구 시험장의 생산분만으로는 도저히 수요를 맞출 수 없어서 수원 시험장에서 늘 보충해야 했다. 1916년 이후 3개년간의 곡량도 재배 상황을 단段별로 보면 다음과 같다.

1916년 100,000정보

1917년 126,000정보

1918년 201,000정보

그러나 인민들이 다투어 경작하는 것으로 봐서 총계에 나타난 숫자 이상으로 많이 퍼져 있을 것이라고 생각한다.

3. 일출

이 품종은 1906년 10월 모범장 고용원 가토(加戸 伊右衛門) 씨가 전라북도 임실의 가와사키 농장에서 종자를 얻어와 이듬해 1907년 수원 시험장에서 재배한 것이다. 조생종 벼로서는 생각보다 소출이 양호해서 이를 평양 시험장으로 보내서 황해도 황주의 시험 답에서 재배한 결과 실적이 양호해서 1단보당 현미 수량이 2석 6두 7승으로서 재래종에 비하여 4할 정도 증가하였다. 그 실적을 바탕으로 일출을 북부 지방에 장려할 품종으로 선정했다.(석; 곡물의 단위를 나타내는 말로 15두를 가리킴. 두斗는 말, 승升은 되로서 두와 승은 10진법을 쓰지만 석은 15진법을 쓴 특징이 있다. −편집자 주)

일출은 1912년 메이지 천황의 붕어로 메이지 시대가 끝나고, 새 천황이 즉위하며 다이쇼(大正) 시대를 선포하는 대상제大嘗祭(일본 고유의 천황 즉위식 −편집자 주)에의 헌상 품목으로 채택되었고, 1914년에는 '경사스러운 품종'이라고 해서 경성 이남 각지뿐 아니라 강원도 산간 한랭한 곳에서도 널리 재배되었다. 물론 조생종 품종인 일출이 북부 지방에서 주로 재배된 만큼 그 주요 경작지 또한 황해도와 평안도 등이 중심일 수밖에 없었다. 도입 이후 일출 경작지는 꾸준히 증가했지만, 조생 벼가 생육 기간이 짧은 대신 소출이 적은 단점 때문에 경작지의 급속한 확대에는 일정한 한계가 있을 수밖에 없었다. 한계만큼 간 단별 상황은 다음과 같다. 1916년부터 3년 동안의 경작 면적 변동 추이는 다음과 같다.

1916년 23,000정보
1917년 26,000정보
1918년 35,000정보

위에서 예시한 것처럼 일본에서 지역적 특성에 맞게 품종 개량에 성공한 벼 품종들을 도입, 수원 종묘시험장 등에서 한국의 지역, 기후 특성에 맞게 개량함으로써 식민지 민중의 식생활 개선과 증진에 이바지했다. 또한 1920년대 중반부터는 군산항 등을 통해 대일본 미곡 수출이 활성화되며 농민들이 자본 이득을 취하는 등의 유사 이래 처음의 경험을 하기에 이른다. 물론 이러한 벼 품종의 개발과 개량, 그에 힘입은 증산과 수출에 대해서도 '식민지 수탈을 위한 과정'일 뿐이라며 일본과 식민 당국의 복리 정책과 노력을 폄하하고 호도하는 것이 또한 '한국적' 상황이다. 그러나 그런 해석과는 상관없이 우리는 실제로 그런 영향을 직접적으로 받아온 사실을 인정하지 않으면 안 된다. 그것이 역사를 바로 보는 관점일 것이다.

지방개량운동

　일로전쟁日露戰爭 이후 일본 사회는 도시 공업화가 급속히 진행되며 청년 남녀들이 대거 마을을 떠나는 현상이 벌어지면서 농촌사회가 큰 타격을 받았다. 그에 따라 전통적인 자연 부락을 대상으로 농촌 공동체를 살리기 위한 '지방개량운동'이 일어났다. 메이지 정부는 자국민들로부터 '근면한 일본인의 초상'으로 존경받는 니노미야 손토쿠(二宮尊德, 1787~1856)의 보덕報德주의를 도입하여 지방 자치 정책을 시행했다. 이 지방개량운동의 핵심은 사람인데, 근로와 협동을 바탕으로 한 품격 높은 국민도를 주창하며 일본 대중을 계몽했다. 지방개량운동을 뒷받침하는 보덕사상을 토대로 해서 일본 사회는 국민의 정점인 천황을 중심으로 하는 천황제 국가

야마자키 노부요시는 일본 농촌진흥운동의 선구자이다.

를 이루어 나갔다. 보덕 운동가인 야마자키 노부요시(山崎延吉)는 개량 운동의 기반을 마을에 두고 '하나의 마을이 하나의 가족'이 라는 농민운동을 제창했다.

그 기본 정신의 하나가 니노미야 손토쿠(니노미야 긴지로)라는 인 물상을 등장시킨 것이다. 그가 근대 일본사에서 어떻게 출현했는 가부터 살펴보자. 패전하기 전 일본은 물론 한국과 대만 등 일본 식민지 제국諸國 판도 내의 학교를 비롯한 관공서 등에 1940년대 에 접어들자 지게를 지고 걸어가며 독서하는 니노미야를 표현한 1 미터 높이의 동상을 세웠다. 아마 일제시대를 겪은 세대들은 잘 알 고 있을 것이다. 일본의 많은 소학교 교정들에는 지금도 남아 있 는 곳도 있고, 전후에 세운 것도 있다. 당시 국가 총동원 비상사태 아래서 니노미야의 근면과 근로 정신을 선양하기 위해서 세운 것 이다. 이것은 니노미야의 사상 단체였던 보덕사報德社가 전국적인 국민 교화 운동을 목표로 교육 사업의 일환으로 보급한 것이다. 이 운동은 최초 내무 관료가 추진하고 지방 주민에 대한 교화 선도로 행한 반관반민半官半民적인 성격을 가졌으나, 나중에는 내무성이 직접 행정을 관할하면서 관 주도의 운동으로 변질되었다.

지방개량운동이란 일로전쟁이 끝나고 피폐해진 일본 농촌을 살 리기 위한 내무성 중심의 국민 통합 정책에 입각한 운동이다. 이 지방개량운동은 시간 차를 두고 1920년대에는 조선이나 대만으로 까지 확대되었다. 1921년 조선총독부 미즈노 렌타로(水野錬太郎)

정무총감은 제1회 지방개량강습회를 주재하고 개회사를 한 사람이다. 그는 일본에서 큰 성과를 거둔 만큼 조선에서도 실시의 필요성을 역설했다고 한다. 그 후 총독부의 국장, 사무관 등을 강사로 삼아 조선인 군수들을 주 대상으로 해서 강습회가 실시되었다.

이들 강습회에는 일본에서는 볼 수 없던 경찰을 비롯한 치안 관계자들이 많이 참가했다. 이는 식민지의 치안 문제와 관련이 있는 것일 뿐, 식민지를 위한 특별한 정책이라고는 볼 수 없다. 그러므로 식민지 정책은 제국 일본의 정책으로서 식민지에까지 확대된 것을 의미한다. 이를 '내지 연장주의'라고 하는데, 실은 크게 보면 일본 중심의 동화 정책이라고 할 수 있다. 이러한 직접 통치에 의한 동화 정책은 일본, 특히 식민지 조선에서는 프랑스의 알제리 통치를 많이 참고한 것이라고 할 수 있다. 영국이 인도 등의 식민지를 간접 통치한 것과는 다소 차이를 보인다.

조선총독부가 1920년대에 실시한 지방개량운동의 상황을 「조선」(1921) 지 1면에 소개된 충청북도 도청의 '사회교화 사업의 일반'을 통해서 살펴볼 수 있다. 1920년 7월, 총독부의 훈령에 따라서 지방 개량에 관한 다섯 가지 필요 사항을 선정해서 일반에 알리고 그 반응을 살핀 뒤에 실행하려는 계획을 세웠다. 지방의 실상과 민심의 동향을 파악함으로써 군郡에서는 지방에 적응할 수 있는 실행 강목을 정하고, 도道에서는 따로 통첩을 가지고 표준을 정하였다.

이 운동은 정치적인 성격을 띤 지방개량운동이었다. 무엇보다도 한일합병의 대의를 천명하고 신정부新政府인 총독부의 운동 취지를 철저하게 할 것, 세계 정세 속에서의 일본의 위상과 역량을 살려 내선일가內鮮一家라는 관념을 확실히 함으로서 국민적 자각을 촉진하는 것이 핵심이다. 구체적으로 한일 합병과 관련해서 조선 총독이 그 취지를 한층 철저하게 홍보하도록 지방 관리, 유생, 양반, 독농가(자영농), 종교인 및 기타 지방의 유지와 공사 단체 등에 분발하도록 촉구한 것이다. 또한 국민의 도덕심과 공공 정신 함양을 위한 계도 활동에 나설 것과 아울러 정부의 각종 법령과 관의 시정 방침, 지방 행정에 대해서도 이해를 돕도록 했다. 그러기 위해서는 지방 유력자 및 공직에 있는 사람들이 솔선해서 모범을 보이고, 지방 공공 사업에 주민들이 적극 참여할 수 있도록 지도한다. 지방의 중심 인물을 양성해서 사업을 주도하게 한다.

운동의 세부적인 목표들을 보면 다음과 같다. 지식의 향상과 사상의 견실을 기할 것이며, 청년의 교양을 높이되 외래의 불량 사상을 배척한다. 자립 정신을 함양하고 미신과 음사淫祀의 누습을 타파한다. 인보상조隣保相助의 미풍을 조장하고, 과부며 홀아비 등의 고립된 자, 빈곤과 재해로 어려움을 겪는 사람들을 구제한다. 지주와 소작인의 조화, 산업 조합의 보급, 부업 장려, 저축 장려, 사치 억제, 관혼상제를 간소화하며 낭비 풍조를 배격한다. 일찍 일어나는 습관과 시간관념의 중요성을 인식케 하고, 의식주의 개선과 간소한 생활을 장려한다. 건전한 오락을 강구하고 투기적 민심을 막는다.

1920년, 군수 회의와 학교장 회의에서 총독은 '청년회 또는 이와 유사한 기존 청년 단체는 청년 수양 기관으로서의 본질에 맞지 않을 뿐만 아니라 지방 민심을 해치는 바가 적지 않다고 한다. 이에 청년단 설치 표준을 만들어 나이 25세 이하 보통학교 이상 졸업생을 회원으로 해서 보통학교장이 지도하에 운영되게 해야 한다'고 훈시한다.

1920년 8월에 지방과장을 위원장으로 해서 지방과 직원 1명, 학무과장, 도시과 직원 2명, 촉탁 1명을 위원으로 사회교화사업 조사위원회가 설립되었다. 위원회가 담당하는 주요 내용은 지방의 중심 인물 육성을 위한 강습이었는데 유희, 가요, 도서, 연극, 활동사진, 환등기 등을 활용했다. 사회 교육 및 지방개량사업, 그것을 위한 자료 조사 등도 위원회의 몫이었다. 9월에는 사회교화사업 담당에게 위탁해서 활동사진반으로 하여금 각급 학교 소재지를 순회하면서 일본과 조선의 문물을 소개하고, 정부가 시행하는 신정책의 취지를 적극 알리도록 한다. 도서관 및 순회 문고도 운영한다.

일본 우량 마을에 면 직원을 파견해서 일본의 마을 사무를 실습해 보도록 하는 동시에 자치 정신과 공공 관념을 체득하고 널리 일본의 실정을 알게 한다. 1921년에는 도쿄 서타마 군 도쿠라 마을과 남타마 군 사카이 마을에 면 직원 각 한 명씩을 위탁, 생활 체험을 할 수 있도록 했다. 조선인들이 일본의 문물과 각종 시설을 시찰하는 것은 조선의 개발은 물론 내선內鮮 융합을 위해서도 좋은 일인 만큼 일본 관광을 장려한다. 이렇게 시찰과 견학을 위한 조선인들의 일본 관광은 사실상 1919년부터 장려되고 있었다.

농촌진흥운동

일로전쟁과 산업화 과정 속에서 젊은 층들이 떠나며 피폐해진 일본 농촌 공동체를 살리려는 의도에서 실시한 지방개량운동과 농어산촌갱생운동을 모델로 해서 조선에서는 1930년대 총독부 주도하에 농촌진흥운동이 시행되었다. 일제시대의 농촌진흥운동은 그 체험 세대에 의해 대한민국의 새마을운동으로 이어졌다. 그것을 주창하고 주도한 인물은 주지하다시피 박정희이다.

박정희는 청소년기인 1930년대에 농촌진흥운동을 체험한 세대이다. 그가 집권 후 실시한 새마을운동이 농촌진흥운동과 유사하다는 점을 고려할 때, 새마을운동이 농촌진흥운동을 모델로 했을 개연성이 높다. 일제시대 농촌진흥운동을 살펴보자.

조선총독부는 식민지 정책으로서 신사참배와 교육 등을 통해서 꾸준히 실시해 왔으나 1932년부터는 '농촌진흥위원회'를 설치해서 본격적으로 한국 농어산촌에 대한 계발 정책을 실시했다. 이 운동은 근로 정신 고취, 생활 개선, 소비 절약, 국기계양, 단발 장려,

색상 의복 착용 등에 이르기까지 사고방식과 행동양식을 혁신하기 위한 시도였다. 그리고 이를 위해 지방위원회를 설치해서 지방으로까지 확산시켰다. 노동 시간 합리화를 위해 노동 시간을 정하고, 명절(설과 추석)에 휴식하는 것과 관혼상제에 비용을 많이 들이는 것은 시간과 경비의 낭비라고 해서 철저히 조사해서 금지시켰다. '민심작흥民心作興 시설실행 강목'을 만들어 실천했다. 충군애국과 내선일체를 실행하는 사례로서 다음 9가지 실천 사항을 제시했다.

1. 국체國體 관념을 밝힐 것
2. 국기게양 및 일본 연호를 사용하도록 권장한다
3. 보은報恩 감사의 마음을 함양한다
4. 준법정신의 고취와 비합법적 행동의 배척
5. 일본과 조선의 상호 사정 연구
6. 공덕심의 함양, 공공봉사의 관념 조장
7. 부인의 사회적 지위 개선 향상 및 부인의 옥외 활동 권장
8. 공민 강좌 개설, 기타 공민 교육 보급
9. 관혼상제에서 전통적 악습 타파, 취미·오락 향상, 퇴폐적 도서물 배척, 음란한 장소에 출입하지 못하도록 사회적 제재, 시간 지키기와 집무 시간 엄수, 색상 의복 장려, 부인 교양 시설 조장

이런 것들이 지방 행정 조직의 관할 하에 집단적(청년단, 부인단, 권농 공제조합)인 강습회 등을 통한 계몽 및 실행의 성과가 보고되었다. 지방에 따라 다소 차이를 보이기는 하지만 원칙적으로 위의 한계 안에서 행해졌다.

각 도별道別 사업 추진 핵심 사항을 보면 청결 정돈, 부인의 옥외 근무 권장, 색상 의복 착용과 짚신 사용 자제, 관혼상제 비용 절감, 근로 애호, 영농 개선, 공동(공공) 정신 함양, 지주와 소작인의 협조 원활, 단발 장려, 간식 폐지, 고무신 폐지, 온돌 개량, 연료 절약, 금주·금연, 노동복 착용, 국기게양, 납세 관념 함양, 조혼 풍속 없애기, 맹인들이 쓴 부적 등 미신 타파, 저축심 함양, 아궁이 개량, 자력갱생 기운 고조, 부채 정리, 허례허식 폐지, 변소 개조, 농사 개량, 시간 존중, 조혼 타파, 부엌 개선 등이다.〈『조선 농산어촌 진흥운동(朝鮮に於ける農山漁村振興運動)』, 조선총독부, 1933〉

이 운동을 효과적으로 수행하기 위해 '농산어촌의 중견인물 양성시설'을 설립했다.〈『중견인물 양성시설의 개요(中堅人物養成施設の概要)』, 조선총독부, 1936. 12〉 이것은 마치 나중의 '새마을연수원' 기능을 방불케 한다. 1940년에는 그 성과를 경제적 측면에서의 실적 중심으로 설명하고 있다.〈『조선에서 농촌진흥운동의 실시 개황과 그 실적(朝鮮に於ける農村振興運動實施概況其實績)』, 조선총독부, 1940. 11〉

총독 우가키 가즈나리(宇垣一成)는 1931년 12월 아이치 현(愛知

縣)의 농림학교를 시찰하고, 그 학교의 농촌 개혁 운동가 야마자키 노부요시(山崎延吉)를 조선총독부 촉탁으로 임명해서 농촌진흥운동을 적극적으로 추진했다. 그는 총독부의 오카다(岡田) 정무총감과 각별히 친한 관계였다고 한다. 그의 입안에 따라 총독부의 각 국장, 과장을 중심으로 농촌진흥위원회를 조직하고, 우선 지도자를 교육 훈련하기 위해서 지도 정신의 기조 및 지도 원칙을 정했다. 전국금융이사회나 도청 주임관 등에게 강습을 통해서 내적으로는 근로 정신을, 외적으로는 상투와 복장 등의 혁신을 강조했다.

우가키는 조선이 잠재력이 충분한 사회이자 조선인 개개인들의 능력 또한 뛰어나다는 자신감을 가지고, 1932년 9월 '농촌진흥회'를 설치한 이래 근로 정신 고취, 생활 개선, 소비 절약, 국기게양, 단발 장려, 색상 의복 착용, 영농 방법 개선, 부인의 야외 노동 권장, 나쁜 풍습·습관 타파, 춘궁기를 탈피하기 위한 자주 자립, 자력갱생, 협동 공영 등 농촌 진흥을 위한 교육과 사회 운동을 병행했다.

우가키 총독은 농촌진흥운동을 전국적으로 실시하기 위해 보통학교 등을 지정학교로 정했다. 보통학교가 없는 곳에는 간이학교가 농촌진흥운동을 위한 지정학교가 되었다. 1934년 경상북도에는 지정학교 31개교가 있었다. 문경공립보통학교는 '문경갱생농원'(문경군 문경면 하리), '신북갱생농원'(동同 군 신북면 갈평리)을 운영하는 지정학교였다. 신북면 갈평리에 있는 문경공립보통학교 부설 신북간이학교(2년제)가 '신북갱생농원'을 경영했고 신북간이학교의 졸업생을 지도했다. 원장은 문경공립보통학교장 아리마(有馬)가 겸임했다. 박정희는 농촌진흥운동이 한창이던 그때에 문경공립보통학교에 부임했던 것이다. 그가 농촌진흥운동을 지도했는지에 대해서는 기록이 없다. 『농산어촌의 중견인물양성시설 개요』(1936년 12월)에는 문경공립보통학교장 아리마(有馬)를 원장으로 해서, 지도원 한 명, 강사 약간 명의 이름이 기록되어 있고, 농원 지도는 농원 경영 주체 학교의 직원을 총동원해서 담당했다.

농촌 진흥책의 중요한 목표는

1)자력갱생(심리적, 물리적)
2)진흥 대책(대책 수립, 대책 실행)

이며, 이를 실행하기 위해서 조선총독부 농촌진흥위원회, 도·군·읍·면 농촌진흥위원회를 두었다. 그 농촌 진흥의 요체는, 농촌의 구성 분자인 각 농가에 대해 자립 자영, 근검의 장려로 안락한 생활을 영위케 함으로써 농민들로 하여금 농업의 본질을 이해시키고, 이를 통해서 농민들이 합리적 경영 방법을 체득케 하고, 농도農道의 본위를 터득하게 함으로써 농가 경제의 특질을 인식케 하고, 따라서 수신에서 제가로 확대되고, 나아가 공공에 봉사하는 도의적 정신 진작에 이바지하는 것이 목적이다. 한편, 이 운동의 기본 단위는 부락이다.

우가키 가즈나리는 1932년 9월 도지사 회의에서 농촌 지도에 권위가 있는 야마자키 노부요시(山崎延吉) 씨의 강연을 시작으로 진흥 운동을 지시해서 내무부장·산업부장 회의를 열고, 각종 기관의 연락 협조와 공사 시설의 통제를 구체화해서 11월 10일 성명을 발표했다.

야마자키 노부요시(1873~1954)는 이시카와 현(石川縣) 가나자와 시(金澤市)에서 태어나, 동경제국대학 농예화학과를 졸업하고 아이치(愛知) 현립縣立농촌학교장에 취임해 20년 정도 근무하면서 정부의 지방개량운동 강사로서 전국 순회강연을 한 농정가이자 농민 교육가였다. 1930년 5월, 천황에게 농업에 관한 어전 강의도 한 사람이며, 아이치 산업(愛知産業) 회사의 개척 농업을 위해 강원도 회양면 난곡리에 독일인을 고용해서 경영을 했고, 1931년 우가키 총독의 고문이 되어서 연간 60일 동안 한반도를 시찰하며 농촌의 사정을 알아보고, 1932년부터 1938년까지 조선총독부의 촉탁을 받아 조선 농촌진흥운동에 노력한 사람이다. 그는 뒤에 44회나 순회 강연을 했다.

1933년 3월, 이것이 구체적으로 계획되어 농가경제구성계획에 관한 통첩을 내어 전국 읍·면마다 각각 1부락씩을 선정하고, 그 제1차 계획으로 전국 2,002부락에서 55,458호를 선정해서 부락 내각 농가에 갱생 연차 계획을 수립해서 실행했다. 또 연차적으로 약 3,000부락, 약 7만 호로 확충해서 전국적으로 실시하려는 계획이었다. 농촌진흥운동은 우가키 총독이 발안(1932)해서 '조선 농지령', '의례준칙의 제정'(1934) 등을 발표하고, 1935년부터는 전 부락을 대상으로 실행됐다. 그러나 1936년 8월 미나미 지로(南次郎)가 새롭게 총독이 되고 나서부터 변질되어 가기는 했지만, 1941년까지 1930년대를 일관한 정책이다.

문경공립보통학교가 경영 주최가 되어 행한 보고서를 여기에 소개한다.

3. 설립 연월일 : 1935년 4월 1일
4. 시설 내용
　(1) 직원
　　원장 공립보통학교장 아리마 지카요시(有馬近芳)
　　원감(園監) 1명, 지도원 1명, 강사 약간 명
　(2) 수용 정원 : 10명
　(3) 훈련 기간 : 4월부터 12월까지 9개월간
　(4) 토지·건물, 기타 설비
　　1) 토지 : 논, 밭
　　2) 건물 : 숙사 2동 24평, 원감 숙사 1동 8평,
　　　작업실 및 창고 1동 10평,

외양간 1동 1.5평, 돼지우리·닭장 1동 2평

3) 기타 설비 : 목욕탕 1동 1.5평

5. 훈련 방법

(1) 훈련 방침

　1) 근로체험에 의해 농민정신을 도야한다.

　2) 자치 자영의 정신을 배양해 농민의 도리를 명확히 할 것.

　3) 황국 농민의 사명을 자각하게 해 항상 천지의 큰 은혜에 감사할 것.

(2) 훈련 항목 및 일과

훈련항목은

　1) 가족정신 고양.

　2) 자급자족 생활체험.

　3) 자기 집의 갱생 계획 수립 및 실시 구체화.

　4) 부락 공존공영의 정신 배양.

　일과는 일출 한 시간 전에 기상해서 도호요하이(東方遙拜), 국민체조, 훈화, 작업 예고, 기상으로부터 한 시간 반경이 되어 아침 식사를 30분, 작업 준비 30분, 오전 작업이 시작되어, 사이렌의 신호로 끝난다. 정오 30분간 점심시간, 식후 한 시간은 작업 준비, 그리고 오후 작업이 시작되어 일몰 한 시간 전에 끝난다. 일몰을 표준으로 저녁 식사를 한다. 식사 후에는 목욕, 작업 반성, 간담협의, 독서, 학과 및 강의, 오락, 장부 적기 등을 행하고, 저녁 식사 후 2, 3시간 후 취침한다.

(3) 훈련 실시 상황

1) 합숙에 의함 : 원생은 5명을 1가족으로 해 전부 농원 내 숙사에서 가족적 자치 생활을 한다.

2) 자급자족 생활(농원에 필요한 일체의 설비 및 식량은 전부 자급자족을 원칙으로 경영한다).

3) 지도 직원 배치(농원 지도는 농원 경영 주체 학교의 직원을 총동원하여 담당한다).

4) 실시 땅의 분담〈원생 1인당 약 3반(1반 : 991.7평방미터) 보를 분담하게 해 다각형 영농법을 주로 하고, 소작농 경영도 가미한다.〉

5) 학과 지도는 원칙적으로 야간에 행한다. 날씨가 좋은 날에는 일하고, 나쁜 날에는 독서하는(청경우독晴耕雨讀) 식이다.

6) 장부 기록 지도(현행 농가 갱생 방침에 의한다).

7) 예정표 제작(일정 행사 예정은 월말에 협의, 결정해서 월초에 게시한다).

8) 지도 일과는 행사 일정표에 따른다.

⑷ 수료자 지도 상황

1) 수료생 수 : 장기 7명, 단기 20명.

2) 본원 수료자에 대해서는 개인 지도, 학교·군·면의 협력을 얻어 가정에 대해서도 지도한다.

3) 농원 수료자 중 성적 우수자는 조건에 맞는 별도 자작농을 정해 준다.

6. 경비

농원시설비용 약 5000원圓은 전부 지방유지의 기부에 의해 실시하고, 이후에는 자급자족한다.

7. 참고사항

(1) 가계부 기입은 5일 1회(장날 다음날) 책임 담당 농가에 보여주면서 가계부 기입을 돕는다.

(2) 갱생 계획의 내용 설명은 담당 농가에 대해서 계획의 내용을 설명해 계획 수행의 신념을 배양한다.

(3) 부락의 공동 작업 때에는 협력한다.

본 시설은 본도 졸업생 지도 방침에 의한 졸업생 지도의 한 특수 시설로 동원 수료 후에도 계속해서 지도할 뿐만 아니라 전 부락 지도로 진전시킨다.

8. 규정

갱생농원규정

제1조 갱생농원(이하 농원이라 한다)은 농촌 청년의 심신을 단련해서 황국농민이 될 신념과 실력을 배양해서 농가 경영의 개선에 정진해 농촌의 진흥에 공헌해야 할 중견 인물을 양성하는 것을 목적으로 한다.

제2조 농원은 문경, 호서남 두 개의 공립보통학교 및 신북간이학교身北簡易學校에 부설해 해당 학교를 사업주체라고 한다.

제3조 농원에는 다음과 같은 직원을 둔다. 원장은 해당 보통학교장으로서 농원 전반의 지도감독으로 임하며, 보통학교의 교원 중 1명을 간이학교의 담임, 훈도에 보한다. 원감은 원내 숙사에 살면서 본교 수업의 여가를 이용해 농원을 지도 감독한다. 지도원은 전적으로 농원의 실습지도에 전력하고, 강사는 군郡 직원 중에서 군수가 이

를 촉탁한다.

제4조 농원에 입원할 수 있는 사람은 다음 각 항에 해당할 것이다.

1. 연령은 만 17세 이상 25세 이하로 2년 이상 실지로 농업에 종사한 자.

2. 보통학교를 졸업한, 신체 강건하고 품행이 방정한 자.

3. 의지가 굳고 수료 후 농촌 중견인물로서 활동할 자.

4. 군 내에 거주하는 자.

제5조 원생의 정원은 10명이고, 면面당 할당은 다음과 같다.

1. 문경갱생농원에는 문경 6명, 마성, 가은, 농암, 동로 각 1명.

2. 호서남갱생농원에는 호서남 6명, 호계, 영순, 산양, 산북 각 1명.

성　　명	연령	학　　력	자작, 소작별
이상선李相善	20	1932년 3월 문경보普 졸	소작
최도명崔道明	19	동同	자작 겸 소작
김기택金基宅	19	1931년 3월 삼성보 졸	자작
한유복韓有福	18	1932년 3월 문경보교 졸	소작
최성태崔聖泰	16	1935년 3월 문경보교 졸	자작
정옥진鄭玉振	17	1936년 3월 문경보교 졸	자작 겸 소작
안재출安載出	16	동同	동
이상대李相大	18	1934년 3월 동로보東魯普교 졸	동
권녕옥權寧玉	17	1935년 3월 농암보籠岩普교 졸	소작
이흥섭李興燮	18	1936년 3월 농암보籠岩普교 졸	자작 겸 소작

3. 신북갱생농원에는 신북간이학교 졸업생에 한한다. 단, 특별한 사정에 의해 증감할 수 있다.

제6조 입원 지원자는 매년 2월 말일까지 입원 원서를 출신 학교장 또는 소재 학교장 및 해당 면장을 경유해서 원장에게 제출해야 한다.

제7조 입원생은 군수의 승인을 거쳐서 원장이 이를 결정한다.

제8조 농원은 소정의 기간훈련을 마친 자에게 수료증서를 수여한다.

제9조 훈련기간은 9개월이고, 매년 4월 1일에 시작하여 12월 말일에 종료한다.

제10조 농원생은 전부 농원 숙사에 수용한다.

제11조 나태해서 성업의 장래성이 없다고 인정되는 자에게는 원장이 퇴소를 명한다.

제12조 지도훈련은 별도로 정한 갱생농원 경영요령에 의해 행한다.

제13조 농원생의 생활은 전부 자급자족에 의한다.

제14조 농원의 회계는 별도로 정한다.

제15조 원장은 매년 3월까지 1개년 지도계획을 군수에게 보고한다.

제16조 본원은 매년 적당하다고 생각하는 계절에 단기 훈련생을 입원할 수 있다. 단기 훈련생으로 입원할 수 있는 자는 군 내 농가의 자제로서 보통학교 졸업생, 또는 이와 동등 이상의 학력을 소유하고, 실제로 농업에 종사하는 자이다.

제17조 단기 훈련생의 훈련기간은 3개월 이내이고, 정원은 약 10명이다.

제18조 본 규정은 발포한 날로부터 이를 시행한다.

그리고 이를 한층 더 진작시키기 위해서 '농촌진흥노래'를 조선 방송협회에서 만들어 보급했다.

농촌진흥운동의 평가

이 운동에 대한 평가나 비판은 다양하지만 총독부 자체의 평가는 매우 긍정적이다. 1940년 1월 『조선의 농촌진흥운동 실시 개황과 그 실적』에 의하면 운동 초기에는 수해, 한발 등으로 성과가 적었지만 1937, 1938년을 거치며 풍작으로 순조롭게 진행되었다고 평가했다. 본 운동을 통해서 내선 융화, 관민 상호간 친화 제휴 등 통치상 좋은 결과를 얻었을 뿐만 아니라 동시에 일반 민중의 근로 정신 진작, 생활 개선, 소비 절약, 국기게양, 색상 의복 착용, 상부상조, 농산물의 증수, 부업 실행 등 효과가 컸다. 식량의 충실, 부채의 상환, 현금수지의 균형 등 민중 생활의 안정과 향상에 점차 해결의 서광을 보게 되었다.

미야타 세스코(宮田節子)는 농촌진흥운동의 정책 배경에 대해서 일본의 대륙 침략의 거점으로서 조선을 재편성하지 않으면 안 되는 절박한 요청과, 조선의 경제 공황과 민족 해방 투쟁의 격화 등 식민지 지배 최대의 위기에 직면한 지배자가 그 위기를 일거에 극복하려고 한 것, 그 구체화의 하나가 농촌진흥운동이었으며 가난한 농민에게 동정을 가지게 한 정책이라고 긍정적으로 평가했다.

도미타 아키코(富田晶子)는 갱생 3가지 목표를 달성할 수 있는 조건을 갖추고 있었던 자작·자영 소작농에 대해 열심히 하면 어떻게든 된다고 하는 희망을 주고, 자력갱생의 의욕을 끌어올리는 데에는 일정한 유효성을 가지고 있었던 것이라고 평가했다.

반면, 이러한 평가와는 전혀 상반된 견해가 있다. 이 운동으로 춘궁기를 없앴다고 하는 증거가 하나도 없다는 혹평이 그것이다.〈야마베 겐타로(山邊健太郎), 1971〉또한 농촌진흥운동이 침략 정책을 위한 농민 착취의 나쁜 정책이라든가 내선일체·심전개발·황국신민화를 통해서 영구히 식민지화하려고 한 정책이라는 등의 부정적인 견해도 있다. 결국 1940년대 전시 체제로 들어서면서 농촌운동은 그 지속성을 상실하고 변질되었기 때문에 운동의 성과마저 지워진 결과가 되고 만 것이다.

새마을운동과 농촌진흥운동

우가키 가즈나리와 박정희 두 사람은 모두 농촌 출신에 육군 장성 신분으로서 군을 배경으로 삼아 권력을 손에 넣은 사람들이다.

우가키는 오카야마 현(岡山縣)의 농촌 출신이며, 박정희는 경상북도 구미의 빈농 출신이다. 그들은 농민들로 하여금 긍지를 갖게 하도록 농촌을 개혁해 나가려고 했다. 우가키는 '자립, 근검, 협동·공영'을 외쳤고, 박정희는 '근면, 자조·자립, 협동'을 외쳤다.

해방 전 1930년대와 해방 후 1960~1970년대의 두 시대는 지극히 다르다. 그러나 박정희에게는 20대에 체험한 우가키의 이미지가 살아남아 있었을 것이다. 우가키(宇垣) 총독이 부임했을 때 조선의 경제 공황과 민족해방운동이 격화된, 식민지 지배 최대 위기에 정치생명을 건 것이 '농촌진흥운동'이라고 한다면, 쿠데타로 권력을 잡은 군사정권으로서 대중의 지지와 명분을 확보하기 위해 정치 생명을 건 것이 '새마을운동'이라고 할 수 있다.

경제 발전의 불균형으로부터 궤도를 수정하기 위해 물질뿐만 아니라 정신적인 개발을 강조하게 되어 새마을운동을 '정신혁명'이라고도 규정했다. 국민총화를 위해 우가키는 '교육칙어'와 '의례준칙'을 강조하고, 박정희는 '국민교육헌장'과 '가정의례준칙'을 제정했다. 박 대통령은 일본과의 국교를 정상화하면서도 이중적인 태도를 취했다. 표면적으로는 국민통합 때문에 반일감정을 외치면서도, 한쪽으로는 청구권 요구 등의 실리를 취한 것이다. 그의 반일적 문화 민족주의는 도요토미 히데요시(豊臣秀吉)와 싸운 이순신李舜臣을 영웅시하여 그 유적을 성역화 하고 현충사를 건축해서 애국을 위한 교육의 현장으로 이용하도록 했다. 일본의 국기게양과 충군애국을 한국의 국기게양과 충효애국으로 바꾸었다고 할 수 있다. 대체로 충효애국, 국민교육헌장, 국기게양 등의 내용에 일본 대신에 한국이 들어가게 된 것이라고 할 수 있다. 그러나 기본 구조와 정신은 대체로 대응된다. 양쪽 모두 자력갱생·자립갱생을 강조하고, 조선 왕조 시대의 '향약鄕約'을 참고로 하는 공통점이 있다. 또 농촌진흥운동 중 애림일愛林日에 대응해서 박정희는 '육림일育林日'(육림의 날. 매년 11월 첫째 토요일)을 제정했다.

기타 경제개발 5개년 계획이나 새마을노래(1~4절)도 농촌진흥운동에 대응시킨 것으로 봐야 한다. 새마을운동의 강력한 추진은 지식인들로부터 많은 비판을 받았지만, 박정희는 관을 내세워 일관되게 추진했다.

이상에서 언급한 바와 같이 여러 모로 비슷한 점이 많지만, 그렇다고 새마을운동이 농촌진흥운동의 복사판이라고 할 수만은 없다. 농촌 운동을 모델로 했다고 하더라도 자국의 발전을 위한 운동이라는 점에서 크게 다르다. 박정희는 '한국적 민족주의'를 제창하면서 잘사는 나라 만들기의 꿈을 텔레비전 등 미디어를 최대로 활용해서 국민에게 심어 주었다. 그것은 1995년 서울시청의 새마을 깃발을 내릴 때까지 거의 30년간 계속되었다. 성과를 놓고 봤을 때, 일단 실시 기간의 차이라는 점부터가 1930년대의 농촌진흥운동과는 비교될 수 없다.

박정희의 정책 모델은 일본

해방 후 4H 운동이나 재건 운동 등 크고 작은 농촌 개혁 운동이 없었던 것은 아니다. 그러나 새마을운동은 일제시대의 농촌진흥운동을 모델로 삼았다. 박정희는 왜 일본을, 그것도 해방 전 일제 정책을 모델로 했을까. 그의 행적을 보면 잘 이해될 것이다. 혁명 후, 친선 사절단을 최초로 보낸 나라도 일본이었다.(사절단 단장 최덕신) 군사 혁명으로 정권을 탈취했고, 일본의 군국주의, 특히 국가 개혁을 이상으로 하는 혁신파 장교들의 '쇼와 유신'(2.26사건) 사상의 영향을 받았다. 박 대통령은 혁명공약('한국 군사혁명위원회 포고문장'. 1961. 5. 16)에서 단결, 인내, 용기, 선진을 표어로 삼고 민족 주체성 확립, 합리적 근대화, 산업 혁명, 외래 문화 수용, 국민 의식 개조를 선언했다. 거기에는 '반일'이 포함되어 있지 않았다. 건국 후 국시國是인 반공과 반일의 2대 건국 사상 중에 반일이 빠진 것이다. 이것이 그가 이승만과 기본적으로 다른 점이다. 그는 프랑스의 민권혁명, 중국의 손문혁명, 일본의 메이지 유신, 터키의 케말 파샤Kemal Pasha 혁명, 영국의 산업혁명 등을 자주 언급했는데, 그 중에서도 박정희의 관심은 메이지 유신에 집중되어 있었다.

"메이지 유신의 지사와 같은 각오로 조국 재건에 노력하고 있다. 그러므로 메이지 유신을 연구하고 있다"고 하고, "나는 일본 육군 사관학교 출신이며, 강한 군대를 만들기 위해서는 일본식 교육이 가장 좋다"고도 했다. 일본 식민지에 대해서는 유감스러운 일이지만 세계적 조류에 따라 원한을 극복하고 좋은 이웃으로서 외교를 할 필요가 있다고 했다. 이러한 그의 사상에서 생각해 보면, 그가 반대 여론에도 불구하고 1965년 한일국교정상화를 이루고, 1972년 '유신'을 선포한 것은 정책적으로 당연한 행보였다. 박정희 정권의 정책 일관성에서 생각하면 메이지 유신의 '유신'을 차용한 것임에 틀림없다. 대통령 박정희는 민족주의자이면서도 패전 전의 일본 제국주의적 요소를 적극 수용해서, 유신헌법과 국민교육헌장, 가정의례준칙 등 해방 전 조선총독부가 입안하고 실행한 식민지 정책들을 많이 취했기 때문이다. 그런 사정들을 감안했을 때 친일적이라고 비난하는 사람들도 있을 것이다.

그러므로 유신이라는 박정희의 말은 일본 메이지 유신에서 따온 것이라고 생각하는 것이 자연스러울 것이다. 그러나 많은 참모들은 그것을 부정한다. 일본에서 모델을 가져온 것에 대한 불쾌감을 막기 위한 것이리라. '유신'이라고 하면 바로 일본의 메이지 유신을 떠올리지만, 박정희의 참모들은 그렇지 않다고 강변한다. 동양의 고전인 『시경詩經』, 『서경書經』, 『대학大學』, 『주역周易』 등과 그리고 민족 종교인 동학에도 유신이라는 말이 있듯이, 일본에서 온 것이 아니라는 것이다.

박정희는 새마을운동을 시작할 때, 식민지 시기 조선총독부가 시행한 농촌진흥운동을 모델로 삼았고, 비록 단기적으로 그치고 말았지만 농촌진흥운동이 1930년대 조선의 농촌과 농민, 청년들에게 미친 영향과 성과를 크게 참고했을 것이라는 점은 마땅히 이해하고도 남음이 있다. 박정희 자신의 청년 시기에 직접 체험한 것이기 때문이다. 그는 식민지 시대의 경험과 유산을 긍정적으로 승화시킬 수 있었던 남 다른 혜안과 용기를 지닌 리더였다고 평가할 수 있다. 새마을운동은, 그 자체에 대한 평가에 앞서서 식민지 시대의 유산도 얼마든지 계승 발전시킬 수 있는 가능성을 보여 주었다는 점에서도 그 가치는 재평가되어야 한다. 피식민의 원한을 활력과 발전의 동력으로 삼았다는 점에서도 박정희는 확실히 범인凡人과 달랐다는 것을 인정해도 좋을 것이다.

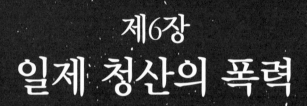

제6장
일제 청산의 폭력

언어 폭력

일반적으로 한국인은 일본에 대해서 폭력적인 태도를 취한다. 차별 용어라고도 할 수 있는 '왜놈' 또는 요즘 소셜 미디어 상에서 흔히 쓰이는 '왜구'라는 말을 일반 용어와 같이 사용하는 경우도 적지 않다. 학교 교사나 학자에게도 마찬가지여서 이러한 욕이나 폭언을 주저 없이 사용하는 것이 보통이며, 한국 사회에서 문제가 되는 일은 거의 없다. 그것을 언어 폭력이라고까지 의식하는 사람 또한 거의 없다. 영화나 드라마에 등장하는 일본인은 나쁜 이미지로써 극단적으로 표현된다. 일본에 대해서는 무슨 욕을 아무리 해도 괜찮다고 할 수 있는 사회이다.

이러한 일상적인 현상은 정치·사회적 한일 관계를 악화시키고 그것을 증폭시킨다. 1980년대에 교과서 문제로 한일 관계가 극단적으로 나빠졌을 때에는 일본인에 대한 택시 승차 거절, 일장기 '화형식', 그리고 특히 광복절과 삼일절 등 기념일에는 교회 등에서 반일감정에 의한 설교가 일상적으로 행해졌다. 그것은 역사적인 사실 확인 이상으로 반일감정을 자극하는 언어 폭력이며, 대중문화나 매스컴에 의해서 더욱 심화된다. 이러한 언어 폭력 현상은 한국 사회가 여전히 일본 식민지 잔재에서 벗어나지 못하고 있다는 의미일 것이다.

이토 히로부미(伊藤博文)를 암살한 안중근도 정당화되어 있다.

즉, 식민지주의자 이토를 제거함으로서 안중근은 민족적 영웅이 되었다. 이것은 남북한이 동일하다. 그 암살 사건으로 인해 일본인의 반한 감정을 고조시키는 여론 조성을 촉진한 것이 되고, 한일합병이 정당화하게 되었다(함돈주, 1997:374)는 의견도 있지만, 안중근의 영웅적 지위는 바뀌지 않는다.

폭력이란 난폭한 행동, 힘을 쓰고, 혹은 힘에 호소하는 것을 의미한다. 폭력은 어느 사회에나 보편적으로 존재하는 것이며, 일본이나 한국 사회에도 내재하는 것이다. 폭력은 반드시 진실에 근거하는 것이 아니다. 경우에 따라서는 근거 없는 소문의 담론이 테러화 하는 것도 있다. 그러나 그것은 항상 나타나는 것이 아니다. 내셔널리즘 등에 의해 증폭되고, 특수한 상황에서 현재화하고, 극단적인 상황에서 분쟁이나 전쟁이 되어 서로 죽이게 되는 것이다.

이스라엘과 팔레스타인, 유고슬라비아, 스리랑카 등의 민족 분쟁 사례를 보면 잘 이해할 수 있다. 일본인은 일상적으로는 상냥하고 친절하지만, 대동아전쟁이나 간토(關東) 대지진이 발생한 혼란기에는 폭력적으로 변했다. 상상할 수 없을 만큼 잔혹했던 것이다. 즉, 그러한 폭력화는 인간성이나 국민성에 기인하는 것이라기보다는 특수한 상황에 의한 것으로서 이해하지 않으면 안 된다. 다른 사람에 대한 작은 소문이나 이야기 등에 의해 증폭되어 환상의 주술 경지가 되어 폭력화 하는 '테러(terrorism) 문화'가 있다고 한다.(Taussig, 1987:8)

해방 후 한국의 언어 폭력 현상도 그러한 맥락에서 이해된다. 해방 후 반세기가 훌쩍 지난 지금에도 그 잔재는 아직 많이 남아 있을 뿐만 아니라 여전히 현재 한국 사회에 다이내믹하게 영향을 주고 있다.

보편적인 악이 아니다. 사회나 국가 민족을 위해서는 살인, 전쟁, 테러 등도 정당화된다. 사형제도도 존재하는 것이고, 전쟁도 불사한다. 그러한 폭력은 국민이 국가에 의뢰한 폭력이라고 할 수 있다. 동시에 폭력은 국가의 안쪽과 바깥쪽, 우리와 적을 분리하여 상대적인 가치로 판단되는 것이 보통이다. 구 조선총독부 청사 파괴 또한 그러한 폭력에 의한 것이다. 거기까지 이르게 된 과정을 밝히고자 한다. 즉, 이번 장에서는 후기 식민지에서 민중의 폭력이 정치적으로, 혹은 그 반대로 수렴되어서 큰 폭력이 되어 가는 과정을 고찰해 본다.

식민지 건축

일본의 침략인 임진왜란, 그리고 특히 일제 식민지 역사는 한국인들에게 민족의 치욕으로서 잊혀지지 않고 있다. 문민정부를 자처한 김영삼 정권은 1995년 광복절에 치욕의 상징물인 구 조선총독부 청사를 파괴했다. 해방 후 반세기 동안의 긴 와신상담 끝에 인형을 불태우는 거대한 화형식과 같은 것이었다.

조선총독부 청사를 헐어야 한다는 여론의 배후에는 때때로 풍수가 등장하고는 했다. 서울은 풍수상 최적의 입지 조건을 갖춘 수도라는 국민적 인식 때문에 조선 제일의 명당인 경복궁 앞에 세워져 있는 조선총독부 청사를 헐어야 한다는 것이었다. 무학대사가 명당 중 명당이라고 해서 잡은 수도 서울이기 때문이다. 명당에 조상의 무덤이나 주택을 지으면 그 땅의 기운에 의해 복과 행운이 온다는 풍수 신앙이다.

풍수에 대해서 조선시대 실학자 박제가는 '나쁜 신앙'이라며 배척했다. 또 사학자 이병도는 『고려사의 연구』에서 '고려는 풍수로 건국되고, 풍수로 망했다'고 할 정도로 풍수의 피해가 심했다. 그래서 조선 왕조는 유교를 국교로 삼으면서 풍수 종류의 예언서 『정감록鄭鑑錄』 등을 금지시켰다. 조선총독부 청사를 헐자는 의견이 돌면서 나는 이러한 풍수의 해害를 검토하지 않을 수 없었다. 구 조선총독부 청사를 헐자는 논의는 두 가지로 요약할 수 있다. 하나는 식민지 유산이기 때문이고, 다른 하나는 풍수상의 이유로 제거해야 한다는 것이다. 물론 양자는 복합적이다.

경복궁은 조선 왕조 초기에 건립되어 임진왜란 때에 소실되었다가 다시 왕조 말인 1865년 고종에 의해 복원된 것이다. 일본에 의해 소실된 적도 있는 경복궁 바로 앞에, 일본 식민지 지배의 핵심인 조선총독부 청사를 세운 것에 분노를 느끼게 된 것이다. 대부분의 한국인은 이 장소가 풍수상 명당이라고 믿고 있다. 그 자리에 일본 식민지 역사의 상징물이 서 있다는 것이다.

총독부 건물은 데라우치 마사타케(寺內正毅) 총독이 영국의 인도 총독부를 참고로 삼아서 계획하고 1916년에 시공, 하세가와 요시미치(長谷川好道) 총독을 거쳐 1926년 사이토 미노루(齋藤實) 총독 때 완공했다. 당시 독일 북동부 프러샤의 건축가이며 조선총독부 고문인 게오르그 랄란데(George de Lalande, 1872~1914)가 설계하고, 대만 총독부에서 전근해 온 토목국장 모치지 로쿠사부로(持地六三郎)가 담당하고, 노무라 이치로(野村一郎), 박길용朴吉龍 등이 임무를 수행해서 완공한 것이다.

1926년 조선총독부 청사가 세워져서 해방 전까지 식민지 정부의 청사였고, 해방 후 얼마 동안 미국 군정청軍政廳으로, 1945년 9월 9일에는 일본의 항복 문서가 여기서 전달되는 식이 열렸으며, 그 후 3년간 캐피털 홀Capital Hall로 사용되어 중앙청이라 불리게 되었다. 1948년 8월 15일 한국 정부는 입법회의소, 제1공화국의 정부청사로서 이승만 대통령의 취임식, 제헌국회의 개회식 등이 그 광장에서 열렸다.

해방 후 이 건물을 가장 오래 사용한 통치자는 박정희 대통령이다. 1962년 정부청사로 하고, 1968년에는 앞쪽에 광화문을 세웠다. 1982년에 과천종합청사를 완공하고, 그쪽으로 청사 일부 기능을 이전했다. 1984년 제5공화국 때에는 내부를 개조해서 중앙박물관으로 사용했다.

김영삼의 철거 계획

대한민국 제14대 대통령이 된 김영삼은 1993년 청와대 안에 있었던 총독 관저官邸를 바꾸고, '우리 조상의 빛나는 유산이며 민족 문화의 정수인 문화재를 구 조선총독부에 보존하는 것은 분명히 맞지 않은 것이다' 라고 지적, 구 조선총독부 청사의 해체와 함께 국립중앙박물관 건립 계획 검토에 착수하도록 황인성 내각에 지시, 조선총독부 청사를 파괴하겠다는 계획을 발표했다. 그로부터 1년 후, 1994년 6월 철거 계획이 발표되었다.

파괴에 반대한 사람이 없던 것은 아니었다. 목소리는 작았지만 대체로 역사학계에서는 파괴보다는 이전하는 것이 좋다는 의견, 건축학계에서는 역사 교육의 현장으로 이용해야 한다는 의견이었다. 그 청사는 식민지 시대에 세워진, 식민지에 의한 상징적인 것이면서도 해방 전과 후 한국의 역사적인 건물이다. 중앙박물관으로 사용하고 있는 박물관 측에서는 이전과 관련해서 식민지 역사라도 한국의 역사로서 인정해야 하기 때문에 보존해야 한다는 의견이었다. 즉, 한국 현대사의 파괴, 문화재 이전에 따른 파손의 우려, 경제적인 손실 등의 이유로 소극적인 반대 의견이 있었지만 대세를 당해 낼 수 없었다. 그러나 대중 매체들은 반대 의견을 거의 보도하지 않았다. 당시 주류 언론들이 앞장서서 파괴 쪽으로 의견을 모아 갔다.

약 70년간 존속한 구 조선총독부 건물의 역사는 결코 짧은 시간이 아니다. 그러한 역사적 건물을 의도적이고 계획적으로 해체, 철거한다는 것은 역사의 파괴가 아니냐며 문제를 제기한 사람이 있다. 당시 일본 산케이신문(産經新聞) 서울지국의 구로다 가쓰히로(黑田勝弘) 씨이다. 그가 서울시장에게 질의한 것이 한국의 5대 신문에 의해 '일본 기자의 망언에 분노'라는 제목으로 "일본인이 옛날 한반도를 지배한 영화에 향수를 품고, 역사에 대한 반성도 없이, 한국 정부의 결정에 노골적으로 반감을 나타낸 파렴치한 질문"으로 비난받았다.(산케이신문, 1994. 3. 1)

풍수로 날조된 반일감정

구 조선총독부 청사의 파괴를 주장하는 사람들은 풍수를 곁들이는 것이 보통이었다. 풍수상 명당자리라는 것을 안 일본 식민지 정부가 풍수 신앙을 이용해서 조선을 영원히 지배하려는 의도에서 경복궁 앞자리에 세웠다는 것이다. 즉, 일본이 경복궁 자리가 명당이라는 것을 인식해서 그 풍수 원리를 이용했다는 것이다.

정운현(1995년 당시 중앙일보 기자)은 아내가 강간당해서 태어난 아이가 아무리 귀여워도 자신의 아이로 할 수는 없다는 것처럼 그것을 무조건 부수어야 한다고 주장한다. 역사 교육의 현장으로 활용하자는 보존론에 대해서 일본인에게는 추억과 긍지를, 한국인에게는 치욕과 몰지각한 역사의식을 심어 주게 된다며 반대한다.(정운현, 1995:26) '우리들은 이 건물을 파괴할 이유가 있다. 이 건물이 단지 총독부의 청사였기 때문이어서가 아니라, 그들이 우리 민족의 정기를 끊기 위해서 찌른 독침이기 때문이다. 그것이 금침이라도 우리 민족에게 해가 되는 것이기 때문에 총독부 청사가 아무리 아름다운 것이라도 부수지 않으면 안 된다', '과거 역대 정권이 이것을 파괴하지 않은 것은 해방 후가 되어도 일본의 틀 속에서 살아왔기 때문'이라는 것이다.

일본은 1923년 상징적인 해태상을 철거했고, 1926년 7월에는 광화문도 철거하고, 10월 1일 낙성식을 행했다. 조선총독부 청사의 방향을 경복궁의 정문인 광화문과는 약간 빗기게 한 것도 풍수적 수법이라고 했다. 결국은 조선의 운을 지배하는 경복궁을 파괴하기 위해서 총독부 청사를 세운 것이다. 신문기자 하영섭 씨는 경성부사京城府舍(지금의 서울시청)를 덕수궁 앞에 지은 것과 경복궁 앞의 조선총독부는 조선 민족의 기맥을 잘라 버리는 의미가 적지 않게 포함되어 있고, 북악北岳의 지맥에서 솟아오르는 정기를 막으려 했다는 풍수적 의미가 있다고 했다. 또 일본인들은 삼각산 백운

대 바위에 구멍을 뚫고 철을 녹여서 쏟아 부었을 뿐만 아니라 북한산北漢山, 속리산俗離山, 마니산摩尼山, 구월산 등에도 했다는 것이다. 창경궁 내에 500그루의 벚나무를 심고, 장서각藏書閣 앞에도 철주를 박아 자신들이 영원히 식민지 지배를 하고 싶어 했다고 지적했다.

조선총독부 청사를 철거해야 한다는 풍수설이 민중에게 설득력을 가진 것이다. 물론 양자는 상호 관련하는 것이다. 더욱 적극적으로 일본인이 풍수를 이용했다는 견해로, 일본 정부는 조선에서 인물이 나와 독립운동 등을 할 것으로 생각해서, 훌륭한 인물이 나오지 않도록 풍수상의 용맥을 자른 것이라고도 했다.

총독부 청사는 그것 자체가 하나의 큰 철주이기 때문에 상공에서 내려다보면 청사가 일본을 상징하는 '일日'자, 현재 서울시청인 경성부사京城府舍가 '본本'자의 지붕으로 된 것은 그러한 식민지 의도가 잠재되어 있다는 것이다. 이와 같이 일본 식민지가 풍수를 이용해서 조선의 기를 꺾으려 조선총독부 청사를 그곳에 세운 것이니 헐어야 한다는 것이다. 기록문학회의 『부끄러운 문화답사기』(1997)는 조선 왕조의 왕궁인 경복궁을 훼손시킨 점, 특히 풍수상으로 말해서 사람의 입에 해당하는 곳에 지어서 입을 막은 것이기 때문에 제거해야 한다고 설파했다. 이 책은 1993년 한국외국어대학교 학생을 중심으로 결성된 젊은 대학생들이 3년간 답사와 취재를 통해 전국에 있는 일제 잔재에 대해서 그들의 시각으로 기록한 것이다. 그들은 부끄러운 문화를 극복해서 자존심이 강한 우리 문화유산에 대한 애정과 긍지를 가지고 조선총독부 청사가 철거되어야 한다고 주장한다. 또 창경궁과 종묘를 도로로 만들어서 절개한 것도 풍수상의 훼손이니, 이것도 빨리 복원하지 않으면 후손에게 부끄러운 일이라고 한다. 풍수 연구가 최창조는 귀중한 문화재를 그런 건물 안에 보관한다는 것은 모욕이며, 일본 관광객이 그 앞에서 기념사진을 찍는 것이 싫은 만큼 철거되어야 한다고 텔레비전 카메라 앞에서 말했다. 과연 당시 일본 식민지 정권이 풍수를 이용했을까. 이는 그 시기의 일본 식민지 정책과 관련되는 문제이다. 일본은 조선, 대만, 만주, 싱가포르, 말레이시아, 인도네시아, 남양 제도 등 넓은 지역에 걸쳐 식민 지배를 실시했다. 그들 지역에서 풍수 정책은 어떠한 것인가 검토하지 않으면 안 될 문제이다. 일본 식민지 정책을 연구한 어떤 문헌도 전혀 언급된 바 없는 풍수가 과연 식민지 정책이었을까. 그 당시 일본 식민지 정부가 풍수를 비롯해서 많은 민간 신앙 등의 구관 조사를 행한 적도 있어, 풍수를 이용했을지도 모른다는 생각이 들지 않는 것은 아니다. 그러나 그러한 것을 증명할 수 있는 근거는 없다. 그런데 그 근거를 지적한 논문이 있어서 일약 주목을 끌었다.

이몽일 씨의 박사 논문 『현대 한국풍수사상사』(명보문화사, 1991)가 그것이다. 저자는 일본이 이 나라를 강점했을 때, 그들은 한국인 가운데 역리에 정통한 사람 13명으로 소위 '13명위원회'를 조직해서 이 나라에 훌륭한 인물이 나올 것 같은 장소의 혈맥을 끊었다는 것이다. 예를 들면 명산의 맥을 자르거나, 그것을 할 수 없을 때는 수많은 철주를 박는 잔혹한 행위를 했고, (중략) 철도나 개발 파괴도 풍수적으로 행했다. 즉, 일본 식민지는 풍수를 제도적으로 이용했다는 것이다.

과연 '13명위원회'는 실존한 것일까. 일본 오사카(大阪) 시립대학의 노자키(野崎) 교수는 문헌을 추적해 보고, 이씨를 직접 만나 토론한 결과 그 위원회에 관한 것은 자료 가치가 없다는 것을 밝혔다. 한국의 언론들은 이러한 문헌의 신빙성에 대해서는 따져 볼 겨를도 없이 일방적으로 보도함으로써 여론을 조성했던 것이다. 그 진실의 판명이 문제가 아니고, '일본日本 = 식민지植民地 = 악惡'의 공식을 만들기만 하면 된다는 대전제 아래에서 여론이 형성되어 갔다. 그렇게 해서 만들어진 담론을 바탕으로 조선총독부 청사를 파괴하는 폭력으로 이끌어 갔던 것이다. 반대 의견은 매스컴에 거의 나오지 않았다.

단맥斷脈 설화의 허상

일본 식민 당국이 조선의 풍수를 이용, '조선의 기맥을 끊기 위해서 조선 왕궁 앞에 조선총독부 청사를 세웠다'는 것이 과연 사실일까. 아니면 다양한 반일감정 가운데 하나의 풍설에 불과한 것일까. 문제는 그것이 사실이냐 아니냐 하는 것이 중요하지 않다는 점이다. 그렇게 믿는 것 자체가 힘이 될 수 있고, 나아가 대중의 감성을 폭력적 상황으로 유발해 낼 수 있다. 지식 사회의 담론이 아니라 민간의 소문에 가까운 것이다. 풍설이라고 일축하는 사람도 있으나 진실이라고 생각하는 학자도 있다. 실제로 한국에는 풍수가 많은 대학들과 문화 센터의 인문학 강좌로 붐을 이루기도 한다. 총독부 건물을 해체하는 데 있어서도 풍수가 중요한 요건은 아니더라도 대중은 어떻든 그것을 믿고 동조했다는 사실은 엄연하다.

식민지에 대한 일본의 풍수 침략 가운데 하나인 철주를 발견해서 뽑은 것도 많다며 실증적 사례들을 제시한다. 기록문학회가 정리한 바에 의하면 서울, 경기, 강원, 충청, 전라, 경상, 제주 등 전국의 산에서 발견되었다고 하는데, 거기에는 북한 지역은 유일하게 개성의 송악산도 포함되어 있다. 「서울신문」(1992. 8. 15)이 128개, 「한국경제」(1991. 8. 15)는 154개의 철주가 전국적으로 발견됐다고 보도했으나, 특이하게도 정부가 발표한 목록은 20개로 언론이 제시한 숫자에 비해 턱없이 적음을 볼 수 있다. '우리들을 생각하는 모임'에서는 1984년에 철주 27개를 뽑았다고 한다. 그 중에 15개를 독립기념관에 기증하여 전시 중이라고 한다. 이것들은 때때로 매스컴에 보도되고는 한다. 조선총독부 청사를 파괴하자는 서명 운동이나 철거를 재촉하는 대회가 반복됐다.(서길수徐吉洙,

1994) 아마추어 연구자나 카메라맨 등으로 구성된 민학회 회원에 의해 발견되어 화제가 된 적도 있다.

이러한 단맥 이야기는, 경상북도 선산에서는 유명한 학자가 많이 나왔는데 명나라 사신이 산맥을 잘라서 철주를 박았기 때문에 그 후 인재가 나오지 않게 되었다고 말한다. 이것은 아마 『팔역지 八域志』 이야기가 왜곡되어 구비전승된 풍설일 것이다.(村山智順, 1931) 조선에서 위대한 인물이 나오지 않게 단맥을 했다는 말은 중국인이 철주를 박았다는 설화에서 주체가 일본인으로 대체된 것뿐이고, 역사적 사실과는 아무 관련이 없다.(신월균, 1994) 그러한 해석은 중국에도 존재한다.〈와타나베 긴유(渡邊次雄), 1995〉 중국 쪽의 해석을 대체적으로 정리하면 '일본 정부가 풍수를 근거로 조선총독부 청사를 지었다는 주장은 허구일 뿐 아니라 반일적 해석에 불과하다'는 것이다.〈노자키 미쓰히코(野崎充彦), 1994〉 또 한 가지 철거의 중요한 이유로 '경복궁이 보이지 않도록 세운 조선총독부 청사는 식민지 건축이기 때문에 헐어야 한다'고 하는 주장을 들 수 있다.

파괴 과정

1986년 8월 21일 중앙박물관 이전 개막식에서 전두환 대통령은

식민지 건축물인 구 조선총독부 청사 해체 작업을 위해 가림막을 씌웠다.

'역사적으로는 원한의 건물이지만 살아 있는 교육 현장으로 활용해야 한다'고 했다. 그러나 1991년 1월에 '경복궁 복원 10년 계획'을 발표하고, 그 일환으로 조선총독부 청사를 철거한다고 발표했다. 정부는 1995년 3월 1일에 구청사 앞에서 해체 철거 선언식을 성대하게 열었다.

청사 정면 위에는 가로로 '구 조선총독부 건물 철거', 중앙에는 경복궁 복원도, 그 오른쪽에는 세로로 '3·1민족정신, 미래의 물결', 좌측에는 '민족정기를 회복하고, 세계화의 주역이 되자'라고 씌어 있다.

유교식으로 갓을 쓰고 도포를 입은 유학자 차림의 남자를 사제로 내세워 향을 피우고 축문을 낭독한다. '조선왕조 500년 동안에 왜란, 한일합병에 의한 35년간의 치욕으로부터 해방되어서 광복 50주년을 맞이해서 3.1독립선언의 의미에 따라서 구 조선총독부 건물을 철거하고 경복궁을 복원해서 민족을 되찾아 세계화를 진흥시키려고 한다'는 내용의 '고유문告由文'이다. 계속해서 민속 악기 연주와 민속 의상을 한 사람들의 춤으로 이어진다. 또 민족 음악을 대표한다는 사람이 등장해서 꽹과리를 두들기며 축원을 한다. 이 때 세종문화회관에서 기념식을 마친 행렬이 광화문을 지나 단상에 오른다. 행렬의 선두에는 '단상인사, 애국지사'라는 피켓을 앞세웠다. 참가자가 500여 명이라고 한다.

행렬이 도착하자 등단한 국립박물관 정양모鄭良謨 관장의 경위 보고, 박두진 씨의 시 '우리들은 지금 일어나야 한다'로 민족 정신과 독립 정신을 외치고 있다. 이홍구 국무총리를 비롯해서 국회부의장, 국회문화공보위원, 문화부장관, 총무처장관, 광복 50주년 기념사업회장, 국립박물관장이 흰 장갑을 낀 손으로 '구 조선총독부 건물 철거'의 현판 게양 버튼을 눌렀다. 고무풍선과 함께 국기가 떠올랐다.

이 장면을 보고 있던 남자가 눈물을 씻어 내고 있다. 국립국악원 무용단이 궁중무용을, 국립합창단이 애국가의 작곡자인 안익태가 작곡한 '한국환상곡'을 합창한다. 국기를 가지고 춤을 추고, 국악

민요 등을 노래하면서 행사가 성황리에 끝났다.

8월 15일 광복절 50주년 기념식 및 경축 행사와 함께 구 조선총독부 청사의 첨탑이 제거되었다. 대형 크레인으로 중앙 돔을 최선단 부분의 높이인 70미터에서부터 지상까지 매달아 내린다. 한국 정부는 철거에 대해서 '일본 제국주의 식민지 통치의 상징이며, 일본 제국주의의 잔재로서 서울 한가운데에 남아 있던 구 조선총독부 청사가, 독립한 지 50년 만에 없어지고, 일본 제국주의에 의해 상처를 입었던 경복궁이 그 본래 모습을 되찾는다'고 의의를 부여했다.

철거 공사는 흰 천으로 가리고 그 뒤에서 진행되었다. 해체가 본격화되면서 건물에 지하실이 있는 것이 발견됐다. 지하실은 넓이 약 83제곱미터인데 네 개의 방으로 갈라지고, 그 중 하나는 어른 한 사람이 앉을 수 있는 넓이이다. 이 토방에는 벽 밑을 따라 물이 흐르게 한 것으로 보아 중앙박물관 측에서는 '고문당한 사람이 기절하거나, 피를 씻어 내거나 할 때 뿌린 물을 흘려보내는 배수구가 아닐까'라고 추측했다. 한국의 매스컴은 일제히 고문 조사실이라고 보도했고, 일본 측 관계자는 부인했다. 구 조선총독부 건물은 1996년 11월 13일 완전히 철거되었다. 매스컴은 '이것으로 서울의 메인스트리트인 세종로에서 경복궁의 근정전勤政殿이 보이게 되었다고 보도했다. 1888년 당시 조선 왕조 왕궁의 40퍼센트 정도로 복원되었다고 한다.

이 일본 제국주의 식민지 건축에 대해서 해방 후 내셔널리즘에 편승한 한국 학자에 의한 언동, 그리고 그것이 정치적으로 여론화해서 결국은 파괴에까지 이른 것이다. 여론에 의해 정책을 펼친 '정당화된' 파괴이다. 역사적인 건축 유산이며, 의미 있는 건물의 파괴이기 때문이다. 일반적으로 개발 정책에 의한 개발 파괴, 예를 들면 낡은 물건의 수리, 보수, 중수 등 처리와는 다르다. '파괴를 위한 파괴'처럼 생각된다. 이는 해방 직후 난폭한 파괴의 연장선에서 해석할 수 있다.

일본의 원폭 돔이 세계문화유산이 된 것과 달리 구 조선총독부

히로시마 원폭돔. 세계문화유산으로 등록되어 있다.

건물이 세계문화유산에 이르지 못한 것은 한국적 사고의 틀이 다르기 때문이다. 물건은 물건이라는 객관적 대상이지만 보는 사람의 가치관은 가변적이므로, 어떤 때는 '국치國恥적인 것이 되고, 또 어떤 때는 역사적인 기념물이 되는 것이다. 그러나 식민지 건물을 부수었다고 해서 조선 왕조로 복귀하는 것은 아니다. 그것은 해방 후 '전민족적 반일 신화'의 창출에 의한, 창출을 위한 희생 메커니즘으로서 행한 폭력일 뿐이다.

풍수적 풍설로서의 여론

일본 식민지 당국이 조선총독부 청사 건축에 과연 풍수를 이용했을까. 다시 생각해 본다. 풍수는 신라시대에 중국에서 전해져 고려시대에는 국가 차원의 중요한 신앙이었으며, 결국 고려 왕조가 망하는 원인으로 작용했다. 풍수는 조선 왕조의 수도인 한성漢城의 도읍지 선택이나 왕궁 건축의 기초 이론이었다. 그런데 문제는 조선 왕조의 대표적인 건물 앞에 조선총독부 청사를 세운 데에서 발생한다.

앞에서 언급한 바와 같이 이몽일 씨의 논문에서 13명 위원회를 들고 있으나 와타나베(渡邊) 씨는 당시 일본인의 풍수 지식이 거기까지 이르렀다고는 생각하지 않는다는 의견이다. 즉, 당시 일본은 풍수론을 이해할 수 있는 지식이 없었다는 것이다. 만일 일본 식민지 정부가 풍수상으로 그곳에 청사를 세우면, 경복궁은 산맥의 중심이 지나는 곳에 위치하고 있으므로 그것을 차단함으로써 조선의 운명을 끊는다는 것을 알았다면, 왕의 위패를 모신 종묘나 능 등에 대해서도 같은 방법으로 훼손을 하지 않았을까 하는 당연한 의문이 든다.

물론 종묘와 창경궁 사이에 도로를 내어 용맥龍脈을 잘랐다는 말도 있으나 그것이 왕조의 운 또는 맥을 끊으려 한 것으로는 여겨지지 않는다. 역시 왕조의 상징으로서 역대 왕의 위패를 안치하고 있는 종묘를 파괴하거나 풍수적으로 조치하지 않은 것을 보더라도 풍수를 일괄적으로 다루지 않았다는 뜻이 된다. 또한 일본이 풍수 신앙을 믿었다고 하면 지리적인 메커니즘이 강한 풍수가 한국인과 일본인을 구별하기 어렵다는 것을 알게 되고, 풍수에 역행하는 행위로 인한 일본의 손해를 우려하지 않을 수 없었을 것이다. 조선에게 불리하고 일본에게 유리하다는 확신이 있지 않은 이상 풍수에 사로잡혀 결과론적 명당론에 매몰될 수는 없는 것이다.

일본이 식민지를 효과적으로 경영하기 위해서는 조선의 운이 나빠도 일본으로서는 좋을 게 없다. 풍수는 조상의 기운보다는 땅으로부터의 메커니즘이기 때문에 입지에 대해서 좀 더 다른 경우에도 그렇게 했을 것이라는 증거가 나오지 않을 수 없을 것이다. 조선총독부가 식민지 경영을 하기 위해서는 풍수상 중요한 장소를 부수거나 상처를 입히거나 해서는 안 된다고 생각하는 것이 오히려 정상일 것이다. 일본을 위해서도 손해 보는 것 같은 쇠못(鐵柱)을 박지는 않았을 것이다. 따라서 조선총독부는 풍수를 이해하지 못했든지, 풍수가 있다는 것을 알고 있어도 그것을 믿지 않았다고 보는 게 정상이고 합리적이다.

미신 타파 정책

조선총독부는 오히려 처음부터 근대화 개발 정책의 일환으로 풍수와 같은 미신을 타파하려 노력했다. 그 대표적인 것이 묘지 제도의 실패이다. 묘지 제도의 개혁, 예를 들면 공동묘지 제도를 실시하려고 했지만 실패한 뒤 풍수에 대한 관심이 높아진 것은 사실이다. 구관舊慣 조사는 어디까지나 '악폐를 바꾸는 동시에 양호 습관을 존중하고, 조선을 다스려 조선인의 실생활에 맞도록 하고자 노력했다'는 것이 목적이었다.(조선행정편집총국, 1937) 조선총독부는 풍수 등을 미신이라고 생각해서 이를 개혁, 타파했던 것이다. 이 말은 곧 당시 일본인들이 풍수를 진지하게 받아들일 이유가 없었음을 반증한다. 더욱이 1930년대에 출판된 무라야마 지준(村山智順)의 『조선의 풍수』 등의 연구가 1910년대 조선총독부 건설 설계 등에 이용되었다고는 볼 수 없다. 따라서 일본 식민지 당국이 풍수를 근거로 조선총독부 청사를 지었다고는 말할 수 없다.

그러면 일본 식민지 정부는 왜 경복궁 앞에 조선총독부 청사를 세웠을까. 그것은 말할 것도 없이 식민지 정부가 피식민지를 위압하려는 목적 때문일 것이다. 당시 조선인의 정체성(identity)의 근원인 왕궁을 개발할 계획으로 풍수상으로 지었다는 것은 무리이다. 오히려 그보다 훨씬 악질적인 식민지주의적인 발상으로 왕궁 앞에 식민지 총독부 청사를 세운 것이라고 할 수 있다. 그러므로 식민지주의 측의 의도도 검토해야 할 것이다. '식민지 건축'이란 권위와 미적인 권력 구조를 반영하는 레토릭rhetoric으로 만들어진 것이다. ⟨1995년 12월 6일 산토리문화재단에서 무라마츠 신(村松伸)의 '건축에서 식민지 문화와 현대' 구두 발표⟩ 한국인들이 반감을 가지는 것은 실은 풍수 자체에 있는 것이 아니고, 조선총독부 청사라는 식민지 건축에 대한 반감이라고 할 수 있다. 즉 조선 왕조가 풍수적으로 세운 왕궁 앞에 조선총독부 청사를 세운 것은 조선 왕권을 무시하려고 한 식민지주의에 의한 것이었다고 생각한 것이다.

조선총독부 청사는 당시 예산 규모로 볼 때 무리를 해서라도 식민지 권위를 내세우려는 의도에서 건축된 것은 사실이다. 부흥식 5층 건물, 총 건평 9,600여 평, 화강암과 철근 콘크리트로 만들고, 약 60미터 높이에 있는 푸른 중앙탑은, 아무리 생각해도 일본 제국의 권위를 조선인에게 자랑스럽게 내보이도록 공간을 나눈 대규모 건물이며, 이씨 왕조의 왕권을 제압하려는 전형적인 식민지 건축

대만총독부는 현재도 타이완 총통 관저로 쓰이고 있으며, 얼마 전 일본 고등학교 수학여행단이 방문했을 때 차이잉원 총통이 직접 안내를 하며 양국간의 친선과 우호를 상징하는 문화유산이자 훌륭한 관광자원으로 존재감을 과시하고 있다. 세계 건축문화 유산으로서도 손색없는 조선총독부가 폭파 해체된 것은 그 자체로 우리 안의 반달리즘이자 문명사의 비극이다.

일 것이다.

조선총독부 청사 파괴 여론을 조성하는 데 풍수가 큰 요인으로 작용했던 것은 한국인이 풍수를 실제로 진지하게 믿기 때문이라기보다는, 풍수를 주된 원인으로 제시하는 것이 이해와 설명에 쉽기 때문이라고 할 수 있다. 본질은 식민지 건축이라는 점을 공격하기위한 방편으로 풍수를 동원한 것이라고 생각한다. 따라서 거문도에서 신사를 파괴한 것의 연장선에서 조선총독부 청사를 파괴했다고 이해하는 것이 합리적이다. 식민지 유산 가운데 상징성이 크고 실용성이 적은 것은 없애고, 반대로 실용성이 강하고 상징성이 적

은 것은 보존해서 이용해 온 것이 피식민지 경험 국가들의 일반적
인 속성이다. 사실, 진위의 문제가 아닌 것이다. 설득력을 가지고
호소하는 것이 중요하기 때문이다. 그 배경에는 반일감정이 잠재
하고 있다. 그것이 조선총독부 청사를 파괴하는 폭력으로 변한 것
이다.

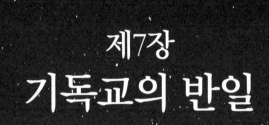

제7장
기독교의 반일

국가와 기독교

일본 정부는 종교에 대해서 극히 무관심하거나 부정 또는 소극적인 태도를 취한다. 한국 헌법에도 국교를 인정하지 않는다고 명문화되어 있으면서도 실은 모든 종교를 보호하는 태도를 취하고 있다. 종교적 공휴일 제정과 '조찬 기도회'나 '호국 법회' 등에 대해 원조를 하는 반면, 사회 개혁을 위한 집회 금지 등 종교 정책이 혼란스럽다. 박 대통령의 장례식에 기독교, 가톨릭, 불교 등 종교 예식이 가미되어 행하여졌으므로 국교를 인정하지 않는다고 하면서도 복수의 국교를 인정하는 것처럼 보인다. '민족 종교'를 육성해야 한다는 의견을 내놓는 학자도 있다. 민족 공동체 의식을 높이기 위해서는 민족적으로 유래하는 종교에 대해 지원해야 한다는 것이다.(윤이흠尹以欽, 1986)

한국과 일본은 종교 정책에서 매우 대조적이다. 일본은 국가 신도에 의한 전제주의專制主義로 인해서 패전까지 이른 괴로운 전쟁을 체험했기 때문에 종교가 정치에 관여하는 것을 극단적으로 터부시하는 정교분리 정책을 채택하고 있다.〈시바타 도시오(柴田敏夫), 1988〉 그에 비해서 한국은 정교일치의 폐해를 직접 겪지 않았을 뿐만 아니라 오히려 일제시대에는 기독교 등에 의존하면서 민족 운동도 일으킨 역사가 있다는 점에서 자연히 한국 기독교는 '민족=국가주의'가 강하다.

현재 한국에서 사용하는 '민족'이란 말은 일본 제국의 '신민' 또는 '국민'으로 강요당하면서 의식한 '조선 민족', 즉 식민지에 대항하는 저항의식으로서의 의미가 강하다. 특히, 한일합병을 전후로 해서 일본의 내셔널리즘에 대응하기 위해서 강하게 나타난 것이다. 3.1만세운동의 성명서를 발표한 대표들은 스스로를 '민족대표'라고 불렀다.

신채호와 같은 사람들은 일본에 전면 대결의 태도를 취했기 때문에 해방 후 애국 민족주의자로서 각광을 받았지만, 타협적인 태도를 취한 사람들은 친일파로 몰려 수난을 겪어야 했다. 유교 개혁 이론의 지도적 언론인이었던 박은식은 일본의 국체에 대응해서 '대한정신'이라는 국혼國魂을 가져야 한다고 강하게 주장했다. 이러한 민족주의는 반식민지·반일적 저항과 독립운동 등의 정신적 지주가 되었고, 해방 후 독립 국가 건국에도 공헌했다.

기독교의 수용

일본 식민 당국은 조선의 기독교 지도자와 선교사들의 정치적 운동을 방해하거나 신자를 체포하거나 했다. '105인체포사건'(1911년) 이후 일본 정부와 기독교와의 관계는 다소 개선되었다.(Allen D. Clark, 1992) 그러나 1919년의 3.1독립운동 민족대표 33명 중 16명이 크리스천이었던 관계로 한국 기독교, 그 중에서도 개신교에 대한 단속이 강화되었다. 그러나 오히려 조선 민중은 개신교에 접근하는 경향이 강해져 개신교가 점점 부흥했다.

사이토 미노루(齊藤實) 총독은 국가 신도에 동화하는 정책을 폈으나 개신교에 대해서는 비교적 온건한 태도를 취했다.(강위조姜渭祚, 1977) 1930년대 후반부터 전시 체제가 되면서 신사참배가 강제되어 1937년에 감리교가, 1938년에 장로교가 국가 신도를 공인할 수밖에 없었다. 물론 모두가 그런 것은 아니었다. 소수의 사람은 반대하다가 투옥되었다. 해방 직전인 1945년 7월 29일 한국의 전全 개신교 교회는 교파의 구별 없이 일본 기독교 조선 교단을 조직했다. 이것으로 인하여 해방 후 '친일파'로 몰리기도 했다.

가톨릭은 조선 왕조에 이미 수차례에 걸쳐서 박해를 받았으므로 그 기력을 잃었고, 한일합병 이후 일본 정부와 거의 충돌을 일으키지 않았다. 불교는 역사적으로 호국불교라고 할 정도로 오랫동안 한반도에 들어선 국가들의 국교였다. 따라서 민족적 정서가 강한 종교라는 점에서 반일 운동에 적극적일 것으로 예상했지만, 한용운韓龍雲 같은 민족 지도자를 제외하고는 그 세가 아주 미미했다. 일제 식민지 하에서도 민족주의를 강하게 드러낸 것은 프로테스탄트들뿐이었고, 이들은 다른 나라에서도 그랬듯 국가가 없거나 불안한 때에 민족의식을 자각시켰다.

많은 목사들은 '구약'에서 모세가 이집트에서 이스라엘 민족을 구출한 것, 히브리 민족의 선민사상, '출 이집트'를 강조했다. 주기철朱基徹 목사는 '모세의 120년'(「사도행전」 7:17~44)이라는 설교에서 모세가 미데안에 망명한 것을 반일 독립운동가의 망명에 비유하기도 했다.(김용복, 1983) 로마 식민지 시대의 예수 모습을 일본 식민지 아래의 한국인 입장과 결부시키고, '찬송가' 가운데 3개의 애국적인 노래를 넣어서 찬미했다. 기독교 신자들은 독립운동에 참가했다. 전체적으로도 신·구교를 망라해서 기독교가 민족의식이 높았고, 애국적이었다. 천주교 신자인 안중근은 이토 히로부미(伊藤博文)를 암살했다. 기독교 신자인 안창호는 '한국인은 우수한 민족'이라고 했다.

민족주의적인 한국 기독교는 자연히 일본 국체에 저항했다. 조선총독부 경무국 자료에 의하면 기독교 신자를 민족주의자라 규정하고 있다.(조선총독부 경무국 편, 1989) 식민지에 저항하는 그 상황에서 한국 기독교는 급성장했다.

한편, 이러한 개신교 중심의 한국 기독교의 민족주의가 시대적 상황으로부터 불가피한 것이었다고는 해도 보편적인 세계 종교로 발전해 온 기독교의 보편주의와는 모순이 됐다. 즉, 한국 기독교는 처음부터 민족주의와 보편주의와의 갈등을 포함하고 있었다. 외국인 선교사들 가운데 특히 감리교의 아펜젤러와 스크랜턴 등은 처음부터 정교분리의 정신에 근거해서 정치 활동을 위험시하고, 한국의 교회가 정치적인 민족 교회가 되어서는 안 된다고 하며, 비정치적인 교회가 되어야 한다고 했다. 외국인 선교사들 가운데에는 바울의 '로마서 13장 국가에의 복종'을 인용하여 일본 식민지 정부에 대한 충성을 강조한 사람도 있었다.(강위조, 1977:29)

민경배는 한국 기독교회가 민족주의 때문에 좁은 차원의 종교로 침체되는 증상이 있는 등 많은 문제점을 포함하고 있다고 지적했다. 그런 한편으로는 성경에만 근거하는 순수한 신앙생활을 강조하게 되면 경건주의·복음주의 신학으로 기울어 신비주의에 빠질 위험도 있다고 했다.(민경배, 1982:149) 해방 전부터 보편주의를 주장한 사람도 있다. 1935년 조선 예수교 장로회 총회에서 자유주의자라고 비판받은 최석주는 편협한 민족주의나 당파를 가리지 않는 보편주의적 진리의 체험을 전해 줄 수 있는 신학자나 신학 사상가가 태어날 것을 기원했다. 그러나 단순히 복음만을 강조해서, 민족 문제에 대하여 무관심한 기독교로 비쳐져 민족주의적 기독교에서 볼 때는 친일적으로 보였다. 특히 감리교와 장로교 선교사들이 폭력을 앞세운 항일운동에 대해 격렬하게 비판한 까닭에 친일파로 몰렸다. 또 기독교의 민족주의에 대해서 우려를 표명한 것만으로도 친일파라고 불리게 되었다. 반민족적이라고는 말하지 않더라도 비민족적이라는 비난을 면하지 못했다.(신복용, 1983:158)

민족주의자들은 일제시대 기독교 신자들의 독립운동을 높게 평가했다. 일제 식민지 대동아전쟁 시기의 신사참배나 일본 기독교 산하에서 '조선기독교단'을 조직한 것은 조국을 배신한 친일적 행위라고 비난했다. 결국 기독교의 분열 현상이 일어난 것이다. 교회는 분쟁하는 곳, 일상 대화에서도 '누구에게 설교하는가', '싸움은 교회에서 하라'는 등의 말을 들을 수 있다. 해방 후 기독교는 민족주의를 당연한 것으로 주장했다. 군사독재 정권 하에서 반정부 운동도 해방 전 독립운동의 연장과 같은 것이다. 또 기독교의 반정부 운동과 민중신학, 해방신학을 통해서 기독교는 사회적 역할을 강조하는 쪽으로 기울어 갔다.

재일 한국 기독교

한국 기독교의 급성장과는 대조적인 것이 일본 기독교이다. 양국의 기독교화化는 극단적인 양상을 보인다. 일본의 기독교는 종교별 점유율로 봤을 때 1퍼센트 미만을 지속하고 있다. 한국 교회들은 땅 끝까지 복음을 전한다는 크리스트의 가르침과 한국적 세계화와 궤를 같이하여 일본 선교에도 힘을 기울이고 있다. 순복음교회(조용기趙鏞基 목사)는 일본의 10여 곳에 교회 및 전도소를 두고 있다. 순복음교회의 '행복의 초대'라는 방송은 텔레비전 아이치(愛知)에서 매주 아침 6시 15분부터 30분간 방영된다. 일본인에 대한 전도 활동이라는 점에서 주목된다. 이와 같이 한국 교회가 일본 동포들에게 선교하는 것과는 대조적으로 재일 한국 교회는 민족 내의 종교로 정착되어 있다.

재일 기독교의 특징을 한 마디로 말한다면 '민족종교' 같다는 점이다. 이것은 한국의 기독교가 민족주의적인 것과 다를 것이 없다. 선교도 재일 교포에 한정되어 있다. 재일 기독교는 원칙적으로 재일 교포, 또는 새로이 일본으로 건너오는 한국인을 대상으로 하고있다. 일본인에 대해서는 폐쇄적이다. 오히려 소위 통일교 등이 국경을 초월해서 교류하는 경향이 강하다.

1989년도 '재일 대한기독교회 총회록'에 의하면 교회는 69개, 신자 수는 5,281명으로 전회(1987년)보다 334명 증가했다. 특히 한국에서 오는 사람에 의해 늘어난다고 한다. 선교 대상은 기본적으로는 재일 교포이다. 이 총회에서는 보고와 예배 순서와 함께 '선교의 밤'이란 특별 행사를 가졌다. 북한 방문 보고회를 보면, 재일교포뿐만 아니라 북한에 대한 선교 의지도 알 수 있다. 1992년 도쿄에서 '제2차 한국기독교평신자세계대회'가 열렸다. 그것은 선교 중심의 행사였는데 북한에 대한 선교가 주로 강조되었다. 합동대회장은 축사에서 우리 민족은 35년간 일본 제국 식민지 통치 아래에서 많은 고통과 시련을 받았고, 문화 말살 정책에 의해 신앙의자유를 잃었다. 기독교의 탄압이 극단적인 때는 수많은 순교자를낸 매우 아픈 역사를 가지고 있는 그 나라의 수도에서 기독교의 세계대회를 개최한다는 것은 정말로 깊은 의미가 있다고 했다.(일본의 천주교 탄압은 임진왜란이 발발하기 5년 전인 1587년 도요토미 히데요시가 '바테렌 추방령'을 공표하면서 시작됐고, 그로부터 10년 후인 1597년경 나가사키에서 로마 가톨릭 신자 26명이 순교하면서 일본에서의 기독교 박해가 본격화한다. —편집자 주)

일본 교회들과 협력하기도 하지만 어디까지나 재일 교포, 특히 2, 3세를 위한 것이다. 한국어와 일본어 대조의 찬송가를 편집해서 만들었으나 일본인을 위한 것이라기보다는 한국어를 모르는 동포를 위한 것이다. 한국에서 선교사가 부임해 오는 곳도 있다. 최근 한국 교회와 일본 교회 간 자매결연을 맺는 경향이 있어, 고베(神戶)의 한 일본 교회가 한국인 여성 선교사를 받아들였다. 그러나 재일 교포 교회는 일본인과의 관계에서 적극적인 관계에 이르지 못하고 있다.

1988년 7월 6일부터 8일까지 3일 동안 열린 '제3회 해외한인동포교회 신학회의'에서는 ①땅 끝까지 복음을 전파할 것, ②다수의 일본인과 함께 사는 사회, ③기독교에 의한 해외 동포의 민족 주체성 확립을 확인했다. 특히 재일 교포 3, 4세의 민족 주체성 상실이 문제라고 지적되었다. '땅 끝까지'라는 표어와는 달리 함께 사는 일본인에 대해 폐쇄적인 것은 무엇 때문일까. 그것은 말할 것도 없이 한국 기독교가 가지는 민족주의 때문이다. 즉, 민족적 정체성과 일본인에 의한 차별로부터 해방되기 위해 결속하려는 의미가 강한 것이다. 오사카 교회의 김안홍金安弘 목사는 '재일 교포 신앙 공동체를 형성할 것'을 강조한다. 해방 전 천황제 국가 아래에서 모든 종교가 탄압을 받았는데, 재일 한국 기독교회들은 '기독교의 탄압과 동시에 민족 차별'이라고 주장한다. 그리하여 민족주의를 강화한다.

한일 교회의 상호 협력

기독교의 인권사상에 의해 인권 문제를 해결하려는 것은 한일 양국 기독교단의 일치하는 점이다. 평등주의에 의한 인권운동을 일으키고 있다. 이것은 일본 기독교협의회(NCC)의 '부락차별문제 위원회' 등의 활동과 궤를 같이 한다. 그것은 민족 차별로부터 해방되는 것이 중요한 테마일 뿐이다.

해방 후 재일 한국 교회는 해방 전 일본 기독교단의 사죄를 요구했다. 1945년 독일이 죄책 선언을 한 것과 같은 것을 일본 기독교단에 요구한 것이다.(강영일, 1989:78) 1967년 일본 기독교단은 전쟁 중 식민지 정책에 부응해서 군국주의를 찬미한 것을 반성하고, 앞으로 선교 활동에 협력한다고 선언했다. 1990년 한일 4교단 '선교 협의합의서'에 한반도(朝鮮半島)의 통일, 천황제의 거부, 재일교포 차별 해방, 통일교 반대, 선교 협력 등이 기재되어 있지만(『새로운 역사를 향해서: 교단·한국 3교회의 협약 개정』, 일본 기독교단 재일·한일 연대특별위원회, 1992) 그 협약대로 실행된다고는 할 수 없다.

이러한 한일 선교 협약에도 불구하고 합동 예배 등을 하는 것 외에는 거의 실천하지 못하고 있다. 일본의 교회들이 특별 행사(크리스마스 예배의 합동 예배)에 참가하거나, 요즘은 한국 교회의 성장을 배우려는 일본 교회가 한국인 목사를 초빙하여 설교를 듣는 경우도 있다. 또 급성장한 한국 교회 견학, 서울 시내 명소 견학 등 바다를 넘어서 새로운 감동과 만나는 신앙 여행도 일고 있다.(7월, 나오미 커뮤니케이션)

신흥 종교

조선 왕조 말부터 일본 식민지 시대에 많이 발생한 신흥 종교는 '유사 종교'라고도 불리고, 속칭으로는 '사이비 종교'로도 불린다. 교리나 조직에서 재래 민간 신앙이나 기성의 고등 종교를 받아들인 신흥 종교들이다. 그 중에서 무속, 풍수신앙, 천지개벽(종말) 사상 등을 받아들여 서구식으로 조직된 신흥 종교로서 민중에 위화감이 적은 민족적 신흥 종교도 있다. 천도교, 대종교, 원불교, 증산甑山교, 한울교, 정이교 등은 한국 자생의 민족 공동체 의식을 가지고 있어서 민족 고유 정신을 계발하고, 고난으로부터 해방된 민족의 영광을 약속하는 것이 특징이다.

동학(천도교)은 주로 서양의 종교와 대립적인 의미로서 동양을 강조한 점에서 동학이라고 명명했다. 그런 점에서 민족의식이 높다고 할 수 있다. 그러나 세속적인 왕권에 충성을 다하는 것이 아니고 천신을 숭앙하는 신앙으로서, 오히려 왕권과는 상반된 사상이라 해서 조정으로부터 탄압을 받았다. 결국 '동학농민운동'을 일으켰으나 실패하고, 천도교라 개칭하여 반일 운동을 일으켰지만 지도자 최린이 조선총독부 중추원 칙임 부참의와 임전보국단의 대표가 된 일 등으로 인해서 친일적이라고 비난받았고, 신흥 종교 중 가장 규모가 큰 종교 단체(1934년 당시 신도 수 117,585명)였지만, 교단이 쇠약해지면서 역시 민족주의도 기력을 잃었다. 1943년 서울 본부는 군복 제조 공장이 되고(강위조, 1977:115), 동학으로부터 파생된 보천교(차경석)는 탄압을 받아 괴멸되었다.

1916년 나철羅喆은 나라가 멸망해도 민족은 살고 있으므로 구국 독립을 목적으로 근본적 교의는 우주적 종교의 창립이지만, 직접적으로는 한국의 민족 종교인 단군 신앙에 근거한 것에서부터 단군교를 창립했다. 그는 1905년 이후 4년간 네 차례 일본을 여행한 것으로 보아, 아마 일본의 국가 신도를 참고해서 민족 종교를 만들었다고 생각한다. 탄압을 피하기 위해 대종교라고 개칭했지만, 독립운동을 계속했으므로 당시 일본 정부는 1915년 조선총독부령 3호인 종교 통제안과 1928년 11월 대종교를 금지하는 명령을 내려 탄압했다. 일제 식민 당국의 교회 탄압이 강화될수록 민족주의 교회는 더욱 반일적으로 변해 갔다.

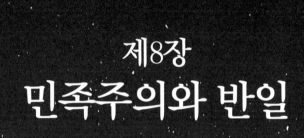

제8장
민족주의와 반일

왜놈 설에서 우리 설로

　한일합병 이후 일본은 식민지 조선에 태양력 및 신정新正(양력설) 정책을 강력히 실시했다. 즉, 태양력과 태양력 중심의 신정을 주요 명절로 하는 식민지 정책을 강제 시행한 것이다. '구정'(음력설)을 쇠지 못하도록 하기 위해서 현장 감시도 했으므로 한국인들은 반감을 가지게 되었고, 한국인들은 대부분 전통적으로 구습인 구정을 쇠었다. 그러나 실제로는 그것이 일본에 의해 시작된 것은 아니다. 일본은 1872년 12월에 태양력을 채택하고, 한국은 그보다 20여 년 뒤에 고종이 1895년 11월 17일 양력 채택을 발표하고, 1896년 1월 1일부터 태양력을 실시했다. 이것은 동시에 일 년의 시작이 양력 1월 1일이라고 하는, 즉 음력설을 양력설로 바꾸는 것을 의미했다. 고종의 태양력 채택에 따른 시간 구조 변화뿐만 아니라 단발령 등은 음력 기반의 민속과 구습으로부터 탈피함으로서 개화를 향한 대단한 개혁 정책이었다. 그러나 관습이나 민속까지 개정하는 것은 용이한 것이 아니었던 것 같다.

　이러한 개혁은 일본의 영향이 없었던 것은 아니지만 대한제국 스스로의 개화 정책이었다. 단지 일본이 강력하게 실시했다는 점에서 일본 설이 된 것이다. 그 때문에 또 많은 사람들은 신정 정책을 일본의 식민지 정책이라고 생각하게 된 것이다. 그래서 신정을 '일본 설', '왜놈 설'이라고 부르고 음력설을 우리의 설로 고수하려고 했다. 조선총독부는 민속으로서 '신정新正'을 쇠게 하려고 경찰력까지 동원했다. 그러나 한국인은 '구정'을 '우리 설', '조선 설'이라는, 즉 한국인은 일본 식민지 시대에도 민속으로서 구정을 강하게 지켜 왔다. 현재 한국, 중국은 태양력 달력상으로 일별, 월별을 헤아리지만 민속으로서 세시풍속은 여전히 음력을 쇠고 있다. 설, 대보름, 한식, 단오, 칠석, 한가위, 그믐, 삭망 등의 세시 풍속은 음력을 지키고 있다.

일본에서는 음력에 의한 세시풍속을 태양력으로 바꾸었다. 음력 설을 양력설로 완전히 바꾼 것이다. 설뿐만 아니라 정월대보름, 팔월대보름의 민속 행사(줄다리기 등)도 모두 양력으로 바꿀 수 있었지만, 한국에서는 그렇게 할 수 없었다.

독립 후에도 양력 정책은 바뀌지 않았다. 그 결과 구정과 신정이 공존하는 현상이 생겼다. 정부는 일제시대처럼 강압적으로 구정을 중지시키지는 않았지만, 제도적으로 신정을 쇠도록 했다. 상류 지식층은 신정, 서민 대중은 구정을 쇠는, 다시 말해 신정과 구정의 '이중과세'(양력과 음력 설날 양쪽을 명절로 한다) 풍조가 유행했다. 신정은 공휴일이었지만 구정은 그렇지 않았다. 그래서 공무원은 구정에 지내는 선조 제사에 참가할 수 없게 되어, 신정을 '공무원의 설'이라고 말하는 사람도 많았다. 공무원이 많은 집이나 문중(친족 집단)에서는 신정에 제사를 지내는 경우가 많아졌다. 그런 경향은 농촌까지 퍼지고, 제주도 남부 지역에서는 온 마을이 신정으로 바

꿰는 등 여러 가지 유형이 생겼다.

이것을 정리하면, '구정형', '신정형', '이중과세형', '무과세형' 등 네 가지 부류의 사람들이 있다. 구정형이란 관습으로서 구정을 쇠고 있는 사람들이다. 신정형은 개화사상에 찬동한 사람이거나, 이를 지키지 않으면 안 되는 입장에 있는 사람들이다. 이중과세형은 공적으로는 신정, 사적으로는 구정을 쇠는 사람들이다. 무과세형은 번거로움을 피하기 위해서, 신정과 구정을 모두 쇠지 않는 사람들이다. 그들 가운데에는 구정에는 신정을, 신정에는 구정을 쇤다며 인사를 사양하는 사람들이 있었다. 실제로는 어느 쪽도 쇠지 않는 사람들이다. 이중과세도 세월이 지나면서 그런 대로 신정으로 정착해 가기 시작했다. 처음에는 이중과세가 비합리적이고 경제적인 손실이 크다는 사회적인 비판도 있었지만 정착해 가고 있었다.

그러나 문제가 남아 있었다. 양력이 1세기 가까이 사용되어도 세시풍속이 양력으로 정착하지 않았다는 것이다. 특히 그 해의 시작인 설 민속이 양력으로 정착하지 않았다. 서양의 달력은 사용해도, 신정 민속은 정착할 수 없었던 것이다. 구정을 지켜 온 사람들이 많았다. 이 점이 일본과 대단히 다르다.

한국 정부는 민주화가 한창일 때 민중을 위한 정치적 분위기의 와중에서 1986년에 음력설(구정)을 '민속의 날'로 지정했다가 1988년에는 '설'로 복귀시켰다. 즉, 민중이 지켜 온 민속을 공적으로 인정해서 공휴일로 정한 것이다. 이것은 100여 년의 신정 문화와 역사를 부정한 것이지만, 신정에서 구정으로 되돌린 데에 큰 특징이 있다.

그것은 강제된 왜놈 설에서 '우리 설을 찾는다'는 반일적 내셔널리즘의 반영이기도 하다. 1982년 교과서 문제 이후 민주화 운동과 반일 운동이 병행되면서 '우리 설을 되찾자'라는 캐치프레이즈도 나타났다. 종래의 공휴일 제정은 국가의 전권에 의한 것이었으나 이것은 또 민주주의의 승리라고도 말할 수 있다. 혹은 반일·반서구적 경향이 높아졌으므로, 그것을 정치적으로 흡수했다고도 할 수 있다.

음력 정월로 되돌아가는 것에 대한 부정적인 견해도 많았지만, 무시되었다. 어떤 민속학자는 구정의 공휴일 지정은 전통 문화의 명예회복이라며, 외래의 성탄절은 일찍이 공휴일로 지정했으면서 민족 고유의 역사적인 축일을 말살하려 한 것은 잘못이라고 했다. 서양화와 근대화에 힘입어 양력 문화가 태동했지만, 도로 음력설을 채택함으로써 한국은 중국 또는 한漢 문화권으로 되돌아간 것같이 보인다. 특히 구정은 중국 문화를 상징하는 것이며 중국 문화의 영향권 내로, 결국 전통 문화로 돌아갔다고 할 수 있다.

한국의 많은 민속학자들은 직간접적으로 민족주의적 정책, 우리 설 찾기를 강조해 왔다. 이러한 분위기 속에서 민족주의의 고조는 인류 보편 가치 중심의 세계화 시대에 특별한 관심과 유니크한 인상을 제공하는 긍정적 측면이 있는 반면에, 반일 또는 지역 감정을 고조시켜 지역 차별을 조장하는 부정적인 면도 있음을 주의할 필요가 있다. 이러한 한국 민속학자들의 민족주의적 경향에 대해서 일본 민속학이 100년간 국가주의, 식민지주의, 제국주의에 물들었다가 종전 후에 과오를 반성하고 재출발하면서 민족주의를 탈피하고자 노력하고 있는데, 한국 민속학은 일본이 반성하고 탈피하고자 하는 바로 그것, 민족주의를 추종하고 있다고 스즈키 미치오 씨는 지적했다.

북한에서도 음력설로

북한은 2003년 2월 1일 음력설을 우리 명절로 쇠게 되었다고 했다. 19년 만에 다시 돌아온 것이라고 하는 것으로 보아 일관되지 않았음을 알 수 있다. 한국의 상황을 고려해서 남북통일에 대비하기 위한 것이라는 해설도 있다. 조선중앙통신은 음력설을 맞으며 각지에서 다채로운 행사들이 진행되었다고 소개했다. 다음은 조선중앙통신이 소개한 내용이다.

1월 30일 각 도 예술 선전대의 종합 공연이 인민문화궁전에서 진행되었다. 공연 무대에는 어은금 병창 '정일봉의 봄맞이', 여성 독창 '내 조국의 밝은 달아', 3중창 이야기 '민족문화 꽃 피워 가자요', 노래와 춤 '돈돌라리', 여성 민요 독창 '모란봉' 등의 종목들이 올랐다. 당과 국가, 군대의 지도 간부들과 성, 중앙 기관, 근로단체 노동자들, 인민군, 평양시내 노동자들이 공연을 관람했다.

평양의 김일성광장에서는 전국 학생 소년들의 연 띄우기 경기가 진행되었다. 이번 경기에는 전국의 중·소학교에서 선발된 학생들이 참가했다. 경기에서 학생 소년들이 새롭게 창안 제작한 연들이 주목을 끌었다. 광장 상공에는 통일연, 방패연, 나비연, 백호연을 비롯한 38종 190여 점의 연들이 날았다. 강성 대국 건설의 마루를 향해서 총진군하는 조선 인민의 혁명적 기상과 열의를 담은 봉화연은 착상이 기발하고 비행이 안전하여 높이 평가되었다.

연 띄우기 선수들은 평양의 맑고 푸른 하늘가에 세상에 부러움 없이 배우며 자라는 자기들의 행복한 모습을 잘 펼쳐 보였다고 한다. 1월 31일, 청소년 학생들의 음력설 맞이 모임 '2월의 봄 향기 속에 영원할 우리 설날'이 청년중앙회관에서 진행되었다. 합창 '우리 장군님 제일이야', 설화와 합창 '장군님과 아이들', 무용 '씨름춤', '상모춤', 장고 독주 '회양닐리리' 등 다채로운 종목들을 훌륭히 보여 주었다. 이날 참가자들은 흥겨운 군중 무도회도 펼쳤다.

중앙노동자회관에서는 직총 중앙노동자예술선전대가 출연하는 음력설 맞이 공연 '노래하자 선군시대 음력설'이 있었다. 무대에는 여성 5중창 '선군의 길을 따라 행복이 오네', 짧은 극 '즐거운 음력설' 등 다채로운 종목들이 올랐다.

평양시 농업 근로자들의 음력설 맞이 민속놀이가 청춘거리 롱구

경기관에서 있었다. 흥겨운 농악무와 태권도, 널뛰기, 윷놀이, 밧줄 당기기, 장기 경기, 무릎싸움 등을 통하여 참가자들은 사회 생활의 모든 분야에서 민족 전통과 풍습을 적극 살려나갈 결의를 다짐했다.

여성회관에서 진행된 여성들의 음력설 맞이 공연 '우리 민족 제 일일세'에서 출연자들은 여성 존중, 여성 사랑의 사회주의 제도에서 살며 일하는 조선 여성들의 행복한 모습을 감동 깊게 보여 주었다.

각지의 근로 단체들도 음력설 맞이 공연과 다채롭고 민족적이며, 대중적인 체육 경기와 민속놀이, 민족 옷 자랑, 설찬 요리 솜씨 품평 회 등을 진행했으며, 평양 시내 예술인들이 출연하는 음력설 민족 음악 무용 무대가 봉화예술극장에서 진행되었다.

해방 전의 민속학을 식민지주의로 비판

식민지 시대에는 여러 가지 학문이 식민지와 밀접한 관계가 있 었다. 그것은 대략 세 가지로 분류된다. 첫 번째는 직접 식민지 정 책에 적극적인 참여 의도를 가졌거나 이용된 것이며, 두 번째는 학 문이 간접적으로 식민지 정책에 스스로 의도되거나 이용된 것이 며, 세 번째는 그 식민지를 배경으로 해서 자란 것이다. 한국 민속 학은 식민지 정부의 조사 사업 등에 자극을 받아 연구됐다. 손진태 는 일본 제국학술원으로부터 연구 조성 비용을 받아서 조사를 행 했다. 이능화, 최남선에 의해 해방 전에 조선민속학이 성립되고,

손진태나 송석하 등에 의해 발전했다. 당시 한일 민속학자는 민족을 막론하고 서로 협력했다. 조선민속학회의 중심 멤버인 송석하가 일찍 세상을 뜨고, 손진태는 해방 후 민족주의 국사학자로 전환했다. 해방 전의 조선민속학은 해방 후에는 계속되지 않고, 잠시동안 공백 상태였다. 다만 임석재만이 서울대학교 사범대학에서 문화인류학 강의를 개설하고, 그가 중심이 되어서 1958년에 한국문화인류학회를 창립했다.

19세기 말이나 20세기 초에 한국 민속학의 시작을 더듬어 볼 때 눈에 들어오는 것은 서구인들과 일본인들의 연구이다. 그 중에서 서구인들이 외국어로 발표한 연구 논저들은 한국인에게 영향을 크게 주지 못한 반면, 일본인들의 연구는 한국인들에게 영향을 주었다. 이마무라 도모는 1870년생으로 1904년 법정대학 법률학과를 졸업하고, 1908년 내한해서 충청북도와 강원도 경찰부장, 그리고 평양과 제주도 경찰서장 등을 역임하면서 한국 민속을 연구했다. 그리고 그 연구를 바탕으로 1912년에는 단행본으로 『조선사회고』를 출판하고, 1914년에는 『조선풍속집』을 펴냈다. 그 외에도 『풍속관계자료촬요』 등 3권의 실로 방대한 저서를 펴냈다. 조선민속학회를 조직하여 한국 학자들과도 관계를 가졌다. 그의 업적은 높이 평가해도 좋을 것이다. 도쿄대학 이즈미 세이치(泉晴一) 전 교수는 이마무라가 한국민속학 최초의 학자이며, 전 2권(『조선사회고』와 『조선풍속집』)의 책은 '조선민속학의 효시'라고 평가했다.〈이즈

미 세이치(泉晴一), 1966:259〉

당시 송석하가 중심이 되어 만든 잡지 『조선민속』 3호가 그의 고희 기념호로 나온 것만 보아도 단적으로 그의 영향력을 짐작할 수 있다. 그는 그간에 여기저기 발표한 글을 모아 1914년에 『조선풍속집』을 냈는데, 그 책을 아키바 다카시(秋葉隆)가 부임하러 오는 도중인 관부연락선 상에서 읽고 한국 무속을 연구하게 되었다고 서문에서 언급하고 있다. 그러나 이들의 연구는 한국민속학사에서 다루어지지 않거나 거의 부정적으로 배제되고 있다.

해방 후 한국의 한국민속학자들은 한국민속학의 기원을 조선 왕조 시대에 두고, 일본인 학자들의 연구 성과를 배제시켰다. 그리고 1920년대의 이능화, 최남선 등으로부터 시작해서 해방 후 한국인의 연구를 그 기원으로부터 연결시켰다. 국사학자들은 손진태가 신민족주의 입장을 갖고 있기 때문에 그의 학문을 계승한다고 하지만, 그는 일본 제국학술원으로부터 연구 조성비를 받았다는 점에서 친일파로 몰리기 쉬웠다.

이능화는 구 한어漢語 학교의 교사로서 『조선불교통사』, 『조선도교사』를 비롯한 많은 저서를 펴냈다. 그는 조선의 고유 신앙을 연구한 한국학의 선구자임에도 조선총독부 참의 등 식민지 정책에 합류했다는 이유로 해방 후 친일파로 공격받은 사람이다. 최남선은 일본 유학을 할 때 일제의 내셔널리즘을 배워서〈가와무라 미나토(川村湊), 1996:35)〉한국 문화의 우수성을 주장하는 논설을 많이 발표하고, 3·1운동 당시 '독립선언서'도 쓴 항일 독립운동가이지만, 해방 직전 친일파(?)가 되어 해방 후 고생한 사람이다. 작가 이광수는 절충적인 문화 민족주의를 주창했지만 그도 해방 후 친일파로 비난받았다.

식민지주의 민속학자들은 한국의 민속을 정당하게 이해해서 보호·육성하려는 긍정적인 취지가 아닌, 어디까지나 식민지 통치를 위한 자료를 얻으려는 정치적인 목적에서 시작했을 뿐이라고 말한다. 따라서 방법적으로 강압적 행정력을 동원한 '보고 형식'의 간접적인 조사이자 대륙 침략의 목적성을 갖는 동양학에서 출발한 것이고, 게다가 필요할 때마다 임의로 수정된 것으로서 현장성이 결여된, 학술적인 면과는 거리가 있다고 주장한다. 이것은 일제시대부터 민족 시인으로서 명망이 높던 조지훈의 견해(1964)이다. 또 조선총독부가 통치 정책의 참고 자료를 얻기 위해서 주로 조선총독부의 지원 밑에서 조사가 행해지고 있었기 때문에 왜곡된 관점을 경계해야 한다고 한다.

식민지 의식은 한국의 일본 연구에도 부정적으로 작용하고 있다. 윤정석尹正錫 교수는 『한국에 있어서의 일본 연구』(국제교류기금, 1989)에서 한국의 일본 연구는 한일 양국 관계로부터 다양한 제약을 받고 있다고 한다. 즉, 반일감정 때문에 일본 문학 연구도 처음에는 기피되어 왔다. 민속 연구는 주로 한반도에서 일본으로의 전파라는 시각에서 연구되었다. 1940~1980년대에 일본사 관계에

2014년 10월, 한일 문제에 대해 해법을 찾기 위해 고민해 온 지인들과 함께. 좌로부터 하라다 타마키 씨, 이영훈 교수, 카미즈루 씨, 시마무츠히코 씨, 저자. 이영훈 교수는 실증적 연구를 통해서 식민지근대화론의 체계를 수립하고, 민족주의 사관을 토대로 한 반일주의에 정면 도전해 오고 있다.

대한 연구 성과를 숫자로 보이고 있는 『한국에 있어서의 일본사 연구』(여박동)를 보면 논문 총수가 976편이고 단행본이 150권인데, 그 중에서 고대에 관한 논문이 151편으로 전체의 15.5퍼센트이고, 게다가 고대의 한일 관계에 관한 단행본은 135권으로 89.4퍼센트를 차지하고 있는 것으로 보았을 때 고대 한일관계사에 치중하고 있는 것을 알 수 있다. 한편, 근대사에 관한 연구 논문은 396편으로 전체의 40.6퍼센트이며, 특히 일제시대의 침략 정책과 지배, 수탈에 관한 연구가 중심이다. 대체로 이들 연구는 국가주의, 민족주의의 성향과도 대단히 밀접한 관련성을 가지는 것이었다.

여러 사람들에 의해 이미 지적된 바와 같이(스즈키 미치오, Kendall, Janelli, 최길성) 한국 민속학은 민족주의적 색채가 강하다. 국학 분야에서 민족주의가 강한 것은 어느 나라에서나 볼 수 있는 현상이기는 하지만, 특히 식민지를 경험한 나라들한테서 강하게 나타나는 공통적인 현상이다. 민족주의를 긍정적으로 보는가, 부정적으로 보는가는 나라마다 다르기 때문에 일률적으로 말하기는 어려운 점이 있지만, 일반적으로 그것은 극복되어야 할 부정적인 것으로 생각된다. 한국에서는 지금도 민족주의를 긍정적으로 보는 경향이 강하고 심지어는 국수주의조차 긍정적으로 재해석하려는 사람도 있다. 학문 연구에서 민족주의가 비판받아야 하는 이유는, 민족주의가 객관적 방법론이 아니라 한韓민족 문화를 다른 문화보다 우월하게 보거나 그것을 보유하고 있는 한민족을 사랑하는 애국주의를 명분으로 하고 있기 때문이다. 특히 한국의 민족주의는 일제 식민지 시대를 준거로 삼고 반일적인 태도를 취한다는 점에서 더욱 그렇다.

부락제部落祭가 일제에 의해 단절되었다는 담론

1919년 3·1만세운동 이후 조선총독부는 조선 민중의 습관이나 종교를 이해하기 위해 민간신앙 등 전통 문화 관습에 관해서 대대적인 조사를 실시했는데 그 가운데 하나가 '부락제'였다. 일제가 근대화 정책을 펼치면서 그 일환으로 축제를 금지시켰을 가능성은 있지만, 축제를 전면 금지시키지는 않은 것 같다. 조선총독부의 정책이 본국 정책의 연장선상에 있다는 점을 감안했을 때 축제를 직접 금지시켰다고는 볼 수 없다. 다만, 미신 타파 정책의 영향으로 관련된 축제가 폐지 또는 축소되었다든지, 대동아전쟁 시기의 긴축 정책이 간접적으로나마 축제를 위축시킨 것이라고는 생각할 수 있다.

한국의 많은 민속학자들은 전통적 부락제에 높은 가치를 부여하고, 전통적 축제가 소멸된 이유를 일제 식민지 정책으로 돌리는 경우가 많다. 즉, 일제 식민지가 한국의 민족성을 없애기 위해 전통 문화 말살 정책을 취했다고 한다. 그래서 일제 식민 당국은 축제를 중지시키고 탄압했다는 것이다. 특히 부락제에는 사람이 많이 모이기 때문에, 단결력을 두려워해서 중지시켰다고 한다. 조선총독부가 1920년대 별신굿을 중지시켰다거나, 남원에서는 1932년 제2회 씨름대회가 일본 경찰에 의해서 감시당했다고도 한다. 조선총독부 어용학자들이 한국의 전통적인 축제를 미신이라고 금지·중지시키면서, 일본의 축제는 보전·발전시켰다고도 한다.

그러나 그 사실 여부, 그런 정책이 실재했는지 등에 관한 논의는 거의 없다. 왜냐하면 사실 여부와는 관계없이 반일과 민족 감정의 고양을 위한 담론이기 때문이다. 그리고 나아가 행정가들과 민속학자들은 전통문화를 바탕으로 국민 국가의 틀을 놓아야 한다며 민족주의적 입장에서 일제 식민지 시대에 중지된 축제를 부활시켜야 한다고 주장한다.

그 결과 인위적인 도시 축제가 많이 만들어졌다. 특히 이런 경우에는 재정적으로는 행정, 내용적으로는 지식인 등의 힘을 빌리지 않으면 안 된다. 그러므로 만드는 주체가 서민 대중이거나 촌민이 아니라 정부·관 주도로 옛것을 토대로 해서 만들게 마련이다. 이렇게 전통의 창출이 이루어진 것이다. 한편, 민속학자들이 여기에 참여하는 경우가 많았다.

1977년 63곳에서 향토 문화제가 개최되고, 1987년에는 329곳(『한국의 축제』), 1991년에는 향토 축제가 318곳에서 개최되는 등 대략 10년 동안에 5배 이상으로 급증했다. 많은 민속학자가 지도 또는 심사위원이나 조사위원 등으로 직간접적으로 관계를 가지게 되면서 그들도 도시 축제에 관심을 가질 수밖에 없었다. 거기에는 강한 내셔널리즘이 자리 잡고 있다. 이와 같이 중요한 의미를 가진 축제에 대해서, 한국의 민속학을 연구하는 학자나 문화인류학자들은 그것이 연구의 대상이라고는 생각하지 않았다. 왜곡, 변형된 민속 행사 따위는 일견의 가치도 없다고 한다.

스즈키 미치오는 한국 정부가 축제의 열광과 흥분을 통해서 한국 민중을 하나의 충실한 민족주의 국민으로 만들기 위한 '국민문화'를 창출하기 위해 도시 축제를 만들었다고 한다. 이러한 비전통적 축제의 날이 양력으로 설정되고, 촌락의 차원을 넘어 광역 사회로, 다시 국가 차원으로 확대되어 한국적 민족주의가 강화된다는 것이다.

그런 한편으로 한국의 학계에서는 해방 전 일본인 학자들의 연구는 조선총독부의 식민지 정책 참고 자료일 뿐이라거나 경찰을 동원해서 작성한 것이기 때문에 신뢰할 만한 것이 못 된다고 폄하한다. 민족주의적 배경에서 충분히 이해할 수 있을 것이다. 그럼에도 불구하고 그러한 부정적인 태도에 대해 납득하기 어려운 것은 그러한 주장들의 거의 대부분이 연구 비판으로 인정할 수 없는, 식민지 자체에 대한 부정적인 태도의 연장이거나 전제라는 점에 근거하고 있기 때문이다.

제9장
식민지의 비교

식민지 역사는 사실로서 존재한다. 식민지라고 해도 홍콩이나 싱가포르처럼 긍정적으로 보는 나라도 있고, 한국이나 인도네시아처럼 대단히 부정적으로 보고 잔재를 청산하려는 나라도 있다. 피지배국들의 구 종주국에 대한 태도를 비교해 보자. 어느 피식민지를 막론하고 식민지로부터 상처를 입은 것은 사실이지만, 나는 그들이 그 상처를 어떻게 치유하고 있는지 궁금했다. 우선 영국 식민지 역사의 현장을 보기 위해 싱가포르를 찾았다.

동남아시아의 많은 피식민지 국가들은 식민지 시대 정책 가운데 많은 것을 그대로 이어받았다고 한다. 영국 식민자들은 18세기 초엽부터 피지배 원주민의 문화를 고고학적인 발굴 등을 통해서 박물관을 설립했다. 그런 박물관은 그 당시에 그치는 것이 아니라 2차 대전 후 많은 독립 국가들이 근대 국가를 형성하면서 이를 이어받았다고 한다. 특히 민족 정신을 함양하고 민족주의 국가를 세우기 위해 국립 박물관이 그렇다는 것이다. 앤더슨은 현재 인도네시아가 얼마나 네덜란드의 식민지 정책을 잘 수용하고 있는가를 박물관을 예로 들어서 설명하고 있다. 식민국들이 자신들의 권위를 높이기 위해 고고학적 유물을 전시하고자 만든 것인데, 2차 대전 후에 독립 국가들은 그것을 가지고 자신들의 역사가 오래됐다고 주장하면서 자기 정체성을 나타내려고 한다는 것이다.

캄보디아는 1968년 독립 기념일에 프랑스 인들이 개발, 보호한 문화 유산 앙코르와트를 가지고 민족 정신을 일깨우려고 했고, 인도네시아는 1950년 교육부가 식민지 시대의 관광 선전물을 그대로 배포한 일이 있으며, 미얀마도 식민자가 만든 것을 그대로 수용하고 있다고 한다.

싱가포르의 관광버스

나의 하루 활동 반경이 이 나라 전체를 지그재그로 다녔다는 것을 생각하니 싱가포르는 참으로 작은 나라이다. 작은 나라이기 때문에 문제가 있는 것은 아니다. 옛날 제국주의 시대에는 대국이란 것이 힘이 되어 해외에 식민지를 두기도 했지만, 국민 복지를 우선하는 행복한 삶의 터전으로서 국가라고 할 때 나라의 크기는 문제되지 않는다. 싱가포르는 중국계 인구가 70퍼센트 이상을 차지한다. 여기 중국인들도 중국에 사는 중국인과 별로 다를 것이 없다. 그러나 중국 대륙에 있는 중국인들의 문화 성향과는 아주 다른 문화 국민이다. 같은 민족이라도 이렇게 다를 수 있다. 깨끗한 도시 공간에 서양 문화를 몸에 익힌 개인주의가 눈에 드러난다.

식민지에 대한 태도를 조사하기 위해 1996년 12월 일본 간사이(關西) 공항을 출발하여 7시간 비행 후 말레이시아 쿠알라룸푸르 스방 비행장에 도착했다. 말레이시아 인구는 약 2천만 명으로서 말레이 족이 54퍼센트, 중국인이 35퍼센트, 인도인이 10퍼센트 정도로 구성된 다민족 국가이다. 종교도 이슬람교, 불교, 힌두교 등 다양하다. 최근까지 영국의 식민지였던 관계로 영어가 공용어로 통하는 곳이다.

18일 쿠알라룸푸르에서 싱가포르로 가는 비행기를 탔다. 원래 39K 좌석인데 40K 좌석에 잘못 앉아서 자리를 내주려 하자 그 승객이 그냥 앉자며 사양해 줘서 그대로 앉았다. 말레이시아계 사내이다. 그는 26개국을 상대로 장사를 하고 있는데 싱가포르를 경유해 런던으로 가는 길이라고 한다. 16세 아들을 둔 3인 가정이라고 하지만, 그들에게는 언제나 대가족이라는 관념이 있다는 것이다.

싱가포르에 도착해서 택시를 타고 Cockpit Hotel에 도착해 1213호에 들어가니 방안이 어두워 화장실에서 원고를 썼다. 동남아시아로 여행 갈 때는 밝은 전구를 가지고 가서 바꿔 끼워 밝게 하고 작업을 해야 한다는 말을 실감했다.

여행의 주된 목적은 식민지 유산을 보기 위한 것이다. 싱가포르는 19세기 중엽부터 영국의 식민지 지배가 시작되었다. 15세기경 말레이 반도 남부에 말라카 왕국이 성립됐으며, 18세기 이후 말라카 왕국은 포르투갈과 네덜란드에 점령되었고, 19세기에는 영국이 말라카, 페낭, 싱가포르를 점령하고 말레이 연방을 세워 식민지로 경영하기 시작했다. 제2차 세계대전 중인 1942년 2월 15일 싱가포르가 일본군에 의해 함락되어 일제 점령기 때 쇼난도(四南島)로 불렸다. 해방 후 다시 영국의 보호령이 되어 지배를 받다가 1956년

새 헌법을 제정하여 독립을 했으나 다시 1963년에 독립 말레이시아 연방국이 되었다. 싱가포르는 해방 후 식민지 영국으로부터 말레야 연방 안에서 정부를 세우고 다시 1965년 싱가포르가 분리 독립했다. 그러므로 영국이나 일본에 대한 원한보다는 역사적 경험을 바탕으로 선진적인 시민 사회를 만들어 가는 데 집중한 결과 지금과 같이 중국계 민족을 중심으로 한 다민족 국가로서 선진 국가를 이룬 셈이다. 그런 점에서 홍콩과도 다른 역사를 가지고 있다. 폭 좁은 국가주의를 경계하고 매몰되지 않은 결과로서 오늘의 싱가포르가 있는 셈이다.(Hill and Fee, 1995)

싱가포르는 작은 도시 국가이면서도 '아시아적' 개발 정책을 촉진해서 성공을 거둔 전형적인 국가이다. 특히 부정부패를 과감히 척결하고 국민 복리에 앞장서서, 예측 가능한 정책을 효율적으로 집행한 결과 세계에서 가장 사업하기 좋은 경쟁력 있는 국가로 탈바꿈할 수가 있었다. 그런 배경에는 식민지 시대의 개발과 그것이 해방 후에도 지속적으로 발전했기 때문이라고 한다.

나는 중국인에게 싱가포르를 보라고 권하고 싶다. 싱가포르에는 중국계 화교가 70퍼센트를 넘는다. 중국인의 나라라고 해도 좋을 것이다. 그런데 중국에서 볼 수 있는 부정적인 측면, 예를 들면 화장실 관리 등은 대부분 청결하게 서구화되어 있다. 그런 점에서 싱가포르는 중국인으로서 서구화의 가능성을 가장 여실히 보여 주는 곳이다.

아침 식사를 중국 남부에서 관광 온 세 여성과 함께 했는데 말이 통하지 않아서 표정과 필담으로 통했다. 그녀들은 같은 중국인 나라인 싱가포르의 발전과 깨끗함에 놀랐다는 것이다. 그녀들은 언어의 장애를 받지 않고 관광을 한다.

식민지 역사

독립 후 국민들에게 각 소수 민족의 정체성을 존중하여 스스로 언어를 선택하여 교육하도록 했는데, 압도적 다수가 영어(식민지 언어)를 선택해서 영어권 국가가 되었다. 최근까지 영국 식민지였던 나라이면서 지배국이었던 영국에 대해서, 아니 식민지 역사에 대해서 반감을 별로 가지지 않고 있다.

국립 박물관에 들렀다. 2층에는 하카(客家) 민족의 유물과 생활에 관한 특별 전시가 되어 있으나 아래층 상설 전시실에는 식민지 역사를 미니어처로 전시하고 있다. 그들은 식민지 시대를 하나의 지나간 역사 이상의 아무 것도 아닌 것으로 전시하고 있다. 그러나 일본 침략사에 대해서는 다르다. 지금은 YMCA 건물이 서 있는, 점령기 당시에는 헌병대 사령부가 있던 터를 찾아가니 그곳에는 일본의 잔학성을 적은 팻말이 서 있다.

시내로 가는 전차를 탔다. 인구의 7할 정도를 중국인이 차지하며 영어를 공용어로 사용한다. 짧은 거리인 데다가 전차의 짧은 구간 동안에도 승무원은 구간마다 영어, 중국어, 말레이 어 등으로 안내 방송을 하는데 방송이 끝나기 바쁘게 문이 열리는 것이 다민족 사회라는 것을 여실히 느끼게 한다.

여기 지명이나 건물 이름에는 '래플스'가 붙은 것이 많다. 래플스 애비뉴Raffles Avenue, 래플스 거리(Raffles Street), 래플스 역(Raffles Station), 래플스 백화점(Rafilles City)이라는 지명, 인명이 자주 귀에 들어온다. 서점에서 싱가포르에 관한 영문 서적을 찾았다. 의외로 래플스에 관한 책이 많아서 250달러어치를 사서 집으로 부

싱가포르가 영국의 식민지였음을 상징하는 래플스호텔.

첬다. '래플스 더 플라자Raffles The Plaza'라는 호텔 식당에서 생음악 연주를 들으면서 차를 마시고 보트 키Boat Quay 강변에서 저녁 식사를 했다.

점심에 슈퍼마켓을 돌아보았다. 한국 라면이 진열되어 있어서 코너를 사진 촬영하고자 허가를 받았다. 일본식 초밥을 사가지고 호텔에 와서 점심을 먹고, 저녁은 한국 식당에서 하려고 영문 전화번호부에서 22년이나 된 한국 식당을 찾아내서 갈비탕을 먹었다.

시내 정기 관광버스

시내 정기 버스 관광을 신청해 놓았더니 아침 9시에 여행사에서 마중하러 왔다. 호텔에서 영국인, 아프리카 인, 중국인 등 세 명과 함께 소형 승용차를 타고 버스 센터로 가서 코스에 따라 승차하게 되었다. 거기서 24달러를 내고 스티커를 받아 왼쪽 가슴에 붙이고 978호 대형 버스를 타고 보니 우리 코스는 40여 명 만원이었다. 30대인 안내 여성은 긴 남색 바지에 반소매의 와이셔츠 위에 재킷을 걸쳤다. 그녀는 몇 번이나 인원을 점검한 후 9시 반경에 출발했다.

대부분 유럽에서 온 관광객들이고 동양인은 타이 인과 브루나이 인, 인도인이었다. 안내는 모두 영어로만 진행됐다. 여성 안내원은 차내 마이크로폰을 통해 우선 전체적인 일정을 설명했다. 나는 그녀가 차내 방송을 통해서 안내하는 소리를 빼놓지 않고 녹음했다. 다민족 국가이지만 민족 간의 차별은 거의 없다. 싱가포르의 나라 꽃은 난초이다. 공식 나라 이름은 싱가포르공화국, 언어는 영어와 중국어, 말레이 어, 타밀 어 등이 공용어이다. 정치 조직은 공화제, 의원내각책임제, 면적 641제곱킬로미터, 인구는 287만이라 한다. 싱가포르에는 계절이 없다. 건기와 우기만이 있을 뿐이다. 연중 여름이다. 외화를 바꿀 수 있는 곳, 유명한 식당, 저녁 식사를 하면서 쇼를 볼 수 있는 식당, 영국 성공회, 가게, 포커를 할 수 있는 시설, 영국 식민지, 일본의 침략, 영국인이 처음 입항한 항구, 철로, 힌두 사원에서는 맨발로 들어갈 것, 중국인 사원, 사진 찍을 때 비용 2달러, 여러 소수 민족의 종교 등에 대한 설명, 중국 사원에서는 뱀을 메고 사진을 찍을 수 있다. 여기 나무는 미국이나 뉴질랜드 등지에서 수입한 것이고, 이곳으로 이민 온 사람들은 주로 일자리를 찾아서 인도, 중국 등지에서 왔다.

산에서 내려다보이는 경치와 더불어 기름 탱크의 규모를 보라는 것, 보석 공장에 들러 물건을 사도록 하고, 식물원 코스가 마지막이라고 한다. 여러 가지 관광 코스가 있으니 돌아가는 길에 더 이용하라는 것과 개인적으로라도 택시, 버스 등을 이용해서 관광을 할 수 있게 전체적으로 소개했다. 즉, 정기 관광 코스의 전체적 아웃라인을 설명했다. 거기서 나의 관심을 끈 것은 래플스호텔, 식민지 시대의 은행, 일본 침략의 기념탑(Cenotaph)이었다. 그녀는 이

싱가포르 전쟁기념공원 안에 세워진 탑은 제2차 세계대전 때 일본군의 점령으로 희생된 것을 기념한다. 속칭 '젓가락탑'으로도 불린다. 높이 70미터.

탑을 '젓가락탑(chopstick tower)'이란 별명으로도 불린다고 소개했다. 1942~1945년까지 일본의 점령기를 기념하여 1966년 해안 도로(Beach Road) 옆 기념 공원 안에 세워졌다는 것이다. 영국 식민지를 소개할 때와 달리 비웃는 식으로 소개했다.

먼저 들른 곳은 인도 주민들이 밀집해서 살고 있는 인도인 마을이었다. 인도인 여인의 이마에 있는 둥근 마크는, 검은 것은 미혼이고 붉은 것은 기혼 표시라고 한다. 거기서 보이는 아파트의 부엌 창문으로 대나무에 빨래를 끼어서 깃발처럼 내건 것을 보고 그녀는 '빨래기(wash clothes flag)'라고 했다. 세탁물을 널어 건조시키는 장면이었다. 다민족 국가, 식민지 시대의 건물인 시청(City Hall), 대법원(Supreme Court), 우체국(General Post Office), 경제지구, 식민지 유산인 식물원(Botanic Garden, colonial heritage), 항구, 고무나무 등이다. 관광은 전부 세 시간 반이 걸렸다. 이 코스는 하루에 두 번 돈다.

다음날 나는 다른 코스를 탔다. 국가적 산업이라는 직물 공장, 국립공원에서는 난을 보았다. 가족 계획은 없고, 누구든지 일하지 않으면 연금을 받을 수 없다. 가족 수당이 없어 본인이 직접 일하지 않으면 탈 수 없다고, 일하는 사람만이 대우받는 민족 국가라는 것을 강조했다. 학교 제도, 말레이시아 쪽 관광, 각자 호텔로 돌아갈 수 있도록 차를 개별적으로 내주었다. 쿠알라룸푸르에서 시내 정기 관광버스를 탔을 때와 거의 비슷했다. 영국 식민지 시대의 정부 청사를 비롯해 형무소(1895년 건립), 궁전, 시청, 국립박물관, 기념탑, 빅벤(영국식 시계탑과 종) 등을 돌아보았다. 영국인 묘지도 잘 갖추어져 있었다. 거의 대부분인 식민지 시대의 역사적 유적·유물을 보면서 그들의 역사는 대개가 식민지 시대의 것이라고 느꼈다. 택시 관광으로 일본인의 침략에 의해 희생된 사람들의 기념탑과 묘지가 있는 곳도 찾았다. 이곳 사람들은 묘지에 꽃을 바치는 관습이 없다. 아마 자연 자체에 꽃이 많기 때문이 아닐까라고 농담을 했다.

식민지 유적지 관광

나는 두 번의 정기 관광버스, 택시 관광 그리고 일본인 묘지 등에 관한 조사를 통해서 그들이 식민지 시대를 감추거나 부정적으로 설명하지 않는다는 사실을 알았다. 특히 인상적인 것은 일본의 짧은 점령 시대에 대해서는 부정적이면서도 오랜 영국 식민지 시대에 대해서는 긍정적이거나 객관적이라는 것이다. 200년 가까운 영국 식민지에 대한 것보다는 3년 반 정도의 점령에 대해서 부정적인 것은 무엇 때문일까. 그것은 말레이시아에서도 마찬가지였다. 인도네시아에서는 일본이나 네덜란드에 비해 부정적이었다. 이와 같은 차이는 무엇을 의미하는 것일까. 식민지가 '절대 악'으로 여겨지는 것만은 아니라는 것을 알았다. 그리고 어느 나라에서든 식민지를 절대 악으로 여기는 나라는 없는 것 같았다. 피식민지였던 국가에서의 식민지 개발이 인정되고 있는 것이다. 이런 현상은 대부분의 동남아시아 국가들에게서 공통적이었다.

그들이 식민지 역사를 기억하는 방식의 차이인가, 아니면 식민지 역사 자체의 차이에서 오는 것일까. 나는 여러 가지 의문이 생겼다. 만약 한국 같으면 식민지 지배자였던 일본인의 묘지를 과연 그대로 둘 수 있게 할까. 광복절 75주년을 전후로 해서 집권 세력 유력 정치인들이 국립 현충원에서 친일파 묘소를 파묘하겠다고 공공연하게 선동하는 한국의 2020년은 도대체 어느 시점에 멈추어 있는 것인지 걱정스럽다.

싱가포르는 식민지 총통이었던 래플스를 기념하는 많은 유적들이 곳곳에 있으며, 래플스 사진을 붙인 전차역, 이름을 딴 백화점과 호텔 등이 즐비하다. 박물관 1층에서는 식민지 역사를 전시하

고 있고, 관광객들에게는 식민지 시대 건물에 대해 상당히 호의적
이었다. 박물관에서는 현재부터 식민지 시대로 거슬러 올라가는
역사를 전시하고 있었다. 1987년에 세워진 래플스 호텔(Raffles The
Plaza) 설계자는 건축상을 받았다. 20세기 말에 세운 이 호텔 이름
에 19세기초 식민 통치자의 이름을 땄다는 것이 의아할 정도였다.

래플스(Sir Thomas Stamford Raffles, 1781~1826)

래플스는 어떤 인물일까. 래플스는 이 섬을 동인도주식회사가
사들이도록 한 뒤 중국인들과 인도인들을 이주시켜 지금의 싱가포
르를 만들었다. 당시 항구가 내려다보이는 언덕에는 그의 동상이
서 있다.

그는 1781년 서인도제도 자메이카 해안의 선상 갑판에서 태어났
다. 그 배의 선장은 그의 아버지 벤자민 래플스Benjamin Raffles였
다. 무역선 선장으로 있으며 무역상을 겸했던 벤자민 래플스는 빚
더미를 짊어진 채 사망했다. 어린 나이에 아버지를 잃은 스탬포드
래플스는 가난한 가정환경 때문에 14세 때인 1795년 학교를 중퇴
하고 동인도회사의 사무원으로 취직해야만 했다. 그는 경제적 사
정으로 학교 공부를 할 수 없었으나 독학으로 열심히 공부를 했다.
1800년 동인도회사의 정식 사원이 되었다. 1805년 3월 마리안느

싱가포르를 식민지로 개발한 래플스의 동상, 1887년에 항구에 세워졌으나 몇 차례 이전되었다.

와의 결혼에 이어 곧 페낭의 서기 보로 임명받았다. 1807년 서기와 말레이 어 번역 일에 종사하다가 1810년 자바 원정을 주장, 인도 총독의 대리로 말라카에 부임했다. 1811년 영국은 인도네시아에서 네덜란드와 프랑스 상인들을 몰아냈다. 그곳에서 그는 자바 부총통이 되었고 후에 수마트라의 지사가 되었다. 거기서 3년간 임무를 수행하고 싱가포르로 와서 항구를 건설했다. 1813년 일본과 무역을 시작하고, 1814년 자바의 토지 개혁, 행정 개혁을 단행했다. 1815년 부인이 세상을 떠나자 1816년 영국으로 돌아가서 1817년 「자바지誌」를 발간하고, 1818년 싱가포르에 다시 돌아와서 1819년 래플스 박물관을 설립했다. 1826년 병이 악화되자 귀국했다가 7월에 바버트Bavert에서 세상을 떴다. 그는 45년 생애의 거의 전 기간을 동인도회사의 사원으로서 식민지 행정을 맡았다. 싱가포르에서는 원주민 사회를 있는 그대로 객관적으로 인식한 바탕 위에 토지를 개혁하고 도덕적으로 사회를 발전시키려고 노력했다. ⟨노부오 세자

부로(信夫淸三郎), 1968〉

말레이 어에 통달하여 영국의 인도 정부 말레이 어 통역관으로 활약하고, 인도 총독에게 식민지에 관해서 자문도 했다. 그는 틈을 내어 싱가포르의 동식물이나 역사, 언어, 문화에 대해서도 연구했다. 그의 꿈은 싱가포르를 자유항이면서 도시 사회로 건설하는 것이었다. 민족 구성이 다민족 국가인 싱가포르를 다스리기 위해 영국 법 앞에서는 모두가 평등하다는 것을 철저하게 지키도록 했다. 사회 질서를 유지하기 위한 범죄 예방 정책으로써 우선 노예무역, 도박, 투계 등을 금지하고 아편과 술을 제재했다. 그렇게 그는 악명 높은 동인도회사의 식민지 행정가이자 연구자로서 군림한 사람이었지만, 지금도 그는 싱가포르에서 존경을 받고 있다.

싱가포르 함락

영국의 개발 식민지 역사가 123년이나 되어 이미 영국 식민지 체제로 안정되어 있던 사회인 싱가포르를, 일본은 1941년 2월 15일 함락시켰다. 일본은 이미 영국의 식민지로서 비교적 안정되어 있는 사회 질서를 파괴한 것이다. 래플스의 동상을 국립박물관으로 이전했다. 일본 군인들은 무차별 살상을 했다. 특히 병원을 불태워 무고한 인명을 대량으로 잔학하게 학살했다. 6만여 명이나 되는 전범을 다루면서 많은 인원을 고문으로 사망하게 하는 등 그 잔학함의 정도가 말로 할 수 없을 정도였다. 영국 식민지 시대의 재산을 적산敵産(Enemy Property)이라고 해서 매각했는데, 사용권을 둘러싸고 갈등을 빚고는 했다.

식민지 시기 싱가포르는 연합군의 폭격, 그리고 일본의 잔학한 통치 등으로 어려움을 겪어야 했다. 대동아전쟁 발발 직전의 전쟁 비상 시기였다. 야간 소등, 징병, 식량난 등으로 고생한 탓에 일본에 대한 인상은 매우 나빴다. 일제시대가 1년 만 더 계속됐더라면 주민은 거의 굶어 죽었을 것이라고 한다. 1945년 종전으로 인해서 일본군 대신 싱가포르에는 다시 영국군이 진주했다. 노인층은 영국군을 크게 환영했다. 일본이 항복함으로서 일본군은 많은 수가 포로로 잡혀 복수를 당했다. 특히 미얀마에서는 많은 일본 군인들이 생포되어 고초를 겪어야 했다.

옮겨졌던 래플스 동상이 다시 1946년 7월 6일 그의 생일에 맞추어 빅토리아 홀 밖에 세워졌다. 유럽의 긴 식민지 기간에 비해 짧았던 일본의 통치에 대한 원성이 컸다. 1945년 8월 18일까지를 비극적인 암흑의 시대라고 한다.

일본이 강압적이긴 했지만 모든 민족에게 그런 것은 아니었다. 중국계들은 광범위한 반일 조직으로 저항했기 때문에 일본은 그에 강하게 대처했다. 말레이 인에 대해서는 비교적 우호적이었다. 일본은 싱가포르의 인도인들로 하여금 인도의 독립운동을 하도록 도와 인도를 분열시켜 정복하려고 했다. 일본 헌병대는 친영親英, 친미親美 독립운동자들을 발견하면 매달아 물 먹이기, 물고문, 손톱 꺾기 등의 저주받을 고문으로써 공포의 지배를 자행했다. 헌병대 본부 자리에 지금은 YMCA 건물이 서 있는데, 거기에는 그런 일본의 침략과 잔학상을 기록한 간판이 서 있다. 그러나 싱가포르에는 일본인 묘지가 있다.

젊은이들의 노동 이주와 여성들의 근로 정신 등은 고조되었다. 결국 해방 후 싱가포르 주민들은 다시는 외세에 지배받지 않고 스스로 다스릴 수 있는 힘을 배양하게 되었다. 일본 식민지가 비난받지만 실은 그들 몸에 일본 문화도 배어 있다는 것이다.(Eunice Thio, 1991 : 95~114) 젊은 세대들은 일본 식민지 교육으로 인해 서구 식민지에 대항하는 정신이 개발되어서 영국 식민지도 필요 없다는 태도를 가지게 되었다.

영국 식민지에 비하면 아주 짧은 기간의 일본 점령이었는데, 긴 영국 식민지에 대해서는 부정적인 감정이 적다. 짧은 점령 기간이었으나 일본과 일본인에 대한 반감과 공포가 깊게 남아 있다.(The Japanese Occupation of Singapore lasted for a short period from February 1942 to September 1945 but its scars remain deeply etched in the minds of those who lived through it, Foreword, The Japanese Occupation, National Archives of Singapore, 1996) 동남아시아 국가에서 나타나는 공통된 현상이다. 일제 침략에 의해 희생되었거나 승전을 기리는 기념비

도 서 있다.

　많은 일본인들이 식민지 현지에 거주했던 것은 다른 식민지와 다를 것이 없다. 그러나 원칙적으로 한 사람도 남지 않고 모두 귀국한 것은 단순히 공포 정책 때문만이 아니라 일본인의 성격에 기인하는 점이 많다. 현지 주민들과는 거의 접촉하지 않았고, 자신들끼리만 모여서 살다가 귀국한 것이다. 일반 일본인들은 현지 주민들과 친절하고 격의 없이 지내기는 해도 스스로 격리해서 살았고, 민족간 결혼도 거의 하지 않았다. 예외적으로 현지 주민들과 결혼한 일본인 처들만이 남아 있으나 그 수는 아주 드물다. 스페인 인이나 러시아 인들은 현지인들과 밀접한 관계를 가졌고, 어떤 러시아 인들은 현지 주민들의 종교를 수용하고 결혼해서 현지 소수 민족으로 남은 사람도 있을 정도이다.

　싱가포르가 영국에 비해 일본에 대해 반감을 가지는 것은 몇 가지로 설명할 수 있다. 싱가포르 주민의 70퍼센트 이상이 중국계로서, 그들은 중국을 모국으로 삼고 있다. 그런데 1937년 일본이 중국과 중일전쟁을 일으켰으므로 중국계들은 일본을 적대시하게 되었다. 그들은 항일 운동을 전개했다. 짐작하겠지만, 영국이 후원을 했고 실질적 배후 역할을 했다. 이런 사정은 말레이시아에서도 비슷하다. 중국계 싱가포르 인들은 중국의 편을 들게 되니 자연히 반일 운동을 전개하게 된 것이다. 반일 세력과 영국은 합동 일치했던 것이다.

영국의 식민 정책은 원칙적으로 간접 통치였으나, 일본은 직접 동화 정책을 썼던 것이니 식민지 점령 또는 침략의 감각이 직접적으로 느껴졌던 것이다. 일본어 학교를 세워 일본어를 국어로 하는 교육을 했고, 황국신민을 만들기 위해서 일본 정신을 부식扶植하려는 동화정책을 강하게 실시했다. 리샹란(李香蘭) 등을 등장시킨 선전 사진과 영화를 적극 활용했다. 라디오 체조(방송 체조)를 거부하면 일본인에게 불경한 태도를 보였다고 해서 바로 매질을 하는 등 일본의 싱가포르 식민지 통치는 매우 강압적이고 고압적이었다. 그런 이유들로 인해서 일본은 무조건적 적개심의 대상이 되었던 것이다. 말로는 아시아는 모두 형제들이기 때문에 서구로부터 침략을 막고 대동아공영권을 만들어야 한다고 역설한 일본이었다.

그런데 현재 싱가포르에서는 일반적으로 일본에 대한 반일감정이라는 것을 거의 느낄 수 없다. 그것은 싱가포르가 민족주의를 강화하는 대신, 그것을 배제하고 세계시민이라는 시민 사회를 겨냥했기 때문이다.

대만의 식민지

청일전쟁에서 승리한 일본은 1895년 4월 1일 강화조약을 체결하고, 5월 8일 강화조약을 비준하였다. 그리하여 청나라는 대만을 일본에 양도했다. 당시 대만에는 일본인이 없었다. 그러자 대만에서는 일본 식민지를 반대하는 세력이 공화국을 세웠다. 이에 일본 군대가 들어가 무력으로 제압하고 명실상부한 식민지로 만들었다. 공화국 저항 세력을 완전히 평정하는 데 20여 년이 걸렸다. 게다가 일본군은 청일전쟁에서 전사한 병력 수보다 많은 희생자를 내면서 어렵게 평정을 해야 했다. 대만은 그렇게 일본으로서는 청과 조약을 맺은 다음에도 무력으로 어렵사리 진압한 식민지이다. 그런 점에서 대만은 일본의 다른 식민지와 그 성격을 달리한다. 1943년 인구 통계에 의하면 대만계 인구가 613만 명, 내지(일본)계 인구가 40만 명이었다.

> 일본 식민지 통치의 영향은 대단히 컸다. 중국 제국의 전근대적 통치와는 달리 근대 법치국가의 통치는 일반적으로 민중의 생활에 대해서 그 구석구석까지 통제, 획일화를 당연히 요구했다. 초등교육 보급, 치안 유지, 호적·토지 소유 등 조사, 위생 상태 개선, 교통·통신 정비 등 일본 정부가 대만인의 생활을 통제하고 획일화한 주된 분야는 전적으로 대만을 근대 국가 일본의 일부로 만들려는 작업의 일환으로서 빼놓을 수 없는 것들이었다.(스즈키 미치오, 1977)

일제시대 때, 대만에는 본래 공업화라는 것이 없었다고 볼 수 있다. 대만은 일본 전체 —조선이나 나중의 만주를 포함하여— 경제의 일부분이었기 때문에 농업을 위주로 하는 플랜테이션적 역할이

주어졌던 것이다. 그럼에도 불구하고 부차적으로는 일제시대에 좋은 성과를 올렸다고 말해도 좋다. 호적 행정 통계, 위생, 교통·통신 등 방면에서 획기적인 개선과 학교 교육, 사법, 치안이 그것이다.(상동)

대만 사람들은 일본인들의 정신적 태도를 높이 평가한다. 특히 해방 후 현재까지 대만 정부에 대해 불만스러운 점을 일본 식민지와 대조시켜서 일본인의 장점을 떠올리고는 한다. 식민 지배에 대한 반감과 그로 인한 반일감정과는 별개로 그러한 경향은 한국에서도 마찬가지이다.

대만에 건재한 일본 신사.

대만만요슈

　장제스(蔣介石) 총통은 일본에 대해 이덕보원以德報怨, 즉 '원수를 덕으로 갚는다'는 정책을 씀으로써 대만은 일본의 식민지 역사에 대해서 매우 부드러운 태도를 보였다. 1971년에 대만이 유엔에서 탈퇴하고, 미국과 일본이 국교를 끊을 때 일본에 있던 대만 교포들 1만 명은 일제히 일본에 귀화했다. 1967년, 식민지 시대 세대들 중 일본어로 작시作詩하던 전통을 가진 단가短歌(31자로 된 한 줄의 시) 시인들이 대만가단臺灣歌壇을 조직하고 일본 신문 등에 발표했다. 그러나 국교 단절 후에는 산케이신문 외에는 전혀 다뤄 주지 않았다. 그들은 국교 단절 이상으로 가슴 아픈 일이라고 했다. 그 후 그들은 꾸준한 활동으로 1만여 수의 시를 모아 편저 『대만만요슈(臺灣萬葉集)』〈구펑완리(孤蓬萬里), 1994〉 등을 일본어로 일본에서 출판한 것이다. 아사히신문에서 그들의 시를 소개함으로써 크게 각광을 받게 되었고, 현재도 이어지며

일제 식민지 시기에 일본 단가를 즐겨 짓던 대만 시인들이 1만여 수의 시를 모아 1994년 단가집 『臺灣萬葉集』를 펴내어 각광을 받았다.

발전하고 있다. 즉, 대만인들 가운데 일본어를 애용하고 일본 전통 시를 쓰게 된 것이다.

영국 식민지였던 인도, 필리핀, 싱가포르 등지에서 영어를 공용어 나 국어로 사용하는 것처럼 대만 시인들은 일본어를 가지고 문학적 표현 기법을 살려 시를 짓는 것이다. 그들이 반드시 일본어를 좋아 해서라기보다는 표현을 하는 데 일본어 단가 형식이 가장 적당하기 때문이다. 한국인들 가운데에도 한시를 쓸 때는 한자로 표현해야 맛이 난다는 사람이 있는 것과 비슷하다. 이것은 대부분의 대만 사 람들이 그런 것은 아니기 때문에 일반화해서 말하기는 어렵다. 그 러나 그러한 사람들이 존재할 수 있는 사회라는 것을 의미한다. 즉, 식민지를 좋게 말하는 자유스러운 분위기가 존재한다는 것을 의미 한다. 한국 같으면 친일분자로 규탄 받을 만한 사람들이다.

일본의 대만 통치는 학교 교육, 사법, 치안, 호적·행정·통계, 위 생, 교통·통신 등 다방면에서 성공적이었기 때문에 대만인들은 일 본인들의 정신적 태도를 높이 평가하고, 현재의 불만에 대한 역반 응으로 일본인의 장점을 떠올리고는 한다고 지적한다. 실제로 대 만 사람들은 일본 식민지에 대해서 한국처럼 강하게 부정적으로 생각하지 않는 것 같다. 해방 직후 대만 사회는 커다란 혼란을 겪 으면서 일제시대가 좋았다고 하는 사람이 많았다고 한다.〈허치화 (何旗化),『대만감옥도臺灣監獄島』, 1992〉그것은 대만 사회가 치안 이 불안하고 경제적으로 곤란한 가운데 뇌물 등으로 부패했기 때문이다. 그는 일제시대를 경험한 세대가 거의 친일적이라고 한다. 대만의 양심적인 경제학자는 일본의 교통, 전기, 수도, 수리 등 건설과 학교 교육의 보급으로 인해 오늘과 같은 경제 발전을 하게 된 것이라고 설명한다

대륙과 대결적 태도로 일관하며 일본과의 교류 협력을 중시한 장제스 사후 그의 아들 장징궈는 중국의 개혁 개방에 따른 데탕트 무드에 동조해 친중적 입장을 취한다. 하지만, 같은 당 소속의 후임 리덩후이 총통은 '두 개의 중국'을 내세우며 단일 독립국가 체제로서의 대만을 표방한다. 국민당의 친중 통일 국가 지향에 반한 리덩후이는 국민당에서 축출된 후 민진당 천수이볜 총통과 협력하며 일본과의 우호 협력 관계를 증진시키는 데 일조한다. 현재 민진당 차이잉원 총통이 집권하고 있는 대만은 반중국, 친일본 노선을 보다 선명히 하고 있다.

구 만주의 식민지

중국 조선족 교과서는 기본적으로 중국 교과서를 번역에 놓은 것에 불과하다. 그러므로 중국의 교육 목적 등을 이해하는 데에 참고가 된다. 사상품성에는 일본에 대한 기술이 보인다. 의무교육 소학교 교과서 조선어문제 8권(1996. 5) '랑아산의 다섯 용사'에서 일

본인과의 투쟁을 기술하고 있다. 이를 소개하면,

　　1941년 가을, 왜놈들은 병력을 집중하여 진찰기 근거지에 속하는 우리의 랑아산 구역에 덮쳐들었다. 그때 7련은 상급의 명령을 받고 이 일대에서 유격전을 벌이고 있었다. 한 달 남짓 적들과 영용히 싸운 7련은 룡왕묘 일대로 전이하게 되었고 군중들과 부대의 전이를 엄호할 임무는 6반에서 맡았다. 6반의 다섯 전사는 추격해 오는 적들을 꽁무니에 달고 계획 있게 철퇴하여 수많은 적들을 랑아산에 끌어붙였다. 그들은 험준한 지세를 리용하여 올라오는 적들을 또 한 번 쳐물리쳤다. 반장 마보옥은 아주 침착하게 전투를 지휘했다. 매번 적들이 3,4십 메터 가까이까지 기어들게 놔두었다가는 일시에 호된 불벼락을 안기게 했다. 부반장 갈진림은 적들에게 한방 한방 명중탄을 안겼다. 그때마다 그의 분노의 외침소리는 쩌렁쩌렁 메아리쳤다. 마치 작은 총구멍으로는 다 내뿜지 못하는 분노를 피 끓는 외침으로 뿜어내는 것 같았다. 전사 송학의는 전신의 힘을 한 팔에 모아 수류탄을 냅다 뿌렸다. 나이 어린 전사 호덕림과 호복재는 이를 사려물고 불타는 가슴으로 적을 까부셨다. 놈들은 이른 새벽부터 한낮이 될 때까지 발악을 했으나 어쩌지 못하고 구불구불 산길에다 송장만 너저분하게 남겨놓았다.

　　다섯 용사는 엄호 임무를 승리적으로 완수하고 전이하기로 했다. 그런데 그들 앞에는 두 갈래 길이 있었다. 한 갈래는 부대가 전이하여 간 길인데 그 길로 가면 곧 부대를 따라잡을 수 있었으나 군중들과 부대의 주력이 드러나기 쉬웠다. 다른 한 갈래는 기반타 산마루로 통하는 길이다. 기반타는 세 면이 깎아지른 듯한 절벽이었다. 어느 길로 갈 것인가? 인민군중과 부대의 주력을 보호하기 위하여 반장은 "나를 따라 앞으로!"라며 단호히 말하고 앞장서 기반타로 뛰어올랐다. 전사들도 서슴없이 반장의 뒤를 따랐다. 그들은 반장이 적들을 막다른 곳으로 끌어가려고 한다는 것을 알고 있었다.

다섯 전사는 나무와 바위에 의지하여 적들을 쓸어 눕히면서 산마루로 올라갔다. 산길에는 또 수많은 적들의 시체가 군데군데 널렸다. 그들은 세 면이 천 길 절벽인 랑아산 꼭대기에 적들을 끌어올렸다.

다섯 전사는 높은 데서 아래를 내려다보며 기어오르는 적들에게 계속 사격했다. 많은 적들이 산골짜기에 굴러 떨어져 만신창이가 되어 뻐드러졌다. 그런데 이때 반장이 부상을 입었다. 탄알은 다 떨어지고 호복재에게 수류탄 하나밖에 남지 않았다. 호복재가 수류탄 마개를 열려고 할 때 반장이 얼른 그 수류탄을 가로채서 허리춤에 질렀다. 그는 "동무들, 돌로 까부시시오!" 하고 외치면서 항아리만 한 돌을 번쩍 쳐들더니 힘 있게 내리굴렸다. 뒤이어 크고 작은 돌들이 우박처럼 날아 내려갔다. 무수한 돌들이 다섯 용사의 멸적의 다짐을 안고, 중국 인민의 불타는 적개심을 안고 내리굴러 적들의 대갈통을 박살냈다. 산중턱에서는 적들의 비명이 들렸고 돌에 얻어맞은 놈들은 몸뚱어리를 허우적거리다가 깊은 골짜기로 굴러 떨어졌다.

이윽고 한 무리의 적들이 또 기어올라왔다. 반장은 허리에 질렀던 수류탄을 뽑아 마개를 열고는 힘차게 뿌렸다. 요란한 폭음과 함께 적들 속에서 불길이 일어났다.

랑아산 산마루에 우뚝 선 다섯 용사는 인민군중과 부대주력이 간

쪽을 멀리 바라보았다. 그리고 천천히 고개를 돌려 기어오르는 적들을 쏘아보았다. 그들의 얼굴에는 승리의 기쁨이 어려 있었다. 반장 마보옥은 격동에 찬 목소리로 "동무들, 우리는 임무를 승리적으로 완수했소!" 하고 외쳤다. 그리고는 적들의 손에서 빼앗은 총을 바위에 쳐서 동강을 내고 벼랑 쪽으로 걸어갔다. 그는 돌격해 나갈 때처럼 아스라한 벼랑에서 골짜기로 내리 뛰었다. 전사들은 머리를 번쩍 쳐들고 의젓이 걸어 나가 반장의 뒤를 이어 아래로 내리 뛰었다. 장렬하고도 호매로운 구호소리가 랑아산에 울려 퍼졌다.

"일본제국주의를 타도하자!", "중국공산당 만세!" (31–37)

이상의 전문을 요약해 보면 낮은 곳에서 비겁하게 쳐들어온 적, 즉 침략자에 맞서서 중국공산당 인민군이 높은 곳에서 쳐서 승리했다는 것이다. 중국공산당 인민군에 대한 적은 왜놈, 일본 제국주의자들이다. 그들이 집단적으로 기습하여 올라올 때 중국공산당 인민군 5명은 큰 바위를 굴려 깔아 죽이는 등 대단히 용감한 사람들이고 의젓한 사람들이다. 일부러 들어올 때를 기다려 박살내어 물리치는 위대함을 강조하고 있다. 거의 우화처럼 그리고 있으나 주로 중국인의 의젓함과 강함을 나타내기 위한 것이다. 이 글이 사실을 바탕으로 한다고 해도 사실 기록으로서는 너무나 과장되어 있다. 삽화를 보아도 한 사람이 큰 바위를 들고 내리치는 것은 만화와 같은 것이다. 현대판 전설이나 신화를 읽는 기분이다. 특히 국정 교과서에서 이런 것을 학생들에게 가르치는 것은 사실보다는 애국적 용기를 가르치려는 것이다. 이러한 교육은 이미 일본이 식민지 시대 국정 교과서로서 수신修身 등을 편찬해서 충군애국忠君愛國을 가르친 것과 다를 것이 없다. 여기서 다시 보는 느낌이다. 특히 주목할 것은 중국 교과서에서는 일본에 대해서 강한 중국, 그리고 승리를 가르치려고 한다는 점이다. 중국 교과서에 비해 한국의 교과서는 주로 피해의식을 강조한다.

	칭 호	위치	승 부	피 해	심 리
아군(勝)	중국공산당	높다	쳐물리쳤다, 불벼락과 명중탄을 안겼다, 내려쳤다	부상	적개심, 분노, 승리, 의젓하다
적(敗)	왜놈, 일본 제국주의	낮다	덮쳐들었다, 추격해 오는, 기어오르는, 기어올랐다	만신창이, 송장	

모리타 요시오 『종전의 기록(終戰の記錄)』1, 1979 : 14

승자에게 원한은 그리 크지 않다. 그러므로 일본에 대한 반일감정은 크게 증폭되지 않는다. 중국 연변대학의 박창욱 교수는 한국인의 지나친 반일감정에 대해 다음과 같이 언급했다.

연변대학의 박창욱 교수

중국 연변대학에서 오랫동안 조선족 항일 민족사, 이민사, 일본 침략사에 대해 연구와 강의를 담당하고 있는 박창욱朴昌昱 교수를 만났다. 그는 항일 민족사를 연구한 학자로서 한국과 일본에도 널리 알려진 학자이다. 나는 그가 얼마나 반일감정이 강할까 하고 생각하면서 질문을 했다. 그런데 뜻밖에도 그의 입에서 '한국인 학자들의 반일감정이 강한 데에 놀랐다'는 말이 나오는 것 아닌가. 그의 대답에 나는 적잖이 놀라지 않을 수 없었다. 그는 역사는 역사일 뿐인데 한국 학자들은 왜 현재의 일본을 그토록 공격하느냐고 반문한다. 독립운동을 하기 위해 많은 애국자들이 만주로 이주해 와서 정착하고 있다는 중국에서 그러한 발언을 듣고, 나는 놀라지 않을 수 없었다. 그의 소개로 지금은 세상을 뜬 정판용 교수도 만나서 마찬가지로 같은 의견을 듣고, 그만의 의견이 아니라는 것을 알았다. 그 후 많은 조선족 동포들로부터 그와 비슷한 의견을 들을 수 있었다.

만주라면 독립운동가들이 많이 활약하던 곳으로 거기에는 민족학교도 많았고, 그런 점에서 반일감정이 강할 것이라는 것이 나의 선입견이었다. 그러나 그의 의견은 충격적이었다. 중앙아시아의 한 교수는, 우리 조상들은 가난한 한국에서 와서 토지와 일자리를 찾아 헤맸는데, 한국의 학자들이 여기 와서 애국 운동가로 취급하는 경우가 종종 있어서 당황하게 만든다고 토로한 적이 있다. 반일 감정에 대하여 북한, 사할린 등지에서도 한국과는 다른 것을 느끼게 되었다.

일본해의 표기 문제

일본에서 최창화 목사가 崔를 일본식 발음인 '사이'로 부르지 말고 '최'로 불러 달라고 사회 운동을 벌인 적이 있다. 그것이 일본 사회에 상당히 큰 영향을 주어 많은 은행이나 관청 등에서 한국인의 성을 한국식 발음으로 부르게 되었다. 나는 그에게 직접 왜 한국에서는 중국인의 이름을 한국어(예를 들면 모택동)로 부르느냐고 질문한 적이 있다.

지도상의 표기가 역사적으로 영토를 주장하는 중요한 근거가 되는 경우가 있다. 그와 같은 맥락을 벗어나서 지명으로서 '일본해'가 종종 한일간의 문제가 되는 경우가 있다. 동해에 왜 일본 국명(Japan Sea)을 붙였냐고 문제가 되고 있는 것이다. 특히 주목하는 것은 지도에 동해를 '일본해日本海'로 표기하는 점이다. 북한에서는 '조선 동해'라고 하고, "'조선 동해'는 우리나라 주변 바다 가운데에서 제일 넓고 깊은 바다이다"(『조선지리』, 학우서방, 1993:57)라고 설명하고 있다. 중국 교과서에서는 일본해로 표기하고 있다.

지명 표기의 원리로 두 가지가 고려된다. 하나는 고유명사 자체의 의미가 그대로 실체를 표현한다는 생각이고, 다른 하나는 고유명사의 의미와는 반드시 일치하지는 않는다는 생각이다. 즉, 전자는 '일본해'의 일본이라는 것이 '일본의 영토'를 의미한다는 것이고, 후자는 일본이라는 것이 단순한 의미라는 것이다. 언어학적으로 말해서 음이나 문자를 나타내는 파롤parole과 의미를 가진 랑그 langue는 근본적으로 다른 차원이다. 일본해라는 음성 기호는 그 것이 반드시 영토를 의미하는 것 이전에 물체를 가리키는 것에 불 과하다. 지리적인 의미의 일본해라는 '바다'가 '일본의 바다'라는 것을 의미하지는 않는다고 할 수 있다.

인도양印度洋(Indian Ocean), 영국해협(British Channel) 등의 지명 은 반드시 인도나 영국의 소유를 의미하는 것이 아니다. 비근한 예 로 우리들이 주식으로 하는 벼의 학명이 자포니카japonica(japanese rice), 즉 '일본 벼'이다. 그에 대해 반감을 가지는 사람도 있을 수 있다. 우리가 '천하지대본'으로 삼는 벼조차 일본의 벼(rice)라니 하고 놀랄 것이다. 그러나 우리가 '왜마마', '홍콩감기' 등으로 부 르듯이 그것도 마찬가지로 지명이라는 의미보다는 학술 용어에 불 과한 것이다. 일본에서 생산되는 인삼을 '조선 린진(인삼)'이라고 부르는 등 거의 탈가치적인 명칭인 경우가 대부분이다. 일본해의 영유권 문제와는 별도로 이러한 문제를 가지고 대립하는 것은 불 필요한 마찰에 불과하다.

사할린의 식민지

사할린 한인들은 아직도 일본 식민지 속에서 살고 있는 것 같다.

대부분의 한인들은 사할린 섬을 구 소련에 넘긴 것을 아쉬워한다. '이 큰 섬을 일본이나 한국에 넘겨주면 원유 있겠다, 잘 발전시킬 것이다'라고 하면서 '우리는 여기 넓고 자원이 많은 나라에서 산다. 한국은 너무 좁다. 이 섬을 일본이 그대로 지배했다면 우리는 큰 부자가 되었을 것이다. 금, 석탄, 가스 등 천연자원 풍부하겠다, 일본의 기술로 개발한다면 당장 부자가 될 것이다. 그런데 러시아 사람들은 쿠릴 열도조차 일본에 반환해서는 안 된다고 한다'며 노골적으로 불만을 털어놓기도 한다.

해방 후 중앙아시아에서 온 한인들은 사할린 거주 한인들을 일본인들의 앞잡이라고 경멸했다. 그러나 해방 전 일본인이나 한인들은 거의 대부분이 고향을 떠나온 사람들로서 비슷한 입장에 있었고, 혼혈 등으로 비교적 밀착되어 있었던 관계로 일본에 대한 원한은 귀국이 불가능한 것에 집중될 뿐, 일본 식민지 자체에 대해서는 강한 반일감정을 가지고 있지 않다. 수 명의 독립운동가가 있는 것으로 경찰 문서에는 보이지만 만주 등지에 비하면 아주 소수였다. 소련 당국은 사할린 동포들을 일본의 스파이로 여길 정도로 친일적으로 보았다. 반대로 해방 후에 많은 일본인들은 한인들을 소련의 스파이로 보았다. 그래서 해방 직후 혼란기에 일본인들은 포르나이스크와 홈스크 지역에서 한인들을 집단 학살을 자행했다.

소련 붕괴 후 입헌 공화제의 러시아가 들어선 이후에도 사할린 한인들의 신경은 여전히 일본에 가 있는 것 같다. 그러나 그 양상은 다르게 나타나는 모양새이다. 일본의 보조금으로 영구 귀국과 모국 방문 및 왕래가 실행되면서 오히려 더욱 일본의 책임을 묻는 말이 성행하고 있는 것이다. 한국인의 반일감정마저도 사할린 한인 사회를 잠식하고 있다. 원래는 반일감정 교육을 받은 사람들이 아니지만, 일본의 교과서 왜곡에 반대하며 성토한다.

사할린은 일제시대의 사자 석상이 쓰레기더미 속에서 발견되는 등 일본 군국주의 정부의 역사가 아직도 남아 있는 곳이다. 그런데 하나 특이한 점은 친일에 반대하는 반일이 아닌, 즉 한국에서처럼 동포끼리 친일이니 반일이니 하는 파벌적 감정이 존재하지 않는다는 사실이다. 어디까지나 일본이 대상이 되는 것이지 내부에서 서로 반목하는 것은 아니다. 일본에 대해서는 의견의 차이로 받아들일 뿐, 그들을 공격하기 위한 수단으로 반일이나 친일을 이용하는 구조가 사할린 한인들에게는 존재하지 않는다.

북한의 반일감정

김일성은 1912년 평남 대동군 고평면 남리, 현재의 만경대에서 출생해서 7세 때에 만세운동을 보고 따라서 만세를 불렀다고 한다. 김일성의 정치적 카리스마의 대부분은 항일 운동을 했다는 주장에 바탕하고 있다. 혁명기념관은 한국의 독립기념관에 해당하는 것으로, 일제의 잔학상과 김일성의 위대한 항일 운동을 찬양하는 데에 목적이 있다.

김일성의 항일 운동을 전적으로 조작된 것이라고 만은 할 수 없다. 그는 중국 길림의 육문중학에서 마르크스주의를 배우며 열렬한 공산주의자가 되고, 이것이 일본 첩보 자료에 기록된 것으로 보아 일찍부터 항일 운동에 참여한 것으로 짐작된다. 1929년 반일 활동 혐의로 중국 군벌 당국에 체포되어 수개월 동안 감옥살이를 하게 되고, 그 일을 계기로 학교에서 퇴학당했다. 그 후 조선혁명군의 대원으로 활동했다. 1931년, 조선혁명군이 곤경에 처하자 간도 지방으로 옮겨 가서 중국공산당에 입당했다. 1931년 만주사변 이후 중국 군대 산하에서 별동대를 조직해서 활동하고, 1936년 항일무장운동 동북항일연군의 대장이 되었다.

이상의 행적으로 보아 그가 민족 독립운동에 혁혁한 공을 세웠다는 것은 두 말할 것도 없이 침소봉대, 과대평가된 것이다. 김일성은 항일 운동의 정당성을 무장 투쟁에만 두고 있었다. 무력으로 일본을 물리쳐서 나라를 되찾아야 한다는 것이다. 그러면 김일성은 항일 활동 경력을 자신의 정치적 카리스마 형성에 어떻게 이용했고, 또 이용되었는가를 따져 볼 필요가 있다.

북한 정권 수립 후, 북한에서는 애국적 민주 역량을 막고 분열시킨 민족 반역자에 대한 규정을 어떻게 할 것인가 하는 문제가 대두되었다. 그에 대한 김일성의 입장은 다음과 같이 정리되어 있다.

35년간에 걸친 일제 식민지 통치로 말미암아 주민들의 사회 정치적 구성이 매우 복잡하고, 일제 기관에 많은 사람들이 복무했거나 그와 연결되어 있었던 것은 심각한 문제였다. 그런데 당시 일부 사람들은 일제 기관에 복무한 사람들이나 그와 연계된 사람들을 일률적으로 배척하고 박해하려고 했다. 이러한 사태를 헤아린 김일성 주석은 일본 사람 밑에서 일했다 하여 덮어놓고 일제의 앞잡이라고 할 수는 없다고 하면서 혁명 투쟁과 독립운동을 탄압하고 인민들을 검거·투옥·학살한 자라든가, 일제의 이익을 위해서 민족의 이익을 팔아먹은 자, 일본 제국주의에 적극 협력한 자들은 물론 주구로 규정해야 할 것이지만, 자신의 생활을 유지하기 위해 또는 강압에 못 이겨 부득이 일제 기관에 복무한 사람들이나 거기서 소극적이고 피동적인 역할밖에 하지 않은 하급 사무원들을 주구로 규정할 수는 없다고 했다. 그러면서 이런 사람들은 교양하고 개조해야 하며 그들에게 재생의 길을 열어 주어야 한다고 가르치었다. 김일성 주석의 한량없는 도량에 의하여 일제 때 집에 돈냥이나 있어 공부를 하고 일제 기관에 복무했으나, 민족적 양심을 간직하고 있던 수많은 사람들이 그의 따뜻한 품에 안겨 건국 사업에 나서고 영생하는 삶을 빛낼 수 있게 되었다.(『김일성 주석과 민족 대단결』, 평양출판사, 1994)

　해방 후 한국이 반공·반일을 크게 외친 것과는 대조적으로 북한은 반미·반일을 주장했다. "일본 제국주의와 미 제국주의를 타승하고 천리마 조선의 영예를 떨치도록", "세계 반동의 원흉인 미 제국주의와 직접 맞서 있는 어려운 조건에서도 사회주의 건설과 조

북한 초대 내각 부수상을 지낸 『임거정』의 작가 홍명희 묘비. 평양 열사 능.

국의 자주적 통일을 위한 우리 인민의 혁명 위업을 승리의 한길로."(『김정일 주체사상에 대하여』, 조선로동당출판사, 1991) 적극적으로 일제에 가담해서 한국인을 괴롭힌 사람을 주구로 인정했다.

따라서 김일성의 투쟁사는 항일이었지만, 해방 후 일본과 관련한 그의 발언은 매우 적다. 일제 잔재를 최대한으로 청산하려고 노력했다. 통치에 기본이 되는 법을 고치자고 했으나 간단하지 않았다. 독재 정권이 계속되고 있는 북한에서는 식민지 시대의 고문과 전국민 감시에 의한 폭력을 존속시키고 있다.(최정무崔貞茂, 1996; Chungmoo Choi, 1997; Armstrong, 1997) 북한의 교과서는 김일성의 조직적 항일 운동에 의해 일본 제국 침략군이 1945년 8월 15일 무조건 항복했다고 항일 운동을 강조한다. 현재도 조선중앙방송은 자주 항일에 관한 것을 방송하지만 대개 역사적인 운동이 애국주의 시원始原이라는 것이지, 현재 있는 친일파를 척결하자는

『요코 이야기』의 작가 가와시마 요코 씨(왼쪽에서 세 번째) 초청 강연. 해방 후 소련군이 진주한 북한 지역에서 일본인들은 포로와 마찬가지 신세였다. 구타와 살해, 약탈, 강간이 공공연한 가운데 어렵게 북한을 탈출해서 삼팔선을 넘은 일본인들은 미군이 주둔한 남한 땅에 도착한 순간, 주저앉아 통곡했다고 한다. 이들은 미군과 한국 군경의 보호하에 부산항까지 이동, 귀환선에 올랐다.

주장은 거의 들을 수 없다. 이것은 해방 후 친일파 척결이 완수되었기 때문이라고 해석된다.

한국이나 북한 교과서 모두 일제 식민지와 전쟁에 대해서 적극적으로 기술하고 있다. 정도나 질이 다를 뿐이다. 교육과 함께 정치적 선전 및 정책, 행사 등에 의한 것이면서 문화재의 보호, 장려 및 복원, 독립기념관 설립, 민족주의 고양 등의 정책을 다루고 있다. 반일 사상은 국가 이데올로기에 의해 정치적으로 선전된 것이며, 혹은 교육에 의한 것에 지나지 않는다.

평양대회 참가기

2002년, 일본의 과거 청산을 요구하는 아시아 지역 토론회, 즉 전후 처리 국제 심포지엄이 평양에서 열린다는 것을 알고 긴급히 신청하게 되었다. 북한 측의 초대 기관은 문화 협회였고, 주최는 '일본국제교류협회'였다. 재직하고 있는 히로시마 대학교에 서류를 신청해서 문부성을 거쳐 외무성의 허가를 받고자 했다. 그런데 허가가 나지 않을 것이라는 연락을 받았다. 일본과 국교가 없는 나라이고, 더욱이 이번 회의는 일본의 해방 후 책임을 묻는 회의인 만큼, 참가가 적당한가라는 것이 문제가 된 모양이다. 사무를 통해서 불가능하다는 연락이 왔다. 그러나 나는 포기하지 않았다. 결국 나는 그런 회의이기 때문에 참가해야 한다는 의견을 강력히 상신해서 최종적으로 외무성과 문부성의 허가를 얻게 되었다.

일본에서 세 명의 변호사, 의사, 신문기자, 편집인, 전후 처리 각종 조직의 조사원과 연구원, 위안부 문제 등을 다루는 단체의 일본인과 한국인 등이 중심이 되고, 한국에서는 윤정옥 씨를 비롯해 위안부 등 12명, 필리핀·중국·미국 등지의 참가자를 포함해 55명이 참가하고, 북측에서 50명의 관계자 및 보도진들의 참가로 총 130명 규모로 인민궁전에서 열렸다.

2002년 5월 2일, 히로시마 서西비행장에서 아침 8시 20분 출발, 9시 40분 니가타 공항에 도착한 뒤 공항에서 오후까지 있다가 2시에 국제 심포지엄이라고 적힌 입간판이 서 있는 대형 휴게실에 들어가서 3시부터 여권, 비행기표 등 서류를 받은 뒤 발대식이 시작됐다. 일본에서 가는 우리 팀 55명과 '아리랑축제'에 참가하기 위한 다른 두 팀이 합쳐 세 팀이 탔다. 그러므로 적어도 150명 정도 됐다. 오후 5시에 출발해서 1시간 40분 뒤 블라디보스토크에 도착, 8시에 평양으로 가는 비행기로 바꾸어 타고 출발했다.

나는 160여 석의 좌석 중 비행기 동체의 후반 중간쯤, 22번 E 오른쪽 중간에 앉았다. 옆 좌석에는 이와나미 서점(岩波書店) 「세계 世界」 편집장 오카모도 아쓰시(岡本厚) 씨가 앉고, 오른편에는 나라현 천리시의 야간학교 교원 후쿠니시(福西) 씨가 앉았다. 편집장은 1999년에 평양에 다녀온 사람이었지만 다른 사람들은 거의 처음 가는 사람들이었다. 좀 불안하다거나 체포되지 않을까 하는 농담이 들릴 정도였다. 그러나 모두 심포지엄과 관계 있는 사람들이라는 인상이었다. 매일신문, 출판사, 통신사, 대학교수, 변호사, 야간학교·중학교 교사, 전후 처리 재일교포 차별 문제 등을 다루는 카메라맨, 평론가 등이었다.

단장 쓰치야(土屋) 씨는 적대시하는 나라인 공화국에 가려는 사람들의 용기와, 각계각층의 다양한 사람들이 단시일 내에 모여 이와 같이 여행을 하게 된 것을 치하했다. 공화국은 오랫동안 일본으로부터 식민지 지배를 받고 아직도 해방 후 처리가 되지 않은 곳이다. 독일처럼 전후 처리가 되지 않아서 지금도 문제가 되는 양국 관계에 대해 유감스럽다, 독일이 한 것을 일본은 하지 않는가, 평화를 위해서는 상대방을 이해하는 것이 가장 비용이 들지 않는 방법이니 이번에 상호 이해에 전력할 것을 부탁한다, 국교가 없는 나라라는 것을 생각하지 않으면 안 된다, 좋은 성과를 거두고 돌아올 것을 당부한다는 인사말을 했다.

아리미츠겐(有光健) 씨가 신문기자, 민주당 의원(여성), 편집장 등만을 소개했다. 아리랑축제에 참가하는 좋은 기회로 계절도 좋다는 말을 했다. 비행기 표를 나누어 주고, 보험증 그리고 독방 사용료와 관람료 등 추가 비용을 지불한 뒤 각자 1층으로 가서 수속을 했다. 면세점에는 술, 담배 등이 있었으나 누구에게 선물을 할지 정해지지 않아서 그런지 사는 사람이 적었다. 재일교포들이 북한을 방문할 때와는 대조를 이루었다. 평양 갈 때까지 식사가 부실할 터이니 각자 준비해서 가져가라는 지시가 있었다. 그래서 2층 매점에서 약간의 먹을 것을 샀다.

블라디보스토크의 5월초 저녁은 춥게 느껴졌다. 나는 겨울 옷을 그대로 입고 온 것을 잘했다고 생각했다. 여기서 평양까지는 1시간 20분 걸린다고 방송했다. 내가 블라디보스토크를 방문하는 것은 2002년 5월 당시가 다섯 번째인가 그렇다. 블라디보스토크는 늘 그런 것처럼 흐리고 안개 낀 날씨였다. 그래서 농사가 잘 되지 않는다는 곳이다. 과연 그날도 흐린 날씨였다. 그러나 밖에는 농사를 위해 밭을 가는 모습, 그리고 자작나무들에 싹이 난 것이 눈에 들어왔다. 아홉 시 반쯤에 평양 순안비행장에 도착하니 밖의 기온은 14도였다. 추위를 느꼈다. 불빛이 거의 없었다. 그러나 직전에 왔을 때보다는 밝게 느껴졌다. 나는 한글로 입국 신청서를 빨리 쓸 수 있어서 일본인들보다 먼저 나갔다. 그러나 짐이 마지막에 나오는 바람에 3호차에 탔다. 입국은 명단대로 쉽게 통과되었다. 우리가 심포지엄 참석 인원이라는 것 때문에 그런 것 같았다. 우리를 영접하는 안내원들의 인상은 밝았다. 그들은 거의 완벽한 일본어로 정중하게 인사를 했다.

평양 시내로 들어가는 차 안에서 계성훈 씨가 일본어로 인사를 하고, 호텔 방 2-25-23호 키를 건네 주었다. 나는 여기서 아사히신문의 사회부 혼다 마사가즈(本田雅和) 씨의 인사를 받았다. 그는 수돗물을 마시지 말라는 주의와 함께 '공화국은 일본과 다른 사회이기 때문에 룰이 다르다. 그러므로 서구인들에게는 문제가 되지 않는 것이 일본인들에게는 문제되기 쉽다. 그리고 혼자서 배회하지 마라, 안내원의 안내를 받으면 된다'고 했다.

밤 11시경에 시내에 들어오니 고려호텔 앞거리에는 예전에 없던 네온으로 국제적인 축제를 한다는 인상을 짙게 했다. 평양 시내는 어둡다. 호텔 로비에서 다시 식당 및 시설 안내를 간단히 받고 11시 30분경에 방으로 들어갔다. 방은 응접실과 침실로 두 개이고, 침대 커버는 조선식 홑이불이었다. 잘 정돈되어 있었고, 더운 물 등이 있었다. 냉장고에는 찬물과 주스가 들어 있었다. 아름답고 호화로운 인상이었다. 예전에 묵었던 1호관과는 달리 2호관은 더욱 고급스러웠다. 그런 점에서 재일 교포가 묵었던 방과는 다르다는 것을 알았다. 텔레비전에는 1개 채널만이 있었는데 거기서는 영화를 방영하고 있었다.

라디오는 FM방송에서 주체사상에 대한 강의를 했다. 주체사상에 대해 '김일성 주석이 주신 가장 고귀한 선물이다'라고 해설했다. 이를 이어서 위대한 장군님이 받들어 발전시키고 있다고 했다.

5월 3일 아침 식사는 1층 식당이고, 8시 30분에 호텔을 출발해서 인민문화궁전으로 간 뒤 거기서 회의를 하고 도시락을 먹는다고 했다.

아침 6시 전에 일어나서 테이프를 들으면서 여행기를 타이핑했다. 거리에는 자동차가 거의 없었고 검은 양복을 입은 사람들이 걸어 다니고 있었다. 9시에 인민문화궁전에 도착해서 사진 전시를 관람했다. 사진들은 하나같이 일제의 잔악한 역사를 보여 주는 장면들이었다. 대개는 일본의 신문들을 복사한 것이었다. 홀에 들어가니 전면에는 '일본의 과거 청산을 요구하는 아시아 지역 토론회, 2002. 5. 3~4 평양'이라고 썼고, 그 밑에는 영어로 'Asian Regional Symposium Demanding Liquidation of Japan's Past, May 3~4, 2002, Pyongyang'이라는 간판이 보였다.

3중 라운드 테이블 중에서 제2 라운드 중앙에 앉았다. 내 앞에는 한국에서 온 위안부, 변호사 등이 자리 잡고 앉아 있었다. 여성 위원장이 제일 앞쪽에서 선 채로 인사를 하며 맞이했다. 여성들은 거의 대부분 한복을 입었고, 안내원들은 모두 배지를 달았다. 나는 이번에는 완전히 참관인으로서 시종일관 지켜보기만 하기로 했다.

국가별 보고

9시 25분 사회자의 인사말이 있었다. 여러 나라에서 참가했다. 인도네시아, 미국 등지에서 유명한 사회 운동가들이 참가했다. 한국 측에서는 '정신대진상규명위원회' 위원들, 일본 측은 교과서 대표자들, 미국에서는 활동가들이, 조선인민공화국에서도 그 나름 명망 있는 사람들이 참가했다. '오랫동안 여러 가지 활동이 전개되었다. 일본 문제는 당사자들이 해결해야 하는데, 좀처럼 해결하려 하지 않는다. 식민지의 범죄에 대해서 우리들이 규탄해야 한다, 여기 아시아 인들이 협력하기 위해 대회를 연다'고 선언했다. 최근 일본에서 열렸던 재판에 대해서 '일본은 법정 판결을 존중해야 한다, 역사적인 의미가 있다. 우리는 그 판결을 기쁘게 받아들이고 싶다, 이번에 남북이 공동으로 기소장을 작성했다. 아직도 전후 처리가 되지 않았다. 교과서·신사참배 등의 문제가 있다, 일본은 개헌을 해서 전쟁을 하려고 하고 있다, 그래서 우리는 여기 어렵게 모였다. 일본은 이웃 나라를 침략하고, 여자들을 성노예화 했

평양에서 열린 '일본의 과거 청산을 요구하는 아시아 지역 토론회'에 참석한 한국의 이용수 씨를 비롯한 아시아 각국의 위안부들과 일본 노병들.

다. 그녀들의 명예를 회복시켜야 한다, 다른 나라에 지지 않도록 교육을 해야 한다, 구호에 그치지 말자, 전쟁이 없는 사회를 가꾸자'고 말했다.

일본 측 대표로 변호사협회 회장 쓰치야 씨가 연단에 섰다. 일본은 가해 국가로서 조선에 군사적 희생을 강요했다. 많은 나라들이 참가했으니 여기서 많은 친구를 만날 것이다. 이미 우리는 제네바·평양 등에서 만나 일본군의 범죄를 규탄했다. 이번 국제회의는 평가받을 것이다. 일본 정부로서도 반응하지 않을 수 없을 것이다. 법정 투쟁을 하는 데에 일본인 변호사들이 많이 노력했다. 이번 회의를 평양에서 하기로 하고 진행하게 되었는데, 일본 정부는 부당한 일이라고 했다. 여기에 많은 인사들이 참가했다. 피해자들도 참가했다. 이번 회의가 성공적으로 진행되기를 기대한다. 이어서 각국 대표들의 인사말이 진행되었다.

대만 대표는 이번 평양 회의에서, 인류 역사상 가장 비참한 일이라는 종군위안부들이 만천하에 호소할 것이다. 그녀들이 여기에 나서 준 것은 감사할 일이다. 일본 시민 단체들에게도 감사한다. 이를 통한 교류가 활발해질 것을 기대한다고 했다.

필리핀 대표는 "이번 회의에서 보상 문제를 호소할 것이다. 큰 성과를 기대한다. 필리핀에는 많은 피해자들이 있다. 60명이 아시아 여성기금협회로부터 지원을 받고 있다. 일본 정부가 지금까지 외국 피해자들에게도 지원했는데 작년부터 지원금이 중지되었다. 계속해서 지원할 것을 요구한다. 정부는 규정도 만들고, 보상을 하도록 국회에서 법을 제정했다. 우리 단체들은 보상을 요구하고 있다. 인도네시아 대표도 국내에서 위안부에 대한 지원은 매우 어렵기 때문에 일본 정부가 피해자를 지원해 주기 바란다"고 했다. 1966년 미국으로 이민을 가 워싱턴 DC에서 살고 있는 이동원 씨는 "시어머니의 고향 나라에 와서 어머니를 추모하고 남북 분단의 비극을 통감한다고 전제하고, 얼룩진 과거의 청산, 평화의 시대, 여성의 존엄성이 지켜질 수 있도록 투쟁하자"고 주장했다.

미국인 인권 변호사 휘셔 씨는 "식민지 전쟁 시기에 고통을 받은 피해자들의 모임으로서 이 모임이 확대되기를 바란다"고 하고,

"미국·일본 법률가들이 역사의 진실을 밝혀 법적 해결을 보기 위해 10년간이나 노력해 왔다. 그녀들이 더 늙기 전에 적극적으로 운동을 일으키자"고 주장했다.

이어서 조선민주주의인민공화국의 기조 토론자는 환영의 인사말을 서두에 한 다음, "일본은 역사를 감추고 날조하는 등 추악한 행위를 한다. 일본은 우리 민족을 식민하면서 노예사냥 식으로 강제 이민시켰다. 600여만 명을 강제 연행, 능욕을 하고 조선 민족의 씨를 말리려 했다. 일본은 직업·연령을 가리지 않고 전쟁에 동원, 범죄를 범했다. 백주에 여성들을 사냥하여 정신대로 보내는, 세계 역사상 유례가 없는 잔인한 행위를 자행했다. 성노예 인권에 대한

2002년 평양 토론회에 참석한 한국 정신대대책협의회 윤정옥 씨.

문제가 해결되지 않고 있다. 그녀들은 거의 고령이다. 그녀들은 일본의 만행에 복수하지 않고서는 죽을 수 없다고 한다. 아시아를 중심으로 세계적인 공동 과제이기 때문에 연계의 필요성, 일본 재야 단체의 협력을 폭넓게 할 것"을 주장했다. 아울러 "그 유가족들의 기대가 크니 기대에 보답하기를 바란다. 위안부 문제, 역사 교과서 왜곡 문제, 일본은 지금도 대동아공영권을 꿈꾸고 헌법을 개정하려고 하고 있다. 지금 일본은 오히려 우리 공화국을 가해자로 몰려고 한다. 전후 처리 문제에 해외 피해자를 포함시키지 않고 일본인만의 문제로 처리하고 있다. 이것은 상식에 어긋난다. 공화국 피해자에 대해서 한 번도 사죄하지 않고, 보상하지 않았다. 일본은 피

평양 토론회 중 종군위안부들과 활동가들은 위안부 피해에 대한 사과와 배상을 통해 문제의 청산을 일본에 촉구했다.

해자들의 폭로, 보상 요구, 원한에 찬 목소리를 듣지 않으면 안 된다. 우리들은 일본에 요구하지 않으면 안 된다"고 했다.

사회자는 식민지 역사 청산을 해야 할 일본이 그것을 회피하는 것은 문제라고 제기하고, 여러 협의체와 협력 기구를 만들 것을 제안했다. 20분간 휴식하고 위안부들이 직접 일본인 군인들에 의한 피해를 호소했다. "14세 때 일본 군인에게 끌려가서 상하이 등지에서 성노예 노릇을 했는데, 처음에는 부끄러워서 신고하지 않다가 나중에 신고했다. 그랬더니 돈이 없으니까 일본에 몸 팔러 간 것이라고 하면서 귀를 기울이지 않았다. 그들은 이중, 삼중으로 죄를 짓는 것이다. 진상 판명을 위한 긴급 법을 만들어 일본이 사죄하도록 해야 한다"고 눈물을 흘리면서 외쳤다.

일본 수상의 신사 참배

세계 각국마다 민족의 영웅이나 전사자들의 영령을 모신 국립묘지나 사당을 가지고 있고, 외국 영수들이 예방하는 것이 보통이다. 미국의 뉴욕 알링턴 묘지는 국립묘지(Arlington National Cemetery)이지만 일반 공원으로도 애용되고 있다. 한국의 동작동 국립 현충원에는 주로 6.25 참전 용사들이 압도적 다수로 모셔져 있다. 국가 원수가 이곳을 참배하는 것은 상례이며, 그것이 문제되는 일은 없다. 그런데 일본이 야스쿠니신사를 참배하는 것이 아시아 여러 나라로부터 강한 반발을 받는 이유는 무엇 때문일까. 야스쿠니는 신도神道의 사원이다. 그러나 해방 후에 일본은 국가 신도를 인정하지 않고, 현재 신도는 종교 법인에 불과하다. 그러므로 야스쿠니도 국가 소속이 아니고 법인 단체에 불과하다. 문제는 거기에는 대동아전쟁의 주범이라 할 수 있는 1급 전범들이 포함되어 있다는 사실이다. 즉, 아시아 여러 나라들이, 특히 한국과 중국이 반발하는 것은 다시 천황제 국가 시대로 부활하려는 일본을 경계하기 위한 것이다. 천황제 자체에 대한 것이라기보다 피식민지 시대를 통해서 천황제를 경험했기 때문에 대부분의 한국 연구자들이 천황제 및 신사참배 등에 극히 부정적이다.

일본인들도 종교의 정치 참여에 대하여 극히 부정적이다. 철저하다고 할 만큼 정교분리政敎分離 정책을 고수한다. 그것은 일본이 한국과는 다른 경험과 역사를 가지고 있기 때문이다. 일본은 근대 국가에서 종교(신도)를 정치에 이용했던 역사 때문에 종교의 위험성을 충분히 인식하고 있기 때문이다. 다시 말해서 종교의 국교화가 결국 종교의 발전 자체는 물론 국가 발전에도 폐해가 되었다는 인식에서 비롯된 것이다.

제2차 세계대전 전에는 일본은 천황을 정점으로 하는 국가 신도의 이데올로기로 일본 제국을 통치했다. 메이지유신은 왕정복고王政復古를 내세워 신도를 국교화와 같은 복고=국수화 정책을 취하는 동시에, 한편으로는 구미 선진국을 모방하여 문명개화=구미화 정책을 추진했다. 1890년 교육칙어 반포 등의 제도화 과정에서 더욱 공고하게 되었으며, 근대 일본의 지배 원리로서뿐만 아니라 일본 특유의 근대화 추진을 위한 제도적 테두리로써 결정적인 역할을 하게 되었다.

복고=국수화와 문명개화=서구화란 말은 서로 반대의 극처럼 보이지만 실은 양자가 상호 보완적인 것이다. 국민 통합을 위해 종교를 국가 정치에 이용, 즉 천황제 국가가 애국심을 고조시키고 국민의 힘을 통합시켰다. 전통이 평등화에 기여하기는 어렵다 하겠으나 반면 그것은 권위 확립과 일체감 조성에는 크게 이바지한다. 정치 지도자가 전통을 존중하면 전통적 국민은 지도자와 일체감을 갖게 되기 때문이다. 가족주의와 유기체론을 구성 계기로 하는 가족국가관—그 찬반 여부는 여하튼 간에—은 천황 숭배를 통해서 국민적 통일을 가져오는 데 크게 이바지했다는 의견이 있다.

박정희 대통령은 일본의 천황제를 모델로 한 것 같다. 적어도 국민 통합에서 그렇다고 할 수 있다. 박정희 정권의 '유신'이나 '새마을운동', '국민교육헌장', '가정의례준칙' 등 이 시기의 정책은 아무래도 일본 근대화를 모델로 한 것이라고밖에 생각하지 않을 수 없다. 일본 천황제에서 아마 천황의 정치적, 권력 구조적 요소를 빼면 남는 것은 종교·제사적 기능일 것이고, 거기서 또 종교성을 뺀다면 다시 남는 것은 이데올로기뿐이다. 1947년 천황 자신이 인간 선언을 했지만 아직도 많은 일본인들은 천황을 인간 자체라고는 생각하지 않는다. 그것은 천황이라는 존재가 단순히 정치적 목적에 따라 인간을 제도적으로 신격화한 것만이 아니라는 것을 의미한다. 천황은 민중의 의식 속에 살아 있으면서 상징적으로 또는 종교·신앙적으로 힘을 발휘하고 있음을 뜻한다. 따라서 천황은 신도神道를 배경으로 한 신적 존재가 된 것이다. 천황의 병중 기간에 일본인들의 쾌유 기도나 서거 직후의 금기 생활, 그리고 대상제大嘗祭에 대한 관심 등은 천황제가 실체로서 존재하고도 남는다는 것을 실증한다. 아직도 천황은 일본 헌법상 권력 행사의 합법성을 가진 존재이다.

그러나 제2차 세계대전 이후 천황은 일본인들에게 거의 상징적 존재일 뿐이다. 국가 신도나 야스쿠니신사와도 직접적으로 관계가 없다. 수상의 야스쿠니 참배는 일본 내셔널리즘을 증폭시키는 역할을 한다. 일본 안에는 그런 우익적 행위를 막아서 평화를 수호하려는 막강한 세력들이 있다. 언론과 지식인들이다. 한국이나 중국이 전쟁이나 식민지의 피해자인 만큼 일본의 군국화를 꺼려하는 것은 당연하다. 그것은 일본 안에서의 평화를 지키는 데에도 도움이 된다. 그러나 과거의 과오를 빌미로 외부에서 필요 이상으로 트집을 잡는 식으로 일본 사회의 내셔널리즘을 자극할 필요는 없다.

국기에 대한 경례나 국립묘지 참배는 한국이나 중국에서도 한다. 국민을 대표하는 위치에 있거나 정치 거기에 예를 갖추는 것은 지극히 온당한 일이다. 당연히 한국이나 중국에서는 자신들의 거기에는 전범이 들어 있지 않다고 답할 것이다. 그러나 한국 국립묘지에는 베트남 전쟁에 참전한 사람들이 포함되어 있다. 베트남에서 볼 때는 국립묘지에 모신 것에 대해서 트집 잡을 수도 있다. 영령英靈을 추모하는 행위에 대해 다른 나라에서 왈가왈부하지 않는 것은 식민과 피식민의 역사에서 벗어난 현대 문명국 간의 관계 이전에 상식의 문제이다. 자식은 부모가 절도범이었어도 제사를 지낸다. 이웃집에서 너의 부모는 도둑이니 제사를 지내지 말라고 할수는 없다. 국가의 관계가 개인적 차원의 윤리 수준을 넘지 못하고 넘을 수도 없는 경우가 바로 이러한 경우이다. 내버려 두면 아무런 문제가 없다. 마치 『추醜한 한국인』을 선전하여 팔아 주는, 다시 말해서 손해 보는 애국심(?)과 비슷하다.

맺음말

　일본에서 흔히 듣는 말, 한국 뉴스는 드라마 이상으로 재미있다. 일본의 유명 만화가 히가시무라 아키코(東村アキコ) 씨는 NHK에 출연해서 '한국은 재미있는 나라다'라는 주제로 길게 말했다. 너무나 변화무쌍한 나라라는 것이다. 얼마 전까지만 해도 판문점 관광은 일본인들에게 폭발적인 인기를 끌었다. 나도 몇 차례 안내 겸 연구 조사차 판문점을 방문했었다. 한때는 서울에서 판문점, 평양에서 판문점으로 거의 동시적으로 들르기도 했다. 박진감 넘치는 영화 「JSA」를 감상한 일본인들은 2002년 한일월드컵 기간 중에 터진 서해교전을 비롯해서 연평도 포격, 천안함 폭침 공격 등을 보면서 놀라기보다는 혼란에 빠져야 했다. 그런 충격적인 사건들은 계속 이어진다. 북한의 핵무장 시도는 거의 그 결실을 맺은 단계로 접어들었고, 2020년 7월에 있었던 개성공단 남북연락사무소 폭파, 탈북했던 남자가 휴전선을 뚫고 임진강을 건너 월북했다가 북

한 보안당국에 체포된다. 탈북자, 월북자, 배신자 같은 말들이 같은 말을 쓰는 두 체제에서 뒤섞이는 것을 보면서, 한국말과 조선말이 뒤범벅이 되는 날이 닥쳐오고 있음을 직감한다.

실제 상황인가, 가공 연출된 것인가

휴전선은 말 그대로 남북간 전쟁을 일시적으로 멈춘 상태임을 확인시켜 주는 불안과 공포의 상징물이다. 그 선을 트럼프와 김정은, 그리고 문재인이 특권적 독점적으로 넘나들며 미소를 짓는 것을 보면서 나는 무슨 드라마나 단막극을 보고 있는 게 아닌가 착각할 정도였다. 이렇게 볼거리가 많은 나라가 한국이다. 북측이 발끈해서 폭발하자 문재인 대통령이 이웃사랑이란 성경 구절로 임시 변통한다. 번갯불에 콩 구워 먹듯 하는 상황 전개와 임기응변식 '쪽대본'에 의해 만들어지는 한국의 속칭 막장 드라마를 보는 것처럼 재미있기도 하고 어이없기도 하다.

일본인 제자가 보내 준 드라마 '사랑의 불시착'을 밤 늦게까지 보았다. 참으로 재미있다. 내가 다녀 본 평양 시내의 대학과 대동강 그리고 원산, 개성, 판문점에 이르는 긴 장면들이 기억 속에서 솟아난다. 내가 보고 체험한 북한은 20여 년 전, 그 20여 년의 시간이 흐르는 동안 북한 인민들의 생활과 등장 인물도 많이 변한 것처럼 보인다. 남한식 북한 풍경, 현실과 드라마가 교차, 혼재한다.

드라마의 장면들이 이례적이다. '불시착'의 지점은 휴전선 너머이다. 탈북과 월남/월북이 혼란스럽다. 탈북자 3만여 명이 한국에 살고 있는 현실에서 휴전선을 지키는 한국군은 일부 탈북자들이 휴전선 철책을 넘나드는 것을 몰랐다. 막장 드라마보다도 못한 상황이다. 다큐멘터리, 픽션과 논픽션이 공존하는 혼란스러운 사회라고나 할까. 시대가 바뀐 것일까. 혹은 겉만 그럴 싸하게 포장된 것은 아닐까. 변해도 너무 심하게 변한다. 문득 내가 오래 살고 있다는 생각이 들었다. 북한 정권과 그것을 추종하는 일부 한국인들을. 빨갱이라고 비난하던 때가 엊그제인데 세상이 변했나 보다. 그렇다면 내가 북한 학자와 통화했다고 일본 주재 영사로부터 장시간 심문을 받아야 했던 것은 무엇인가.

휴전 후 지금까지 변함없는 판문점. 탈북자 3만여 명이 살고 있는 현실에서 휴전선을 지키는 한국군은 일부 탈북자들이 휴전선 철책을 넘나드는 것을 몰랐다.

나는 6.25전쟁 통에서 살아남은 사람이다. 육군사관학교에서 생도들에게 애국심을 강의했다. 예비군 대대장도 지냈다. 어찌 될 것인가. 6.25전쟁 발발 70주년에 즈음한 변화의 흐름을 좇기에 벅차다. 이런 나는 사실 오래된 저주의 주술을 가슴에 얹고 평생에 살아왔다. '친일파'라는 주술은 한국에서는 저주이자 사회적 매장이나 다름없다. 나에게는 지금도 친일파라는 공격이 수시로 날아든다. 물론 친일파라는 공격과 저주는 내가 감당할 몫이고 지금까지 그렇게 살아왔다.

그런데 최근 들어 걸리는 것이 있다. 피 흘려 지켜 온 자유민주 국가로서 세계사에 유례없는 단기간 내의 산업화와 고도 성장으로 세계인의 주목을 받아온 한국이 이제는 걱정스럽다. 대통령은 국가를 만드는 존재가 아니다. 국민의 위임을 받아서 보살피고 다스리는 존재일 뿐이다. 대통령의 권한을 임의대로 행사해서 국가를 제멋대로 몰아가는 리더leader보다는 국민을 보살피고 도와주는 통치자(governor)가 되었으면 좋겠다. 통일이나 대국 영토주의는 지나간 이상이다. 대국 영토주의의 중국보다 아주 작은 나라로서 행복한 나라를 이룩해 가기를 바란다. 그런 점에서 나는 싱가포르가 부럽다.

친일과 반일의 역학

문화인류학자로서 일본의 대학에서 교수를 하고 있는 입장에서 한국의 여러 대통령들을 보아 왔으나 아무래도 김대중 씨가 가장 두드러진 인상으로 남아 있다. 그가 일본 문화 개방 등 미래를 보면서 한일 관계의 좋은 틀을 놓았고, K-POP 등 건전한 한국 문화의 성장의 틀을 만들었다. 〈겨울 연가〉가 NHK에 방영되면서 한국을 좋아하는 사람이 폭발적으로 늘어나 일본에 사는 나도 각광을 받는 것 같아 즐거웠다. 그런데 문재인 씨의 출현으로 어려운 한일 관계는 급전직하, 위기에 직면하였다. 거기에 코로나 위기마저 덧씌워져 악화된 한일 관계의 실마리가 보이지 않는다.

8월이 되면 일본의 히로시마와 나가사키의 원자탄 피폭의 회상, 한국의 광복절 기념의 날들이 이어진다. 한국의 반일감정이 범람할 것을 걱정했는데 아니나 다를까 한 술 더 떠서 독립기념관장까

나가사키에 있는 조선인 원폭 희생자 위령비.

나가사키 군함도. 한국에서는 징용공들이 강제노역에 시달렸다고 주장하는 곳으로서 영화로까지 제작되어 반일감정을 부추기고 민족의식을 자극하는 소재로 활용됐다. 전형적인 사실관계 왜곡의 현장이다.

지 나서서 국립 현충원에서 친일파를 파묘해야 한다고 선동한다. 징용공과 위안부를 둘러싼 TV토론 등을 보니 악역처럼 등장한 일본 거주 한국인 교수는 궤변을 늘어놓으면서 일본 정치평론가들의 비난을 받았다.

친일과 반일이 주제처럼 들린다. 친일과 반일의 역학이라 할까, 위험한 한일 관계를 논하는 글을 묶어 오래 전에 책으로 냈었다. 한국의 친구로부터 메일이 왔다. 내가 '한국의 편협한 반일 국학주의 민속학자들로부터 비난받는다'는 말이다. 나는 어떤 비난을 받아도 민족주의를 찬성할 수 없다. 윌슨의 '민족자결주의'의 영향을 받아 일어난 3.1운동에 대해 생각해 본다. 민족주의가 강화되었고 민족마다 독재정부가 생기면서 자국민을 노예로 만들어 버린 나라들이 이웃 북한 중국을 비롯해 세계에 널리 존재하는 상황이다. '우리 민족을 부흥시켜야 한다'는 사상은 부분적으로는 옳을지 모르지만 인류 전체로서는 옳다고 할 수 없다. 일본을 적대시하는 민족주의를 반성할 필요가 있다. 윌슨의 민족주의를 반성 검토하는 운동이 소수이기는 하지만 일고 있다. 바람직하다.

사할린에서 본 일본인의 조선인 학살을 상기한다. 그런대로 평화스럽게 살았던 제국 일본의 국민들이 혼란기에 일본인이 조선인을 학살하는 무서운 사건을 저지른 것을 알았기 때문이다. 이런 일본인의 잘못을 연구하는 데 있어서 나는 일본 정부의 연구비를 받았다. 그런 일본에 감사한다.

한恨의 정서, 관념의 폭력

지금 한국은 걸핏하면 일본을 적대시한다. 고대 한국의 삼국시대에도 그러했고, 일본의 에도시대 때도 그랬으며 경제적으로 문화적으로 긴밀한 관계인 오늘날에도 한국은 일본을 원수로 대하고 있다. 한민족의 '대항 차별 의식'이 강하기 때문이다. 에도시대의 조선통신사 신유한이 본 일본에 대해 언급한 것을 읽었다. 아메노모리 호슈와 신유한의 대화 형식으로 된 글이다. 아메노모리가 '왜 조선인은 일본을 '야만인', '왜'라고 하는가' 하고 묻자 신유

한은 '임진왜란을 생각하면 일본인을 갈기갈기 찢어서 씹어 먹어
도 한이 풀리지 않는다'고 즉답한다. 나의 고향의 무당 굿 마지막
에 떡을 나누어 먹는 계면거리가 있다. 그 떡을 '성계육'이라고 한
다. 이성계에게 패함으로서 결국 고려 왕조의 멸망을 막는 데 실패
한 최영 장군의 한을 달래기 위해 성계육을 씹는다는 것이다. 한국
인들에게 면면한 한의 정서는 바로 그 실패한, 좌절한, 밀려난 존
재들에 대한 연민의 감정으로서 승자에 대한 저주의 감정일 뿐이
다. 현재의 자신과는 무관한 것들에 대한 즉자적, 일차원적 연민은
관념의 폭력성으로 나타난다. 내 고향 양주에서처럼 떡을 나누어
먹으면서 이성계를 씹어 먹는다는 식의 '성계육'이란 상징 폭력이
그것이고(고려의 수도였던 개성에서는 돼지고기를 씹어 먹으면서 '성계
육'을 씹는 풍습이 전해온다. 그 의미는 양주의 것과 동일하다), 300여 년
전의 일로 일본을 씹어 먹고 싶다는 것 또한 마찬가지이다.

관념의 폭력! 한국인에게 한恨의 정서란 그런 것이다. 그런 점에
서 일제시대는 한의 정서, 관념의 폭력을 합리화해 주는 또 하나의
기재일 뿐이다. 한일 관계는 결국 한국, 한국인의 생각과 태도에
달린 문제라고 본다.

일본에 대한 한국인들의 관념 속에는 또한 국경보다 강한 선線,
친일 반일이라는 선이 있다. 나는 이 책 초판에서 반일과 친일이란
단어에 공통으로 쓰이고 있는 일日은 일본을 직접 겨냥한 말이 아
니라고 주장했다. 한국의 여론이 친일과 반일로 양분된 것으로 보

는 사람도 많다. 사실 한국 안의 친일과 반일은 조선조의 사색당파와 같은 것이다. 조선조의 당파싸움은 중국 자체를 대상으로 한 것이 아니라 중국을 어떻게 보느냐 하는 내부 문제가 핵심이다.

일본의 침략에 의한 식민지 역사가 비교적 같은 성격을 보이는 동아시아나 동남아시아의 반일감정은 일제로부터의 해방 후 지역과 나라에 따라 변화된 양상을 보인다. 즉, 식민지 역사를 공유하는 한민족이라고 해도 재중국·재일본 교포 등에서 반일감정은 다양하게 변이되어 나타난다.

이 책에서는 이들 다양한 반일감정에 초점을 맞췄다. 그것을 객관적으로 보기 위해 세계의 식민지를 시야에 넣었다. 거기서 우선 느낀 점은 한국의 반일감정은 다른 어떤 피식민지에서의 종주국에 대한 원한보다 강도가 세다는 것이다. 나는 그 원인을 분석해서 그것이 반일이라고 해도 일본에 대한 것이라기보다는 역시 한국 자체 안에 있다는 것을 발견했다. 대부분의 반일론자들이 공격, 비난하는 대상은 일본인이 아니라 주로 한국인을 적으로 설정하고 있다는 것이다.

나를 반일이라고 비난하는 것은 한편 나쁘지 않다. 나를 친일파로 공격하는 사람들 자신도 아직 나를 한국인으로 보고 있다는 전제가 깔려 있다는 것 아니겠나. 그렇듯이 한국인의 반일감정은 일본이나 일본인을 직접 대상으로 하는 것보다는 한국인끼리의 파벌 의식에 바탕을 두고 있는 것이다. 그들이 보기에 나는 친일이란 파벌로 묶어 두고 공격해야 하는 대상이어야 하고, 한국 안에 있는 '일본', '일본 문화', '일본적인 것'으로서 청산해야 할 일제의 잔재라고 할 수 있다. 직접적인 항일 운동이 끝난 해방 후 실제로 일본인과의 만남이 어렵게 되었을 때, 반일사상이 강하게 대두되었을 것이다. 거기에 식민지는 '절대 악'이라는 패러다임이 만들어진 것이다. 물론 그것은 식민지 시기에 일본 놈 앞잡이를 싫어하던 감정의 연장이라고도 볼 수 있다. 그래서 한국인 친일파가 한국인으로부터 멸시를 받는 구조이다.

이러한 반일감정의 주체는 직접 일본 국가 체제나 사회·문화에 영향을 미치지 못한다. 그러한 실체보다는 허공을 향해 주먹을 휘두르며 반일을 강조함으로써 자신의 애국심만 표현하면 된다는 것처럼 느껴진다. 이러한 태도는 결과적으로 조선 왕조의 당파싸움처럼 파벌 싸움을 조장한다. 만일 그들이 한일 관계에 영향을 미친다면 한일 관계를 어렵게 만들 뿐이다.

그러나 전부 부정적인 것만은 아니다. 반일에서 민족주의가 싹트고, 강화된다고 할 수 있다. 일본의 민족주의가 반서구적이라면 한국의 민족주의는 반일적 민족주의라고 할 수 있다. 즉, 한국의 민족주의는 일본을 의식한 데서 출발한다고 할 수 있다. 그만큼 일본의 존재가 한국에게는 크다고 볼 수 있다. 한국인의 일본인에 대한 감정이 결코 좋지 않다는 것은 그만큼 가까운 이웃이라는 의미도 있다. 교과서 문제, 종군위안부 문제 등이 생기면 언제라도 사상 최악의 사태를 일으킬 것 같다. 한일 관계는 언제나 살얼음판 위를 걷는 것만 같다.

특히 한국은 1948년 8월 15일 건국 후부터 국내적으로는 국민 문화를 창출하고, 해외 문화에 대해 자국의 정체성을 형성시키기 위해서 반일감정을 고조시켰다. 이 전략은 건국의 아버지 이승만이나 산업화의 아버지 박정희나 별 차이 없다. 그러면서도 전쟁통에도 이승만은 한일 수교 협상을 시작했고, 박정희는 반대를 무릅쓰고 회담을 통해 한일 수교를 하고 식민 지배에 대한 배상금을 받아냈다. 이승만이나 박정희나 근대 국가의 정체성 의식을 갖게 하는 데 있어서 반일감정이 매우 유효한 수단임을 잘 알고 있었던 것이다. 반일은 식민지 시대부터 전국민이 경험한 것으로서 공감할 수 있는 역사이기 때문이다.

귀중하지만 위험하기도 한 반일의 역사

그러나 그 역사는 귀중한 역사이기도 하지만 위험한 역사이기도 하다. 반일을 구호로 외치면서 사는 사람들에게만 독점적으로 맡길 수는 없다. 이 책은 그러한 점에 동참하기 위해 위험한 친일과 반일을 정면으로 다루고 있다.

절대 악으로 지목되고 있는 일본 식민지의 실체에 대해서도 언급했다. 식민지에 의해 한국(조선) 사회는 변화했다. 전면적인 변화이다. 부정할 수 없는 사실이다. 그 변화는 부정적일 수도 있고 긍정적일 수도 있다. 한일합병에 의해 한국인은 일상의 생활에서부터 일본인과 접하고 부대끼면서 살았다. 그런 가운데 한국인들에게는 오히려 '단일민족'이라는 관념이 싹 트고 외부로부터 이식된 민족이란 정체성을 내면화하기에 이르렀다는 점에서 그렇다.

일본은 한국인에게 내선일체 등 식민지 동화 정책을 썼지만, 한국인을 적으로는 생각하지 않았다. 식민지에서라도 한국 사회는 변화할 수밖에 없었다. 일본은 식민지 개발이라고는 하지만 한국 사회를 변화시키려 엄청난 인적·물적 자원과 자본을 투입해야 했다. 미국 인류학의 시조라고 할 수 있는 보아스Boas가 지적한 바와 같이 식민지에 의한 문화 접촉에 의해서도 사회는 상호 변화하기 때문이다. 마이어스와 피티(Ramon H. Myers and Mark R. Peattie)는 일본 식민지가 한국 근대화에 긍정적인 공헌을 했으나, 피지배 민족으로 하여금 정체성을 잃게 한 점은 부정적이라고 지적했다. 그에 반해 맥나마라는 오늘날 한국 재벌의 성장 발전이 일제시대에 기원을 둔 것으로, 일제시대가 한국 경제의 고도 성장에 긍정적 역할을 했다고 보았다. 일제 식민지가 한국 사회를 변화시켰다고 해도 식민지 정책대로만 변화한 것은 아니다. 어떤 것은 변하지 않거나 오히려 거기에 반항하고 변화를 부정하거나 반대로 강조된 것도 있을 것이다.

여하튼 일본 식민지의 '힘'은 여러 가지로 한국에 입력되었다. 일본의 영향은 한국 사회에 여전히 짙게 남아 있다. 일본이 한국의 영향을 받는 점들도 많다. 당연한 것이다. 필자는 1940년을 중심으로, 한 어촌에서의 실상을 조사해서 그 성과를 편저로 낸 바 있는데, 한국어판 『일제시대 한 어촌의 문화 변용』(아세아문화사)과 일본어판 『일본 식민지와 문화 변용(日本植民地と文化變容)』(오차노미즈쇼보, 1994)가 그 책이다. 경제적으로 발전한 어촌의 예로 뭍에서 멀리 떨어진 거문도를 예로 들어 설명했다.

식민지 시대의 유산이 부정적이라고 모두 청산할 필요는 없을 것이다. 피상적인 현상을 청산한다고 해도 의식구조나 인프라스트럭처infrastructure를 바꾸는 것은 대단히 어렵다. 예를 들면 말(言)을 교체했다고 한들 식민지 시대에 만들어진 철로 등을 없애거나 노선의 방향, 도로, 방파제, 항만, 저수지 등의 시설마저 모두 부수기는 불가능하다. 그것은 간단하지 않을 뿐만 아니라 그렇게 하는 것도 부질없다. 식민지 시대 교통 기관의 좌측 통행을 해방 후 우측 통행으로 바꾸었지만, 철도는 해방 전과 같이 여전히 좌측통행을 하고 있다. 그것은 아마 역사驛舍 위치 등 구조를 바꾸는 것이 어렵기 때문일 것이다.

조선총독부 청사를 부술 수는 있었지만 식민지 시대의 건물 모두를 부수지는 않는다. 일본식 냄새가 강한 식민지 문화를 지우는 것은 가능할지라도 구조적으로 모두를 지우는 것은 불가능하다. 즉, 식민지 문화를 지운다고 하는 것은 결국 피상적 현상에 지나지 않을 뿐, 구조적인 현상은 아니란 것이다. 만약 그것이 가능하다고 한들 국가 사회적으로 이로운 일이겠는가.

국가는 국내적으로 반일을 국민 통합에 이용했다고 할 수 있다. 교과서 문제, 신사참배 문제 등을 이용해서 한국 내의 반일감정을 자극하여 독립기념관을 건설하고 일본 식민 지배의 잔학성을 전시할 수도 있다. 나는 북한의 혁명기념관에서도 비슷한 것을 보았다. 그것들은 국가의 아이덴티티(정체성)를 강조하기 위한 것이다. 식민지와 전쟁을 어떻게 기억하고, 그것을 삶의 태도에 어떻게 용해시킬지는 개인에게도 중요한 것이며, 국가에 있어서도 마찬가지이다. 그런 점에서 한국인은 식민지라고 하는 가까운 역사를 재인식해야 할 것이다.

애국심과 국익

마지막으로 애국심과 국익에 대하여 언급하고 싶다. 반일을 주장하는 많은 사람들은 국익을 무시하는 경우가 많다. 싸움에 이기려면 명분에 질 수도 있다. 일본 문화는 문화적으로 유사하지만 오해하기 쉬운 점도 있다. 식민지라는 불행한 역사가 다시 되풀이되지 않도록 실제의 정책이나 장치가 필요하지만, 국가의 이미지 조형에만 신경을 쓰는 것은 위험하다.

1965년 한일 국교 정상화 때 학생을 비롯한 많은 지식인들이 반대했다. 한일간에 왕래도 적었던 당시에 일제 상품의 유입에 반대하는 '국산품 애용 운동'도 자주 있었다. 1970년대 후반부터는 일본 텔레비전 방송의 영향이 나타나기 시작했다. 부산을 비롯한 남부지방 주민 가운데에는 안테나를 세워서 일본의 텔레비전 방송을 시청하기도 했다. 요즘은 일본 위성 텔레비전 방송을 시청하는 인구가 급증하고, 한국 정부는 한때 시청을 금지시키려고 했지만 전원을 끄지 않는 한 완전히 제한할 수는 없게 되었다. 대중문화의 수용에 저항해서 저속 외설이라고 하고, 특히 한국의 성도덕에 위반하는 섹스 산업 등의 유입을 경계하는 태도를 취하고 있으나 거기에도 반일감정이 방패로 기능하고 있다.

올해도 어김없이 6.25전쟁 70주년 기념식이 있었다. 미국 트럼프 대통령을 비롯한 22개국 유엔 참전국 정상들이 보내온 영상 메시지가 기념식장에서 영상으로 상영됐다. 북한이 남한을 불바다로 만들겠다며 곧 전쟁이라도 날 것처럼 살풍경인 상황에서 문재인 대통령이 '전쟁을 끝내야 한다', '사이 좋은 이웃이 되길 바란다'고 하는 말을 듣고 있노라면 종잡을 수 없는 상황이 그저 얼떨떨하기만 하다. 일본에 대해서는 반일의 적대 감정을 부추기면서 6.25전쟁의 원흉이자 끊임없이 도발과 전쟁 위협을 일삼는 북한을 향해서는 '평화와 번영'을 말한다. 문재인 씨의 말을 듣고 있으면 세계와 국가에 대한 이해가 일개 필부보다 못하고 그 모자람을 대중들과 영합해서 적당히 덮고 가면 그만이라는 사고방식에 젖어 있는 것 같다. 예전 말로 빨래터 아주머니들의 수다 같은 말들이 연이어지고 있다.

내가 살고 있는 이곳 시모노세키에도 북한이나 한국에서 서로를 향해 날려보낸 전단이 북서풍을 타고 동해를 건너오는 일이 왕왕 있다. 한국에서 북을 향해 날려 보내는 전단은 요즘에는 주로 탈북자 단체가 주도하는 것으로 알려져 있다. 마이니치신문(每日新聞) 기자 주선으로 그것을 주운 한 소학생과의 인터뷰가 기사화한 적이 있다. 일본은 그만큼 한반도에 근접해 있는 것이다. 개성공단 남북연락사무소 폭파가 탈북자가 날려 보낸 전단이 직접적인 원인일 만큼, 대북 전단은 남북간의 문제로만 그치는 것이 아니라 한국 내부의 정치적인 문제로 쟁점화되고 있다. 그러나 그 또한 한국 정치 권력의 의지에 따라 문제가 될 수도 안 될 수도 있는 성질의 것이란 점에서 문재인 대통령의 태도는 자국민 중심이 아닌 민족이라는 허상에 포섭되어 있는 것이다.

한경닷컴 기사에 따르면, 대북 전단 50만 장을 비롯해서 소책자, 1달러짜리 지폐 2,000장 그리고 USB 메모리칩을 풍선에 넣어 날렸다는 것이다. '위선자 김정은'을 비롯해서 '쓰레기 같은 개새끼' 같은 원색적인 욕설뿐만 아니라 출생 비밀 등에 관한 정보 등 구체적이고 노골적인 것이다. 읽을 거리가 되는 것은 물론이다. 그것을 김여정도 읽은 것이다. 그에 대한 분풀이인지 보복인지는 모르겠지만, 북한 당국은 김여정이 전면에 나선 가운데 마치 불꽃놀이를 하듯 개성공단 연락사무소를 폭파해 버린 것이다. 그렇잖아도 한반도의 대치 상황과 변화무쌍한 상황 변화에 관심이 많고 예민하게 반응하는 일본 언론들은 북한의 무슨 대단한 전략 전술인 것처럼 호들갑을 떨어 댔다. 그러나 이는 어디까지는 개방과 남북 간의 대화와 교류에 따른 체재 위기감에서 불가피하게 대응한 충격 요법에 불과하다는 것이 나의 생각이다. 문재인 씨의 교류 협력 제안에 실질적 내용이 담보되지 않았다는 사실을 알게 된 북한 당국으로서는 기본 노선인 적대적 대남 전략과 핵무장을 가속화하겠다는 의지를 대내외에 연락사무소 폭파로써 과시한 것이다.

북한의 입장에서 보면 탈북자의 속출과 재입북 같은 상황들이 여간 신경 쓰이는 게 아닐 수 없을 것이다. 인민들은 인민들대로 이런 상황들이 혼란스럽고, 그럴수록 유일 영도의 체제 정체성 위기를 고려하지 않을 수 없다. 즉, 북한으로서는 공산 독재의 이완 자체를 체재 붕괴로 보고 있다는 말이다. 북한과의 관계는 정책적 일관성이 무엇보다 중요하다. 줄 건 주고 받을 건 확실하게 받되, 보상으로서의 지원과 협력은 금물이다. 협력과 우호는 일대 일의 관계, 즉 Give & Take가 그 정신적 토대여야 한다. 북한에 대한 퍼주기식 협력의 결과는 우리가 목격한 바대로 핵무장과 대륙간탄도미사일 개발이다. 북한은 적어도 그런 점에서 정책의 일관성을 단 한 차례도 포기한 적이 없다. 그에 반해 한국은 정권에 따라 냉탕과 온탕을 멋대로 왔다 갔다 했을 뿐이다. 다분히 정략적이라 하지 않을 수 없다. 일관된 전략 앞에 정략은 열 번이면 열 번 다 패할 수밖에 없는 것이다. 죽 끓듯 하는 반일 여론을 선동해서 등에 업고 대일 외교를 펼치는 것만큼 어리석고 국제 관계에서 위험천만한 것도 없다. 반일감정을 앞세운 문재인 정권의 대일 외교는 그 자체로 동아시아에서 한국의 고립을 자초하고 있을 뿐만 아니라 자유세계와의 지속적 협력 관계마저 난관에 빠뜨리는 결과를 낳고 있음을 알아야 한다.

결론적으로 한국, 한국인의 반일감정과 반일운동, 친일파 매도와 공격은 현재를 살아가는 시민의 의식과 태도로서 정당하지 못하다. 해방 후 75년여에 걸쳐 구축하고 축적해 온 고도 산업사회의 성취와 자유 민주의 가치를 올바로 알고, 그로부터 한국의 시민사회가 다시 출발했으면 하는 마음으로 이 책을 낸다. 한일 관계가 좋아져서 이런 문제를 다룰 일이 없으면 좋을 것이다. 그런데 아직도 먼 것 같다. 다시 한번 친일파이니 배신자이니 하는 소리를 들어도 15,6년 세월을 건너뛰어 내용을 보강해서 이 책을 꼭 내야겠다고 마음먹었다. 독자들과 어서 빨리 만나고 싶다.

참고 문헌

기록문학회, 『부끄러운 문화답사기』, 실천문학, 1997.

旗田魏 저, 이원호 역, 『일본인의 한국관 탐구신서』, 1981.

김성진 편, 『박정희 시대』, 조선일보사, 1995.

문옥표, 「일제의 식민지문화정책」『일제의 식민지 지배와 생활상』, 한국정신문화연구원, 1990.

박진환, 『경제발전과 농촌경제』, 박영사, 1987.

서연욱, 「민족문화와 축제문화」『한국의 축제』, 한국문화예술진흥원, 1987.

서울대학교새마을종합연구소, 『새마을운동의 이념과 실제』, 1981.

설성경, 「한국축제의 과거와 현재」『한국민속학보』5호, 1995.

신용하, 「식민지근대화이론 재정립 시도에 대한 비판」『창작과 비평』98호, 1997.

신월균, 『풍수 설화』, 밀알, 1994.

안병직, 「한국 근현대사연구의 새로운 패러다임」『창작과 비평』98호, 1997.

이상우, 『박정희 파멸의 정치공작』, 동아일보사, 1993.

이상일, 「한국 지역축제 문화의 동향과 전망」『한국 지역축제 문화의 재조명』, 비교민속학회, 1995.

이태진, 「당파성 이론 비판」『한국사 시민강좌1』, 일조각, 1987.

임대식, 「친일 친미 경찰의 형성과 분단활동」『분단 50년과 통일시대의 과제』, 역사문제연구소, 1995.

장주근, 「향토문화제의 현대적 의의」『한국민속학』10호, 1977.

정영훈, 「한국에서의 국수주의와 그 성격」『정신문화연구』, 한국정신문화연구원, 1987.

정운현, 『서울 시내 일제 유산 답사기』, 하늘, 1995.

정재경, 『박정희 사상 서론』, 집문당, 1991.

조갑제, 『박정희: 불만과 불운의 세월』, 까치, 1992.

차기벽, 「일본의 전통과 정치적 근대화」『현대 일본의 해부』, 한길사, 1978.

최길성, 「근대화와 민속문화의 가치」『역사적 맥락에서 본 한국문화의 방향』, 한국정신문화연구원, 1979.

최길성, 「일본 식민지의 지속과 변화」『곽영철 박사 환갑기념 논문집』, 1994.

최석영 역, 『민족의식의 역사인류학』, 서경문화사, 1995.

최인학, 「도시축제의 현황과 과제」『한국 지역축제 문화의 재조명』, 비교민속학회, 1995.

최주철, 『새마을운동의 이론과 철학』, 대한공론사, 1976.

하영섭, 『조선총독부』, 하늘, 1996.

한기언·이계학, 『일제 교과서에 관한 연구』, 한국정신문화연구원, 1993.

한도현, 「1930년대 농촌진흥운동의 성격」『한국 근대농촌사회와 일본 제국주의』, 문학과 지성사, 1986.

함돈주, 「이토 히로부미」『역사비평』 39호, 1997.

靑木保「文化とナショナリズム」『思想』岩波書店, 1993, 1月號.

靑野正明「植民地期朝鮮における農村再編成政策の位置づけ: 農村振興運動期を中心に」『朝鮮學報』136, 1990.

靑野正明「朝鮮農村の中堅人物」『朝鮮學報』141, 1991.

金榮作『韓末ナショナリズムの研究』東京大學出版會, 1975.

小林英夫『大東亞共榮圈の形成と崩壊』御茶の水書房, 1975.

櫻井浩「セマウル運動と韓國の農村」『アジア經濟』XVI-2, 1975.

末成道男「類似文化間における文化摩擦: 韓日兩社會の事例から」『文化摩擦の一般理論』巖南堂, 1982.

鈴木滿男「韓國の民衆·國民文化のプロブレマチック: 鄕土文化祭の背景になっているもの」九州人類學會報』13號, 1985.

鈴木滿男 「民族主義の祝祭:韓國民族文化祭を政治人類學的に觀る」『韓』韓國硏究院, 1987.

高崎宗司「朝鮮の親日派」『近代日本と植民地』6券 岩波書店, 1993.

谷浦孝雄「韓國における農村政策の展開」『アジア經濟』XXI-10, 1980.

崔吉城「日韓の文化摩擦」『講座文化人類學: 異文化の共存』岩波書店, 1997.

崔吉城「韓國における日本文化の受容と葛藤」『思想』7月號 岩波書店, 1992.

崔吉城 編『日本植民地と文化變容』御茶の水書房, 1994.

朝鮮總督府『農山漁村における中堅人物養成施設の槪要』, 1936.

朝鮮總督府『農村振興運動の全貌』, 1936.

朝鮮總督府『朝鮮における農山漁村振興運動』, 1940.

鄭大均『日本のイメージ』中央新書, 1998.

富田晶子「準戰時下朝鮮の農村振興運動」『歷史評論』377, 1981.

原田環『朝鮮の開國と近代化』溪水社, 1997.

野崎充彦『韓國の風水師たち』人文書院, 1994.

三浦國雄「解說」『風水探源』(宮崎順子 譯) 人文書院, 1995.

マーク·ピーテェー 著, 淺野豊美 譯『植民地』讀賣新聞社, 1996.

森田芳夫『朝鮮終戰の記錄』嶺南堂書店, 1964.

山崎延吉『興村踏査』, 1932.

吉田頑吾 外譯『文化の解釋學』, 岩波新書.

八尋生男兒「朝鮮における農村振興運動を語る」『朝鮮における農村振興運動』友邦協會, 1983.

渡邊次欣雄「中國の風水塔:斷脈說話について」『人文學報』260號 東京都立大學 人文學部, 1995.

Ban Sung Hwan, *Saemaul Undong*, Korea Development Institute, 1977.

Hobsbawm, Eric ed., *The Invetion of Tradition*, Cambridge University Press, 1983:2, 1993.

Mcnamara Dennis L., *The Colonial Origins of Korean Enterprise*, Cambridge University Press, 1990.

Ramon H.Myers, Mark R. Peattie, *The Japanese Colonial Empire, 1895-1945*, Princeton University Press, 1984.

Pai Hyng Il, The Creation of National Treasures and Monuments : The 1916 Japanese Laws on the Preservation of Korean Remains and Relics and Their Colonial Legacies, *Korean Studies*, vol.25, Center for Korean Studies University of Hawaii, 2001.

Pak Ki - hyuk & Sidney D.Gamble, *The Changing Korean Village*, Shin-hung Press Seoul Korea, 1975.

Tarling Nicholas, *The Establishment of the Colonial Regimes*, The Cambridge History of Southeast Asia, vol.2, Cambridge University Press, 1992.

Evans ed. Grant, Asia's Cultural Mosaic, Prentice Hall, 1993.

Turner John E./Vicki L.Hesli/Dong Suh Bark/Hoon Yu *Villages Astir : Community Development, Tradition, and Change in Korea*, Praeger Publishers.